22. *Revisión de Eugenio D'Ors*

VICENTE CACHO VIU

REVISIÓN DE EUGENIO D'ORS (1902-1930)

SEGUIDA DE UN EPISTOLARIO INÉDITO

QUADERNS CREMA   Publicaciones de la Residencia de Estudiantes

PRIMERA EDICIÓN: *junio de 1997*

Publicado por Quaderns Crema, S. A.
en coedición con los Amigos
de la Residencia de Estudiantes
Ferran Valls i Taberner, 8 - 08006 Barcelona
Email:qcrema@mito.ibernet.com
Tels.: 212 87 66 - 212 38 08
Fax: 418 23 17

© 1997 by Vicente Cacho Viu

Derechos exclusivos de edición:
Quaderns Crema, S. A.

ISBN: 84-7727-245-X
DEPÓSITO LEGAL: B. 24.492 - 1997

JAUME VALLCORBA *Diseño de la cubierta*
ARMAND CARABÉN *Corrección de primeras pruebas*
AUGUST RAFANELL *Corrección de segundas pruebas*
VÍCTOR IGUAL, S.L. *Composición fotomecánica*
ROMANYÀ-VALLS *Impresión*
ARTE *Encuadernación*

Esta obra ha sido publicada con la subvención de la
Dirección General del Libro, Archivos y Bibliotecas
del Ministerio de Educación y Cultura

SUMARIO

REVISIÓN
DE EUGENIO D'ORS

HACIA UNA BIOGRAFÍA INTELECTUAL
Claves para el estudio de una obra dispersa 19
Introductor del fascismo primigenio
  en Cataluña 29

UN REGENERACIONISTA INDEPENDIENTE
Estudiante y periodista fuera de Barcelona 35
Madrid, la muerta 39
La atracción de París 42

EL CLASICISMO, VARIANTE AUTORITARIA
DEL NACIONALISMO
Del imperialismo al clasicismo 48
Un término polisémico 52
Planteamiento compulsivo de la tradición 54
Un patriotismo ilustrado 58
Nacionalismo y sindicalismo 61
Simbolismo de «La Ben Plantada» 69

LAS TRIBULACIONES DEL JOVEN D'ORS
EN LA CATALUÑA DE PRAT
El rechazo de «La Ben Plantada» 74
La irradiación del «Glosari» 77

SUMARIO

Predominio de la generación finisecular 79
Una labor subordinada de gestión cultural 85
Pérdida de la cátedra universitaria 90
El «noucentisme» como proyecto generacional 96
Un liderazgo frustrado 103
Sobre la condición del intelectual 111

LA IMPOSIBLE CONQUISTA DE MADRID
El «paso honroso» del autoritarismo 115
A la sombra de Ortega 118
La tentación de huida a Madrid 121
Apocalipsis en Palamós 124
La oportunidad de «España» 130
Reaparición en guisa de sindicalista 135

CODA. EL CATALÁN ERRANTE 144

1 0 9   C A R T A S
D E   E U G E N I O   D ' O R S
A ADELIA ACEVEDO, MANUEL B. COSSÍO,
FRANCISCO GINER DE LOS RÍOS, JOAN MARAGALL,
RAMÓN PÉREZ DE AYALA, MARÍA PÉREZ-PEIX,
JOSÉ ORTEGA Y GASSET, ANTONI RUBIÓ I LLUCH,
ENRIC PRAT DE LA RIBA Y MIGUEL DE UNAMUNO

UN ESTUDIANTE MODERNISTA
1   carta a Antoni Rubió i Lluch,
    23 marzo 1904 151
2   carta [1] a Joan Maragall, 29 abril 1904 155
3   carta [2] a Joan Maragall, 16 junio 1904 158
4   tarjeta postal [3] a Joan Maragall,
    28 junio 1904 162

SUMARIO

5   carta [1] a Miguel de Unamuno,
1 diciembre 1904   162

6   tarjeta postal [4] a Joan Maragall,
5 febrero 1906   164

DE LA ESTANCIA EN PARÍS

7   carta [5] a Joan Maragall, 22 junio 1906   165

8   tarjeta postal [6] a Joan Maragall,
24 diciembre 1906   169

9   carta [1] a Enric Prat de la Riba,
17 marzo 1907   170

10   carta [7] a Joan Maragall, 30 mayo 1907   171

11   carta [8] a Joan Maragall, 5 junio 1907   175

12   carta [9] a Joan Maragall, 6 junio 1907   177

13   tarjeta postal [10] a Joan Maragall,
22 junio 1907   181

14   tarjeta postal [11] a Joan Maragall,
junio 1908   181

15   tarjeta postal [12] a Joan Maragall,
25 agosto 1908   182

16   carta [13] a Joan Maragall, 9 enero 1909   183

17   carta [14] a Joan Maragall, 1 marzo 1909   187

18   carta [15] a Joan Maragall, 12 abril 1909   189

19   carta [16] a Joan Maragall, 1 junio 1909   191

20   dos postales correlativas [17] a Joan
Maragall, 22 junio 1909   196

21   carta a Francisco Giner de los Ríos,
3 junio 1909   198

22   carta [18] a Joan Maragall, 4 julio 1909   200

23   carta [19] a Joan Maragall, 14 julio 1909   203

24   tarjeta postal [20] a Joan Maragall,
3 septiembre 1909   206

25   carta [2] a Miguel de Unamuno,
3 septiembre 1909   207

26 carta postal [21] a Joan Maragall,
    21 septiembre 1909   209
27 dos postales correlativas [3] a Unamuno,
    27 septiembre 1909   210
28 carta postal [22] a Joan Maragall,
    12 octubre 1909   213
29 carta postal [4] a Miguel de Unamuno,
    20 octubre 1909   214
30 carta postal [5] a Miguel de Unamuno,
    27 octubre 1909   215
31 carta [23] a Joan Maragall, 14 abril 1910   215
32 carta postal [24] a Joan Maragall,
    20 junio 1910   219
33 carta [25] a Joan Maragall, 3 octubre 1910   220

VIAJE A ITALIA
34 tarjeta postal [1] a María Pérez-Peix,
    3 abril 1911   223
35 carta postal [2] a María Pérez-Peix,
    4 abril 1911   224
36 carta postal [3] a María Pérez-Peix,
    5 abril 1911   225
37 carta [4] a María Pérez-Peix, 6 abril 1911   226
38 carta postal [5] a María Pérez-Peix,
    7 abril 1911   228
39 tarjeta postal [6] a María Pérez-Peix,
    10 abril 1911   229
40 carta [7] a María Pérez-Peix, 12 abril 1911   230
41 tarjeta postal [8] a María Pérez-Peix,
    13 abril 1911   233
42 carta postal [26] a Joan Maragall,
    14 abril 1911   234
43 dos postales correlativas [9] a María
    Pérez-Peix, 14 abril 1911   235

44 dos postales correlativas [10] a María
   Pérez-Peix, 15 abril 1911   236
45 carta [11] a María Pérez-Peix, 17 abril 1911   237
46 tarjeta postal [12] a María Pérez-Peix,
   19 abril 1911   239
47 dos postales correlativas [13] a María
   Pérez-Peix, 20 abril 1911   240
48 carta [14] a María Pérez-Peix, 22 abril 1911   241
49 tarjeta postal [15] a María Pérez-Peix,
   23 abril 1911   243
50 tarjeta postal [16] a María Pérez-Peix,
   24 abril 1911   244
51 carta [17] a María Pérez-Peix,
   25 abril 1911   245
52 tarjeta postal [18] a María Pérez-Peix,
   27 abril 1911   247
53 tarjeta postal [19] a María Pérez-Peix,
   28 abril 1911   247

VENTURAS Y DESVENTURAS BARCELONESAS

54 carta postal [27] a Joan Maragall,
   24 mayo 1911   249
55 carta [6] a Miguel de Unamuno,
   febrero 1912   250
56 carta [7] a Miguel de Unamuno,
   21 marzo 1912   253
57 carta [8] a Miguel de Unamuno,
   5 julio 1912   258
58 carta [9] a Miguel de Unamuno,
   4 agosto 1912   260
59 carta [10] a Miguel de Unamuno,
   9 agosto 1912   265
60 carta [2] a Enric Prat de la Riba,
   5 enero 1913   266

61 carta [3] a Enric Prat de la Riba,
    25 enero 1913   267
62 carta [11] a Miguel de Unamuno,
    11 marzo 1913   268
63 carta [12] a Miguel de Unamuno,
    17 marzo 1913   277
64 carta [13] a Miguel de Unamuno,
    5 abril 1913   278
65 carta [14] a Miguel de Unamuno,
    29 abril 1913   280
66 carta [15] a Miguel de Unamuno,
    10 julio 1913   282
67 carta [4] a Enric Prat de la Riba,
    4 septiembre 1913   283

PÉRDIDA DE LA CÁTEDRA DE FILOSOFÍA

68 carta [16] a Miguel de Unamuno,
    3 enero 1914   285
69 carta [5] a Enric Prat de la Riba,
    13 enero 1914   287
70 tarjeta [6] a Enric Prat de la Riba,
    después 13 enero 1914   289
71 carta postal [17] a Miguel de Unamuno,
    20 enero 1914   290
72 carta [7] a Enric Prat de la Riba,
    12 febrero 1914   291
73 carta [18] a Miguel de Unamuno,
    antes 14 febrero 1914   293
74 carta [19] a Miguel de Unamuno,
    16 febrero 1914   295
75 carta [20] a Miguel de Unamuno,
    19 febrero 1914   296
76 borrador de carta [8] a Enric Prat
    de la Riba, 1 marzo 1914   297

77   carta [8] a Enric Prat de la Riba,
1 marzo 1914   300

78   tarjeta [9] a Enric Prat de la Riba,
después 8 marzo 1914   302

79   carta postal [1] a José Ortega y Gasset,
11 marzo 1914   303

80   carta [2] a José Ortega y Gasset,
28 marzo 1914   303

81   carta [10] a Enric Prat de la Riba,
mayo? 1914   306

82   carta [11] a Enric Prat de la Riba, 1914?   307

83   carta [12] a Enric Prat de la Riba, 1914?   308

SACUDIDAS DE LA GRAN GUERRA

84   saluda [13] a Enric Prat de la Riba,
17 agosto 1914   309

85   carta [21] a Miguel de Unamuno,
3 septiembre 1914   310

86   carta [22] a Miguel de Unamuno,
4-13 octubre 1914   311

87   carta [23] a Miguel de Unamuno,
10 noviembre 1914   317

88   carta [24] a Miguel de Unamuno,
16 diciembre 1914   319

89   carta postal [25] a Miguel de Unamuno,
31 enero 1915   324

90   carta [3] a José Ortega y Gasset,
2 febrero 1915   325

91   carta [4] a José Ortega y Gasset,
27 febrero 1915   327

92   carta [5] a José Ortega y Gasset,
6 marzo 1915   330

93   carta [6] a José Ortega y Gasset,
15 marzo 1915   332

94 carta [26] a Miguel de Unamuno,
7 mayo 1915   334

95 carta [27] a Miguel de Unamuno,
17 mayo 1915   337

96 carta [1] a Manuel B. Cossío, 23 mayo 1915   340

97 carta [14] a Enric Prat de la Riba,
14 diciembre 1915   341

98 carta [28] a Miguel de Unamuno,
31 enero 1916   342

99 carta [29] a Miguel de Unamuno,
11 abril 1916   344

100 carta [15] a Enric Prat de la Riba,
18 junio 1916?   347

101 carta [30] a Miguel de Unamuno,
30 agosto 1918   348

102 carta [2] a Manuel B. Cossío,
24 octubre 1918   350

103 carta [3] a Manuel B. Cossío,
2 noviembre 1918   351

ENTRE MADRID Y PARÍS

104 carta [7] a José Ortega y Gasset,
9 mayo? 1924   352

105 carta [8] a José Ortega y Gasset,
26 diciembre 1925   353

106 carta [9] a José Ortega y Gasset,
17 marzo 1927   354

107 carta a Ramón Pérez de Ayala,
septiembre 1928?   356

108 carta [1] a Adelia Acevedo, 29 mayo 1930   357

109 carta [2] a Adelia Acevedo, 27 octubre 1930   363

ÍNDICE DE NOMBRE PROPIOS   373

A Vicente Ferrer y Pérez de León, espíritu mediterráneo,
a quien además debo el reducto de paz barcelonés
en el que ha madurado este pequeño libro

REVISIÓN DE EUGENIO D'ORS

1 Raros son los escritores que no atraviesan, recién desaparecidos, por una especie de purgatorio literario más o menos prolongado. En los cuarenta años ya transcurridos desde la muerte de Eugenio d'Ors, en septiembre de 1954, su obra ha merecido mucha menor atención de lo que cabía esperar, tanto por la calidad de su escritura como por el polémico prestigio con el que se vió aureolado en vida. A ese desvío parecen haber concurrido, aparte de los inevitables cambios del gusto literario, razones de índole más bien política. Una dramática ruptura con las empresas culturales catalanistas, a comienzos de los años veinte, puso fin a su etapa más creativa y le convirtió en réprobo oficial a los ojos de un amplio sector del nacionalismo catalán; esa tacha, que le acompañó para el resto de sus días, lejos de irse disipando con el paso del tiempo, se ha consolidado a medida que se producía la afirmación creciente y generalizada de la identidad privativa catalana. El hecho, además, de que d'Ors se incorporase voluntariamente en 1937 a la España nacional, donde colaboró inicialmente en los fastos culturales del régimen de Franco, contribuyó a fomentar el equívoco que ya se había producido con anterioridad, para descrédito suyo, entre el conservadurismo entonces al uso, centralista y retrógrado, y su mucho más sofisticado auto-

ritarismo teórico, de cuño francés e indudable talante liberal, pese a su prejuicio antidemocrático.

A la vista de tales circunstancias, que vienen erosionando su fama póstuma, se comprende que sean pocos los estudios de una cierta consistencia que nos hayan desvelado las claves de la personalidad de d'Ors o que hayan establecido, rigurosamente, cuáles son las verdaderas líneas maestras de su pensamiento. Ambos tipos de estudios resultan indispensables para construir su biografía intelectual, puesto que d'Ors (Barcelona, 28 septiembre 1881), hombre de la que quizá sea la primera generación pospositivista en la cultura europea, a la vez que lo vió todo desde el yo—y eso exige, para llegar a entenderle, introducirse un tanto en su mundo íntimo—, aspiraba a una formulación precisa, traducible en términos figurativos, de su visión del mundo. La opacidad de la que siempre quiso rodear la propia vida, apenas se ha visto alterada por la sólida biografía de Enric Jardí,[1] o por los relatos de algunos discípulos y ocasionales seguidores próximos.[2] A caballo entre la vertiente biográfica y el examen de su aportación teórica se halla el estudio pionero del profesor Aranguren;[3] sin ánimo de exhaustividad, cabría tam-

1. Enric Jardí, *Eugeni d'Ors. Vida i obra*, Aymà, Barcelona, 1967 (2ª edición, aumentada: Quaderns Crema, Barcelona, 1990).

2. Josep Maria Capdevila, *Eugeni d'Ors. Etapa barcelonina (1906-1920)*, Barcino, Barcelona, 1965; Rafael Flórez, *D'Ors*, EPESA, Madrid, 1970; y Guillermo Díaz-Plaja, *El combate por la luz (La hazaña intelectual de Eugenio d'Ors)*, Espasa-Calpe, Madrid, 1981.

3. José Luis L. Aranguren, *La filosofía de Eugenio d'Ors*, EPESA, Madrid, 1945 (2ª edición, revisada y aumentada: Espasa-Calpe, Madrid, 1981).

bién citar algunas monografías sobre los principales lugares de su pensamiento,[4] o una comparación de su filosofía con la de Ortega[5].

4. Carles Garriga, *La restauració clàssica d'Eugeni d'Ors*, Curial, Barcelona, 1981; Eugenio Trias, *La Catalunya ciutat (El pensament cívic a l'obra de Maragall i d'Ors) i altres assaigs*, L'Avenç, Barcelona, 1984; Norbert Bilbeny, *Eugeni d'Ors i la ideologia del Noucentisme*, Edicions de la Magrana, Barcelona, 1988; Joan Tusquets, *L'imperialisme cultural d'Eugeni d'Ors*, Columna, Barcelona, 1989; y Mercè Rius, *La filosofia d'Eugeni d'Ors*, Curial, Barcelona, 1991.

5. Pedro Cerezo Galán, *El pensamiento filosófico. De la generación trágica a la generación clásica. Las generaciones del 98 y el 14*, en: *La Edad de Plata de la cultura española (1998-1936)*, tomo 39, volumen 1 de *Historia de España de Ramón Menéndez Pidal dirigida por José María Jover*, Espasa-Calpe, Madrid, 1993, págs. 131-315.

HACIA UNA BIOGRAFÍA INTELECTUAL

2   A la escasez de fuentes secundarias viene a añadirse, como un factor concomitante, especialmente desfavorable para el conocimiento de su obra, la extremada dispersión de sus escritos, que en proporción muy importante siguen agazapados en las publicaciones donde vieron la luz, sin haber sido recogidos luego en volúmenes, ni figurar exhaustivamente seriados incluso en las bibliografías más fiables.[6] De los catorce años ininterrumpidos durante los cuales d'Ors publicó su «Glosari», prácticamente a diario, en *La Veu de Catalunya*, solamente hay edición coetánea de seis de ellos,[7] quedando en blanco, a salvo de un par de glosarios estivales y una compilación pronto interrumpida,[8] el quinquenio 1909-

6. Alicia García-Navarro, *Eugenio d'Ors. Bibliografía*, Universidad de Navarra, Pamplona, 1914, Cuadernos de Anuario Filosófico, Serie Universitaria, n° 16.

7. Eugeni d'Ors, *Glosari: 1906*, Francesc Puig, Barcelona, 1907; *1907, 1908* y *1914*, Tallers Gràfics Montserrat, Barcelona, 1915; *1916*, Quaderns d'Estudi, Barcelona, 1918, y *El valle de Josafat* [traducción castellana del Glosari 1918], Atenea, Madrid, 1921.

8. Id., *La Ben Plantada* [Glosari estival 1911], Llibreria d'Alvar Verdaguer, Barcelona, diciembre 1911; traducción castellana: *La Bien Plantada*, Biblioteca Excelsior, Barcelona, 1914; *Flos Sophorum. Ejemplario de la vida de los grandes sabios* [traducción castellana del Glosari estival 1912], Seix Barral, Barcelona, 1914; y *Glosari. 1911* [enero y principios de febrero], Quaderns d'Estudi, Barcelona, 1918.

1913, tan decisivo en la trayectoria intelectual de d'Ors. El intento, en 1950, de editar su «Obra catalana completa» se redujo a un primer tomo que recoge los cinco primeros años del «Glosari»[9] pero, con tales cortes y modificaciones, que lo hacen inservible para conocer a ciencia cierta cuál era la terminología empleada por su autor en aquellas fechas. Tales circunstancias confieren un especial valor a la empresa que están llevando a cabo, con parsimonia y constancia, los Quaderns Crema, bajo la dirección de Josep Murgades, para reunir con todo rigor cuando menos su producción en catalán, predominante, aunque no exclusiva, hasta 1920. Mientras no avance más esta edición, circunscrita hasta ahora a los escritos anteriores al «Glosari» y, dentro de éste, al periodo de la Gran Guerra,[10] habrá que seguir recurriendo a las colecciones de prensa en catalán y a los periódicos o revistas de Madrid donde d'Ors colaboró antes de su alejamiento del mundo cultural barcelonés, aparte de manejar cuantos epistolarios o papeles suyos inéditos de aquella etapa nos sean accesibles.

3 La dificultad añadida que suponen para el investigador esas múltiples búsquedas no modifica para nada el

.9. Id., *Obra catalana completa. Glosari, 1906-1910*, Selecta, Barcelona, 1950.

10. Id., *Obra catalana*, Quaderns Crema, Barcelona: *Papers anteriors al Glosari*, edición de Jordi Castellanos (I: 1995); *Lletres a Tina* [«Glosari» agosto-diciembre 1914] (VII: 1993); *Glosari 1915* (VIII, 1: 1990); *Glosari 1916* (VIII, 3: 1992); *Glosari 1917* (VIII, 2: 1991); y *La vall de Josafat* [«Glosari» 1918] (XI: 1987).

problema de fondo, que sigue siendo la definición precisa de unas claves de interpretación para abordar la buscada complejidad de una obra, donde las cosas rara vez son lo que parecen a primera vista. Digamos, recurriendo a una especie de aforismo que podría haber sido suyo, que con d'Ors hay que tener la consideración de no tomar nunca demasiado literalmente en serio lo que diga, con tal de no renunciar a imaginarse cuáles puedan ser sus verdaderas intenciones en cada caso. Esta postura ante su obra bien podría constituir una primera clave interpretativa. El continuo juego literario del que brotan sus afirmaciones y juicios obedece mucho más a un propósito de sugestión y de estímulo que al análisis racional de una situación dada. Hay en su manera de conducirse una vertiente ensoñadora, alérgica a la acción y refractaria a entrar en términos con la realidad, que todavía se vió más estimulada por su amplia y variopinta erudición; en un escrito sutilmente autobiográfico, el *Curt tractat de la llibertat i poder de Napoleon*, reconoce como de pasada que «la lectura per a certes ànimes en plètora és només un excel·lent mètode per a la organisació de la reveria».[11] Su voluptuoso e irónico dominio del lenguaje constituyó con frecuencia un arma de doble filo: la embriaguez de la palabra le empujaba a anunciar, oficiando de arúspice a cuenta de evidencias circunstanciales febrilmente comentadas en su «Glosari», un futuro armonioso y ordenado para nuestra civilización, heredera de la clásica; ese voluntarismo sin freno es lo que Ortega le

11. Id., *Curt tractat de la llibertat i poder de Napoleon, Glosari 1908*, pág. 233.

reprochaba, el «querer que las cosas sean de cierta manera», sin detenerse apenas a ponderar «que las cosas sean como son».[12] Al igual que su admirada Isadora Duncan, al revivir las danzas griegas, adelantaba invariablemente la rodilla, el pensamiento de d'Ors se proyecta siempre, en un puro esfuerzo de la voluntad, hacia un deber ser imaginado.

4 Como tantos otros regeneracionistas contemporáneos suyos, d'Ors se formó desde muy joven una idea compulsiva de su misión pública que, para él en concreto, había de consistir en aportar nueva savia teórica a la imprescindible modernización de Cataluña y del conjunto de España. Una peculiar vocación de corresponsabilidad colectiva les impulsaba a todos ellos a meterse «donde nadie nos llama—que es como meternos en la vida que vale la pena de vivir»:[13] estamos, por tanto, ante un grupo de referencia, cuyos mecanismos de adscripción resultan enteramente voluntarios, porque es su condición de espectadores críticos, entrometidos, y no un compromiso público explícito ni menos aún su eventual adscripción política, lo que permite identificar a sus componentes. Esos profesionales libres del espíritu, que sólo se representan a sí mismos pero que tienen una

12. José Ortega y Gasset, *El sentido histórico*, «El Sol», 10 julio 1924. En: *Obras completas*, Revista de Occidente en Alianza Editorial, 1983, tom. 3, pág. 263.

13. D'Ors, *Carta abierta a Unamuno sobre el célebre Benítez*, «El Día», 17 diciembre 1914. En: Unamuno, *Obras completas*, Escelicer, Madrid, 1969, tom. 7, pág. 582.

conciencia definida de su papel autónomo en la sociedad, empezaban a ser designados en el cambio de siglo, aunque de forma todavía esporádica, con el nombre de «intelectuales». La popularización a resultas del *affaire* Dreyfus de ese término, hasta entonces sólo empleado como adjetivo, contribuyó a la cristalización de una clara conciencia de grupo aparte que había empezado a formarse durante los años noventa, al igual que sucedió en el país vecino, con la nueva generación emergente; el afrancesamiento del regeneracionismo se remonta en consecuencia a la forma misma como concibieron sus protagonistas la misión que les estaba encomendada. Un potente panorama intelectual, extremadamente brillante en Francia, proporcionó el mejor escenario posible para componer, a contraluz del poder, la atrayente figura del intelectual. Fue ese estereotipo, definido en principio por oposición a la política vigente, abstracción hecha de los motivos de su disidencia, el que se difundió inmediatamente por toda el área de influencia cultural francesa y conforme al cual compuso d'Ors desde un principio su figura.

La fiera independencia del intelectual, hasta pasada la guerra del 14, le distingue por completo de lo que luego daría en llamarse el «intelectual orgánico», exaltado por los movimientos totalitarios, duros o blandos, de diversas especies. Su objetivo primordial no era constituirse en sistema de poder, conjuntando su esfuerzo con la acción de los partidos políticos o del asociacionismo de su propia clase o del proletariado, sino contribuir a aflorar en la mentalidad colectiva nuevos estímulos morales que potenciaran la amortecida vitalidad del país. El desempeño de esa misión no requería de una *potestas* que comportara el ejercicio del poder político en cualquiera de sus manifestaciones. Para llegar a remover efectivamente la opinión pública, les resultaba en cambio imprescindible, conforme a una diferenciación de poderes ya percibida en el mundo clásico,[14] una *auctoritas* sobre sus conciudadanos que confiriera credibilidad a sus propuestas; lo cual sólo podía lograrse mediante una dedicación esforzada y un sólido ascendiente personal. El ritmo de alianzas y de recelos al que veremos ajustarse la trayectoria intelectual de d'Ors, tanto en sus relaciones epistolares como en las abundantes referencias en sus artículos a contemporáneos suyos, se atuvo siempre a lo que en cada momento consideraba exigencias de la misión que se había marcado, empezando por la primera y primordial del acrecentamiento de su *auctoritas* para llevarla a cabo. La auto-propaganda a la que d'Ors fue siempre muy dado obedecía, al margen y por encima de cualquier connotación psicológica, a esa conciencia de misión, agudizada por las dificultades con que tropezaría en todo momento para darle cumplimiento.

5 Más establemente que ningún otro de sus contemporáneos, hasta el punto de constituir un rasgo sobresaliente de su perfil intelectual, d'Ors repartió su vida entre las tres capitales que, a modo de vértices de un triángulo, componen el escenario cultural de la España

14. Álvaro d'Ors, *Introducción al Derecho*, Rialp, Madrid, 1963, págs. 19 y 66 ss.

contemporánea. Los desplazamientos, desde su Barcelona natal, primero a Madrid y luego a París, para recalar
de nuevo en su ciudad en 1911 al borde de los treinta
años, no fueron meros paréntesis transitorios por razones formativas, sino que aportaron una presencia psicológica permanente de esos tres ambientes intelectuales
en la tarea pública que d'Ors se había impuesto, a partir,
en cualquier caso, de su plataforma barcelonesa. De ahí
también que el alejamiento a comienzos de los años veinte de su ambiente nutricio, al reducir esa triple rotación
inicial a una simple elección entre París o Madrid como
lugares de exilio voluntario, le desposeyera de la que posiblemente fue su más específica singularidad. La consideración compensada de esos tres puntos culturales
complementarios puede contribuir a paliar las visiones
más bien claustrofóbicas que en ocasiones se han dado
de d'Ors, tanto desde Barcelona, subrayando en exceso
su ascendiente público y, consiguientemente, su poste-
ríor *rifiuto*, como desde Madrid, al equipararlo miméticamente a una figura de significación pública tan asimé-
trica con la suya como es la de Ortega.

6 La relectura de su obra desde esos tres supuestos in-
terpretativos—la ensoñación literaria, la conciencia de
misión y la superposición vital de escenarios intelectuales—nos llevará a primar aquellos escritos que, aun
siendo aparentemente secundarios, pongan mejor de
manifiesto el pluralismo cultural de la propuesta orsiana, o bien revelen, por su mayor carga subjetiva, algo de
esa intimidad tan celosamente guardada bajo la aparien-

cia de impasibilidad olímpica que presenta su obra. Ciertos epistolarios constituyen, a este respecto, piezas de capital importancia: destaquemos, entre los publicados total o parcialmente, el mantenido con el periodista y hombre de letras Raimon Casellas, revelador de sus problemas con *La Veu de Catalunya* por la estricta censura que Prat ejercía sobre ella; o las misivas del joven d'Ors al músico Amadeu Vives, pensadas como unas conversaciones filosóficas susceptibles de ulterior publicación.[15] A disposición de cualquier investigador se hallan hoy, aparte de un conjunto de varia correspondencia dirigida a d'Ors mientras fue secretario del Institut d'Estudis Catalans,[16] el amplísimo epistolario que forma parte del fondo familiar depositado en el Arxiu Nacional de Catalunya,[17] y cuantas cartas se han conservado de las enviadas por él a cuatro personalidades sobresalientes: Maragall, durante los años parisinos principalmente; Unamuno, confidente de sus tribulaciones, una vez de vuelta en Barcelona, o como opositor a cátedras; Prat de la Riba, bajo cuya égida se desenvolvió su etapa barcelonesa de mayor alcance; y Ortega y Gasset, en torno a su colaboración en el semanario *España*, o en los comienzos

15. Jordi Castellanos, *Noucentisme i censura (a propòsit de les cartes d'Eugeni d'Ors a Raimon Casellas)*, «Els Marges», n° 22-23 (mayo-septiembre 1981) 73-95: veinte cartas entre 1905 y 1909 que admiten, en algunos casos, una datación alternativa a la propuesta por el autor; y Jaume Aulet, *Cartes d'Eugeni d'Ors a Amadeu Vives (1904-1906)*, *ibid*, n° 34 (1986) 91-107: ocho cartas.

16. Correspondencia dirigida a Eugeni d'Ors, 1911-1916: Ms. 3602, Biblioteca de Catalunya, Barcelona.

17. Fons d'Ors, inventari 255, Arxiu Nacional de Catalunya, Sant Cugat del Vallès.

de su exilio madrileño.[18] Por último, dos importantes cartas singulares, a su primo Antoni Rubió i Lluch[19] y a Francisco Giner de los Ríos,[20] nos ilustran, respectivamente, sobre las primeras impresiones de su llegada como estudiante a Madrid y acerca de su tenor de vida en la primera estancia parisina. Dentro de una lógica gradación en las expansiones personales, según sea de intensa su afinidad con el destinatario, d'Ors rara vez manifiesta en la correspondencia su sentir profundo, sino más bien las reacciones que suscitan en él los acontecimientos, expuestas además como pretexto y punto de partida para explicitar su pensamiento.

7 Una obra tan extensa y circunstancial como la suya no puede por menos de revelar en múltiples ocasiones, aunque sea elípticamente, aspectos de la propia intimidad, por mucho que trate de velarse ésta. A esos descensos, conscientes o no, al hondón del yo, han de añadirse, en la indispensable búsqueda de evidencias para componer su perfil, la serie de esbozos biográficos que, con una intencionalidad muy precisa, d'Ors fue prodigando en

18. D'Ors, correspondencia con: Joan Maragall (27 cartas, 1904-1911; Arxiu Maragall, Barcelona); Miguel de Unamuno (30 cartas, 1904-1918; Casa-Museo Unamuno, Salamanca); Enric Prat de la Riba (15 cartas, 1907-1916; Arxiu Nacional de Catalunya, inventari 137); y José Ortega y Gasset (9 cartas, 1914-1927; Fundación Ortega y Gasset, Madrid).

19. Id., carta a Antoni Rubió i Lluch, 23 marzo 1904 (Arxiu Rubió; cortesía de Jordi Llorens i Vila).

20. Id., carta a Francisco Giner de los Ríos, 3 julio 1909 (Fondo Giner de los Ríos, Academia de la Historia, Madrid: caja 17, legajo 435; cortesía de Octavio Ruiz Manjón).

los más impensados lugares: inclusión de su nombre y obra en diccionarios enciclopédicos, empezando por el Espasa;[21] entradillas anuales a la primera selección del «Glosari» traducida al castellano;[22] presentación de sus conferencias o cursos, fuesen en la madrileña Residencia de Estudiantes o en la Institución Cultural Española de Buenos Aires;[23] cronologías razonadas, reproducidas *post mortem* en tal o cual biografía o reedición de escritos;[24] o textos periodísticos sin firma, pero inspirados por él, si es que no salieron de su propia minerva, comentando bombásticamente la pérdida de unas oposiciones, los homenajes recibidos en Madrid, o alguno de sus reiterados intentos de editar conjuntamente el «Glosari».[25]

21. Voces: «Ors y Rovira, Eugenio» [datos hasta 1918], «Plantada (La Ben)» y «Ors y Rovira, Eugenio» [datos hasta 1932], en: *Enciclopedia universal ilustrada europeo-americana*, Espasa-Calpe, Madrid, tomos 40 (1919; págs. 683-685), 45 (1921; pág. 423) y 7 del apéndice (1932; págs. 1404-1405).

22. D'Ors, *Glosas. Páginas del «Glosari» de Xenius, 1906-1917*, versión castellana y prólogo de Alfonso Maseras, Saturnino Calleja, Madrid, 1920.

23. [D'Ors], *Una conferència d'En Xènius. De l'amistat i el diàleg*, «La Veu de Catalunya», 28 febrero y 25 junio 1914; *Eugenio d'Ors en la Residencia de Estudiantes. «Grandeza y servidumbre de la inteligencia»*, «El Sol», 3 junio 1919; ***, «Residencia», n° 3 (septiembre-diciembre 1926) 195; *Disertaciones de Don Eugenio d'Ors (1921)*, «Anales de la Institución Cultural Española», Buenos Aires, vol 2, parte 1ª (1948) 112-114; y *Disertaciones del Doctor Eugenio d'Ors, de la Real Academia Española, sobre Ciencia de la Cultura*, Institución Cultural Española, Buenos Aires, 1950, págs. 3-7 (cortesía de Marta Campomar).

24. *Cronología*, en: Flórez, *D'Ors*, págs. 187-192; y D'Ors, *Diálogos*, edición de Carlos d'Ors, Taurus, Madrid, 1981, págs. 199-203.

25. *Ecos*, «El Día Gráfico», 13 diciembre 1913; *En Xènius a Madrid, Kulturkampf. A Eugeni d'Ors, Kulturkampf. Als companys de causa*, «La Veu de Catalunya», 21, 24 y 28 febrero 1914; *Preàmbul a l'edició del «Glosari» de Xènius*, y *El «Glosari»*, ibid., 6 febrero 1914, y 16 febrero 1915; y *Obsequio a Xenius*, «El Sol», 25 abril 1919.

Tanto la constelación de referencias personales identificables en sus artículos, como los *curricula* salidos de su pluma, que bien pueden calificarse de cripto-autobiografías, tienen siempre algo de *trompe-l'œil*, por lo mejorada que resulta en ellos su peripecia personal, trasmutada globalmente en una realidad virtual: el d'Ors que a él mismo le hubiera gustado ser; el personaje, en suma, que vivió soñándose.

La imagen simbólica que d'Ors transmitió de sí mismo, como botella de náufrago librada a la posteridad, ha de contrastarse, no sólo con su realidad cotidiana, en la medida en que ésta nos resulte accesible, sino con la misión que se había impuesto a sí mismo, inserta en el horizonte de cultura de las tres capitales donde se desenvolvió su vida. Sólo a partir de las claves interpretativas más arriba propuestas cabe, a mi modo de ver, intentar el esbozo de una biografía intelectual, y no meramente psicológica, donde la semblanza del personaje se presente debidamente contextualizada en su entorno teórico. La descripción del itinerario a seguir nos valdrá, a la vez, como sumario del estudio y anticipo de su argumento esencial.

INTRODUCTOR DEL FASCISMO PRIMIGENIO EN CATALUÑA

8 La tempranísima identificación de d'Ors con los postulados del nacionalismo integral francés es un hecho probado sobre el que no abrigan ya duda alguna los conocedores de su obra. Becarios en París casi por las mismas fechas, Azaña y d'Ors encarnan idéntica figura de

importadores de pensamiento político desde el país vecino, aunque por líneas contrapuestas y con resultados
prácticos igualmente disímiles. Si su decidido radicalismo
liberal hizo de Azaña el protagonista político de la IIª República, la propuesta autoritaria de d'Ors apenas logró
audiencia entre las minorías intelectuales a las que se dirigía, fieles, lo mismo en Barcelona que en Madrid, a los supuestos básicos del liberalismo, cuando menos hasta el
comienzo de los años treinta. El carácter platónico, en
consecuencia, de su propuesta pública, que nadie osaría
relacionar hasta entonces con grupo político alguno de
orientación totalitaria, ni menos aún, antes o después de
tales fechas, con violencia colectiva de cualquier tipo, permite sin equívoco ni connotación peyorativa posible atribuir a su planteamiento teórico el calificativo de fascista,
tal y como hoy se aplica a esa poderosa corriente cultural
de rebelión antidemocrática cuya expresión más pura
vino a darse en la Francia de principios de siglo.

Semejante fascismo, calificado precautoriamente de
primigenio, fascismo teórico, o bien protofascismo, para
distinguirlo de los movimientos políticos posteriores a la
primera guerra mundial a los que se debe el hallazgo del
nombre, está hoy perfectamente tipificado y establecidos sus orígenes antiparlamentarios, a la izquierda y a la
derecha extremas del espectro ideológico francés, merced a los estudios sucesivos realizados por Zeev Sternhell y su escuela,[26] cuyas implicaciones teóricas han ayu-

---

26. Zeev Sternhell, *Maurice Barrès et le nationalisme français*, Colin,
París, 1972; *La droite révolutionnaire, 1885-1914. Les origines françaises
du fascisme*, y *Ni droite ni gauche. L'idéologie fasciste en France*, Seuil, Pa-

dado igualmente a precisar las abundantes críticas de que han sido objeto sus planteamientos por parte de otros destacados especialistas de la etapa intersecular.[27] Ésa fue la corriente de pensamiento público, apenas conocida entonces en España, por la que se sintió madrugadoramente interesado el joven d'Ors, convertido en su casi único propagandista entre nosotros durante muchos años. Si Francia constituye el escenario más adecuado para localizar el fascismo doctrinal en su momento de germinación como mera revuelta de ideas, al no haber alcanzado luego allí el poder, en las décadas de generalización del reto totalitario por toda Europa, su temprana introducción en España por parte de d'Ors, sin apenas repercusiones en la práctica, presenta aún más si cabe los caracteres casi químicamente puros de una teorización nacionalista que aspira a recobrar, por vía de exaltación autoritaria, la propia identidad colectiva.

9 Una homologación internacional tan definida como la que aquí se propone, aun siendo nominalmente arriesgada y resultando del todo ajena a la realidad catalana de

---

rís, 1978 y 1983, respectivamente; y (con Mario Sznajder y Maia Asheri) *The Birth of Fascist Ideology. From Cultural Rebellion to Political Revolution*, Princeton University Press, 1994 (*El nacimiento de la ideología fascista*, Siglo XXI, Madrid, 1994).

27. Antonio Costa Pinto, *Fascist Ideology revisited: Zeev Sternhell and his critics,* «European History Quarterly», 16 (octubre 1986), 465-483; Robert Wohl, *French Fascism, both right and left: Reflections on the Sternhell controversy,* «Journal of Modern History», 63 (marzo 1991), 91-98; y Robert O. Paxton, *Radicals,* «The New York Review», 41, nº 12 (23 junio 1994), 51-54.

aquel momento, presenta sin embargo la ventaja de obligarnos a reconsiderar algunos de los estereotipos que el mismo d'Ors puso en circulación sobre el papel por él desempeñado en Cataluña cuando se hallaba entre los treinta y los cuarenta años de edad, y que, posiblemente por su brillantez e ingeniosidad indiscutibles, han sido objeto de una aceptación acrítica generalizada. Ni las pautas a seguir en la recuperación de la identidad cultural ni, menos aún, la línea estratégica, decididamente parlamentaria, del nacionalismo político, se verían influidas en modo alguno por las aurorales visiones orsianas de una sociedad catalana metarritmizada por vía autoritario-elitista, o por sus irónicas invectivas antidemocráticas, aireadas unas y otras como señuelo de un pretendido pero imposible liderazgo intergeneracional suyo que orientase los destinos de la comunidad. Política y cultura siguieron de hecho férreamente controladas en Barcelona por la generación nacionalista finisecular que acaudillaba, con su sereno ejercicio de la autoridad, Enric Prat de la Riba. Nunca llegó, en consecuencia, a materializarse el núcleo duro de la propuesta que, con el vistoso rótulo de *noucentisme*, d'Ors brindaría incansablemente a sus coetáneos: constituirse en avanzada juvenil y fuerza de choque de la variante autoritaria que empezaba a dibujarse en el pensamiento europeo; del fascismo *avant la lettre*.

Al no haber conseguido a principios de 1914 la cátedra universitaria a la que aspiraba, d'Ors carecía de cualquier estribo económico o psicológico digno de él que no dependiera de la benevolencia mostrada hacia su persona por el catalanismo conservador, árbitro de la incipiente institucionalización cultural que se estaba llevando a cabo. La muerte prematura de Prat, tres años después, le dejó sin valedor cuando más lo hubiera necesitado, en el periodo de crispación barcelonesa subsiguiente a la guerra mundial. Su descabalgamiento, en 1920, de todo cargo burocrático y de su columna diaria en *La Veu* causó el lógico estupor entre la juventud intelectual nacionalista, sin que se produjera sin embargo en sus filas escisión alguna a favor de d'Ors. Dada la angustiosa situación en que se encontraba, el viaje a la Argentina a mediados del año siguiente, invitado por la Institución Cultural Española, supuso para él un verdadero «verano indio», sentimental y académicamente hablando; a los cuarenta años, cumplidos en tierras australes, «puede decirse que lo fundamental de su obra estaba realizado».[28]

A la etapa previa a su abandono de Barcelona, cuando la mayoría de sus artículos iban firmados por «Eugeni d'Ors» al estar escritos en catalán, se circunscribirá nuestro examen, cuyas líneas maestras acaban de ser muy sumariamente anticipadas. Madrid no fue nunca la plataforma alternativa que hubiera necesitado para reanudar su interrumpido magisterio. El ascendiente intergeneracional que no había conseguido en Barcelona, menos aún podía pretender ejercerlo en Madrid, territorio donde Ortega había establecido de tiempo atrás su imperio,[29] dentro de una línea decididamente liberal que d'Ors intentaría flexionar en vano hacia soluciones au-

28. [D'Ors], *Disertaciones*, 1948, pág. 112.
29. Cacho Viu, *El imperio intelectual de Ortega*, en: *Desde Occidente. 70 años de Revista de Occidente*, Fundación Ortega y Gasset, Madrid, 1993, págs. 41-57.

toritarias en diversas ocasiones. Esa proclividad autoritaria le distanció de muchos ambientes intelectuales durante las postrimerías dictatoriales de la Monarquía, de la que obtuvo al fin un puesto de representación cultural en París. Allí se convertiría en un intelectual respetado por los círculos conservadores, y a punto estuvo de realizarse la previsión que Maragall había adelantado muchos años antes: «me temo que l'Ors acabarà escrivint en francès».[30]

«El ceñimiento mayor» a los condicionamientos ambientales, que aquí va a intentarse con el d'Ors hombre público, como él se propuso en un momento hacer con Unamuno, lejos de desdibujar su figura, «la subraya» y «la dobla de un grueso contorno obscuro, a lo Cimabue».[31] Lo que su perfil moral pierda quizá en altanería, puede ganarlo en riqueza de humanidad, al recortarse sobre un fondo de adversidades casi continuadas. Despojado igualmente de su dudosa condición de dirigente de un pueblo, quedará quizá más de manifiesto, tanto su extraordinaria calidad de escritor que alcanza, en los dos—o en los tres—idiomas que cultivó, cotas inusuales de belleza formal y sentido interior del ritmo, como la coherencia de su pensamiento público, que bien puede considerarse una pieza de convicción más a favor de la existencia de un *corpus* teórico europeo anterior a la guerra del 14, calificado con toda propiedad intelectual de fascista.

30. Joan Maragall, carta a Josep Pijoan, 19 diciembre 1906. En: Anna Maria Blasco i Bardas, *Joan Maragall i Josep Pijoan. Edició i estudi de l'epistolari*, Publicacions de l'Abadia de Montserrat, Barcelona, 1992, pág. 377.

31. D'Ors, carta a Unamuno, n° 28, 31 enero 1916.

UN REGENERACIONISTA INDEPENDIENTE

10 Llegado a la capital francesa en mayo de 1906, el «estudiant català» que era por entonces d'Ors,[32] a la vez que periodista, supo captar muy bien el sentido, juvenilmente revolucionario, de la confluencia doctrinal que estaba en vías de producirse entre los desplazados, a izquierda y derecha, por el desenlace del *affaire* Dreyfus. El ataque frontal a los postulados iluministas y a su confianza ciega en la voluntad popular, institucionalizada por vía democrática, constituía el hilo conductor de la conjunción de fuerzas en la que iba a tener su origen intelectual el fenómeno fascista.[33] Ese prejuicio antidemocrático, abiertamente aireado, vertebrará desde el primer momento el nuevo mensaje regeneracionista que d'Ors empezaba a emitir desde París. Iba a hacerlo además—importa señalarlo—por propia iniciativa, sin que mediara encargo alguno de los sectores catalanistas que, fiados de su valía, patrocinaron en todo momento sus estancias fuera de Barcelona.

A la vez que el «Glosari» cotidiano, pero más esporádicamente, d'Ors enviaba a *La Veu de Catalunya* crónicas sobre la actualidad política y mundana de la capital.

32. Id., *Glosari. Kammerling onnes*, 1 diciembre 1913.
33. Sternhell, 1983, pág. 10; y Wohl, 1991, págs. 95-96.

Desde abril de 1908, sin abandonar por ello las tareas periodísticas ni sus trabajos complementarios como traductor, figuró entre los primeros becarios del Institut d'Estudis Catalans, para estudiar *in situ*, durante dos años, las nuevas corrientes francesas en punto a metodología científica. De ahí vino su contacto con el filósofo Henri Bergson, al que calificó en ocasiones, no sin cierta exageración, como su «maestro».[34] La prórroga de esa pensión le llevaría por último, hasta fines de noviembre de 1910, a Munich, siempre acompañado de la familia. Como él mismo se encargó de señalar, vuelto ya a Barcelona, había «proseguido en su condición de estudiante un poco más allá de los habituales límites»[35].

La somera descripción que acabamos de hacer de esa etapa de aprendizaje teórico fuera de España arroja un perfil personal del todo coherente con el del estudiante y escritor en ciernes que había vivido, hasta los veinticinco años, primero en Barcelona y luego en Madrid. La misma independencia, tanto de carácter como en sus juicios, con que se había conducido en los ambientes intelectuales de ambas ciudades españolas, le llevaba ahora a proponer un proyecto netamente político, sin cuidarse de la carencia de apoyo alguno colectivo o de grupo; ni—más grave aún—de la falta de coherencia de su teorización, reflejo exclusivamente de lo que estaba ocurriendo en París, con las tribunas públicas a las que recurría para exponerla en Barcelona. Por otra parte,

34. *Habla Eugenio d'Ors*, «Cataluña», n° 19 (8 febrero 1908), 93; y *Glosari. Les taques. Conte barceloní d'aquestes diades*, 29 marzo 1910.

35. D'Ors, *El renovamiento de la tradición intelectual catalana*, «Cataluña», n° 170 (7-14 enero 1911), 3.

seguía manteniendo idéntica ambigüedad, que se diría crónica en d'Ors, entre la dedicación absorbente a tareas periodísticas, exigida cuando menos por necesidades económicas, si no por un deseo igualmente acuciante de triunfo inmediato, y una aspiración vocacional, más aireada que servida, a menesteres filósoficos en el ámbito universitario.

11 La preocupación pública manifestada por la tarea que se había impuesto de difundir entre sus compatriotas el nuevo autoritarismo, tenía un antecedente inmediato en la actividad propagandista que desplegó mientras cursaba en Barcelona el último curso de Derecho, y de la que había nacido un brillante y efímero grupo de «imperiales catalanistas», cuyo programa, «que más que tal es un verdadero sueño profético», iba a servir de directriz para una nueva etapa de la desaparecida revista *L'Avenç*. Este proyecto, adelantado por el siempre fantasioso Pompeius Gener, no llegó a hacerse realidad,[36] pero d'Ors vindicaría para sí reiteradamente la primacía, retrotrayéndola al verano de 1902, en el uso «de la paraula *imperialisme* per a designar el caràcter polític del moviment català»,[37] otorgando siempre una especial relevancia a aquella intuición juvenil suya, por cuanto suponía un planteamiento voluntarista, que desbordaba

36. Pompeius Gener, *La cuestión catalana. III: Las tendencias autonomistas. Su organización política*, «Nuestro Tiempo», vol. 3, n° 5 (mayo 1903) 712; párrafo suprimido al recogerse esa serie de artículos en: *Cosas de España*, Juan Llordachs llibreter, 1903.

37. D'Ors, carta a Amadeu Vives, n° 1, 25 julio 1904: pág. 96.

los cautos y sólidos cauces teóricos positivistas por los que venía discurriendo, de forma casi exclusiva, la afirmación nacional de Cataluña.

El desvelamiento de su vocación pública sacó a d'Ors de los cenáculos literarios tardomodernistas en los que venía desarrollando su todavía incipiente carrera literaria: en enero de 1903, una brillante ponencia en el primer Congrés Universitari Català, que le hizo sobresalir entre los numerosos participantes,[38] «inicia su vida de relación social».[39] Sus escritos de primera juventud se mantienen en una línea independiente, sin atadura ideológica alguna con el sector conservador prevalente en las filas del catalanismo político. Su decantación progresiva por *La Veu de Catalunya* obedeció más bien a razones de tipo profesional, determinantes en quien necesitaba vivir de su pluma y quería conservar su identidad de escritor en catalán; ningún otro medio tenía consistencia empresarial o estabilidad política suficientes para garantizarle una retribución estable digna. D'Ors aprendería pronto a vivir de Barcelona—de su prensa catalanista— sin necesidad de residir en ella: el descubrimiento de esa fórmula le permitió, a medida que fue avanzando por la década de sus veintes, instalarse de forma casi continuada, primero en Madrid y, más adelante, en París. Un cierto cansancio del ambiente barcelonés, y la rígida austeridad de su padre, del que se sentía psicológicamente distanciado, aconsejaban a aquel adolescente de clase

38. Alexandre Galí, *Història de les institucions i del moviment cultural a Catalunya, 1900-1936*, Altés-Fundació Alexandre Galí, Barcelona, tom. 18-19, 1986, págs. 188-189.

39. *Cronologia*, 1970, pág. 199; 1981, pág. 200.

media, capaz de valerse ya por sí mismo, marchar «molt lluny de la llar pairal», «molt lluny del món moral que a la meva ciutat nadiua m'asfixiava».[40] El joven d'Ors se hallaba en las antípodas de cualquier complicidad personal con la plutocracia barcelonesa, como tampoco iba camino de convertirse en un intelectual orgánico que legitimara, desde cualquier postura ideológica, semejante prepotencia. A la vista de su biografía, esta aclaración podría parecer superflua, aunque quizá no sea del todo inútil consignarla expresamente, una sola vez y con carácter precautorio, por si sirve de alguna forma para disipar posibles explicaciones mecanicistas.

MADRID, LA MUERTA

12 Durante un par de años, entre marzo de 1904 y abril de 1906, d'Ors permaneció en Madrid mucho más de lo que entonces se estilaba entre quienes, habiendo estudiado en otras universidades, acudían a la Central para cursar las asignaturas del doctorado y presentar la tesis. Fiel a sus primeras convicciones teóricas, el discurso para obtener el grado en Derecho versó sobre *Genealogía ideal del imperialismo (Teoría del Estado-héroe)*; don Gumersindo de Azcárate, renuente a tales planteamientos, se limitó cortésmente, como director del trabajo, a facilitar su lectura en junio de 1905. El deseo del joven doctor era darse a la especulación, y cuando Giner de los

40. Id., *Curt tractat de la llibertat i poder de Napoleon, Glosari 1908*, pág. 262.

Ríos, otro de sus profesores en el doctorado, le preguntó qué quería ser en el futuro, había contestado con decisión: «Yo, filósofo, Don Francisco»;[41] sus compañeros catalanes de curso, sabedores en cambio de sus incipientes triunfos periodísticos y de sus gustos literarios, le conocerán como «el modernista».[42] Para mantenerse decorosamente en Madrid, d'Ors hubo de multiplicar sus colaboraciones en la prensa barcelonesa, distribuyendo con ingenio temas y seudónimos: en un nuevo semanario, *El Poble Català,* nacido a fines de 1904 de una disidencia a la izquierda de la Lliga Regionalista, se hizo con una sección fija, «Reportatge de Xènius», mientras que los artículos de mayor calado aparecían con su propio apellido, ornado con la *d'* apenas tuvo el título de doctor;[43] a la vez y por esas mismas fechas, empezó a enviar a *La Veu,* como su corresponsal en Madrid, crónicas que firma «R. de O.», iniciales invertidas de su más antiguo y recurrente seudónimo, «Octavi de Romeu».

Madrid despertó en el joven imperialista sentimientos encontrados. Le atraía, por una parte, la visualización del perdido poderío político reflejado en la «sòbria elegància cortisana» de muchos de sus edificios antiguos; contención que era precisamente lo que echaba a faltar en Barcelona con tanta floritura modernista;[44] la burguesía ca-

41. Manuel M. Pedroso, *En el cincuentenario de la Institución Libre de Enseñanza*, «La Nación», Buenos Aires, 9 diciembre 1926. Reproducido en «Boletín de la Institución Libre de Enseñanza», vol. 51, n° 802 (31 enero 1927), 29.

42. D'Ors, *Glosari 1908: Els qui revenen*, 3 marzo 1908.

43. Id., *Noruega imperialista*, 17 junio y 1 julio 1905. *Obra catalana, I,* págs. 286-294.

44. Id., carta a Rubió i Lluch, 23 marzo 1904.

talana y su ostentación formal nunca fueron de su agrado. Pero, junto a ese aprecio por las formas solemnes del poder lejano que aún evidenciaba la capital, d'Ors fue reflejando en reportajes y crónicas, echando mano de la imagen modernista de las «ciudades muertas», la profunda decadencia en que se hallaba sumida la España del interior.[45] Esa técnica derogatoria logra sus mejores efectos en la auténtica pintura negra que trazó del entierro de Raimundo Fernández Villaverde, cuyas medidas económicas tras el Desastre habían provocado precisamente la primera movilización política del comercio barcelonés.[46]

Lo realmente específico de su *Finis Hispaniæ!*, entre tantos como en esos años se pronunciaron, es su extensión, inapelable y sin excepciones, a «la gent de Madrid, dormenta»,[47] incluyendo en su totalidad al ambiente intelectual madrileño, que encontraba falto de idealidad proyectiva: «cap literat representa aquí *una força*, cap d'ells té, darrere el seu poble, energia humana disposta per a l'acció»;[48] el decano de cuantos llegó a conocer, Don Juan Valera, le parecía, por su desbordante ingenio, «*un Anatole France, sense France*; és a dir, sense la consciència d'un poble viu al darrere; sense res que l'obligués ni sols invités a una acció social».[49] De su visita a Joaquín Cos-

45. Id., *Espectres a Toledo*, «El Poble Català», 3 diciembre 1904; *M. Loubet al cor d'Espanya*, «La Veu de Catalunya», 25 doctubre 1905. *Obra Catalana, I*, págs. 110-111 y 409-412.
46. Id., *La mort d'en Villaverde*, «La Veu de Catalunya», 20 julio 1905. *Ibid.*, pág. 387-391.
47. Id., carta a Amadeu Vives, nº 1, 25 julio 1904: pág. 96.
48. Id., *Intel·lectuals*, «La Veu de Catalunya», 4 agosto 1905. *Obra catalana, I*, pág. 395.
49. Id., *Glosari. Lo que sap Don Antoni Maura*, 18 junio 1907.

ta, acompañado por unos amigos madrileños del Doctorado, y de su trágico desánimo, no hablaría sino una vez
desaparecido el impulsor de aquellas campañas económicas, cuyo fracaso había provocado un «desalent afadi-
gadíssim al cor de la Espanya inteligenta».[50] Ese *null* histórico, que suponía una experiencia del todo nueva para
d'Ors, viniendo como venía de una Barcelona acelerada,
no lo iba a colmar ningún sueño imperialista de los estu-
diados en su tesis y con los que pronto iba a volver a encontrarse en París, sino la profundización en las ideas
liberales que andaba madurando en Alemania un coetáneo suyo, José Ortega y Gasset.

LA ATRACCIÓN DE PARÍS

13 El periodo de efervescencia política por el que atravesaba Cataluña vino a alterar los planes de futuro que
d'Ors se había hecho. Los incidentes entre nacionalistas
y militares desataron, a fines de noviembre de 1905, una
histérica campaña anticatalanista en ciertos medios periodísticos madrileños. *La Veu* optó por dejar en sus-
penso la corresponsalía que desempeñaba d'Ors, com-
pensándole, no obstante, espléndidamente, sin duda
por indicación de Prat, con una sección diaria que, comenzada con el nuevo año, d'Ors bautizaría como «Glosari». Sin tener que renunciar a residir casi de continuo
en Madrid, se encontró de momento con colaboración

50. Id., *Glosari. Les paraules de Joaquim Costa per al jovent català*, 18
febrero 1911.

estable retribuida en los dos rotativos catalanistas de mayor prestigio, puesto que seguía enviando sus «Reportatges» semanales a *El Poble Català*. Pero la avalancha política que fue Solidaritat Catalana, desencadenada por aquellos acontecimientos, propició que *El Poble* pasase a ser diario el primero de mayo de 1906, quedando d'Ors descabalgado de la nueva redacción. La única manera de seguir teniendo, aparte del «Glosari», una corresponsalía, era trasladarse de inmediato a París: *La Veu* le aseguraba por ambos trabajos un duro diario;[51] la pequeña herencia de su madre, que recibiría apenas cumpliese el 28 de septiembre los veinticinco años,[52] iba a permitirle hacer frente a los gastos originados por su inminente matrimonio, hasta tanto se hiciese efectiva la pensión prometida por el suegro. Todo se cumplió como estaba previsto, y por Nochebuena la joven pareja podía comunicar a Joan Maragall, que fue el padrino de boda, su nueva dirección en Auteuil:[53] se trataba de un distrito acomodado, el 16°, aunque el entresuelo que alquilaron resultase bastante sombrío para los gustos mediterráneos de d'Ors.[54] Al cabo de casi tres años de haberse instalado en París, le resumía así a Don Francisco Giner su tenor de vida: «Como en Madrid, escribo y estudio. Estoy casado, tengo un hijo y espero otro... Colaboro cotidianamente en *La Veu*, de Barcelona, y periódicamente en algunas revistas, de Filosofía sobre todo. Traduzco, por gusto alguna vez, otras muchas, demasia-

---

51. Id., carta a Casellas, 6 diciembre 1908: pág. 93.
52. Jardí, 1990, págs. 23-24.
53. D'Ors, carta a Joan Maragall, n° 6, 24 diciembre 1906.
54. Id., *Glosari 1907: Janer*, 7 enero 1907.

das aún, sin tanto gusto… Me preparo despacio a otras empresas, pensando mucho en mi país, pero con una gran cobardía de cerrar la preparación que la estancia en el extranjero representa».[55]

14 Pese a los desfallecimientos que pudieran acecharle en ocasiones, París no dejaba de ser, para un galófilo de corazón, la Ciudad Luz. Desde el primer momento, d'Ors había abierto de par en par la «finestra» que siempre pensó debía ser el «Glosari»,[56] a la deslumbrante *szene* que significaba París, enviando sin pausa a Barcelona un torrente de sugestiones de todo tipo. El primer acontecimiento político que le tocó en suerte contemplar de cerca fue la rehabilitación definitiva de Dreyfus; según comunicaba nerviosamente a sus lectores catalanes, «vivim ara a París una fortíssima hora d'història».[57] A partir de ese momento d'Ors irá reflejando puntualmente cómo el desenlace del *affaire* vino a desilusionar a cuantos intelectuales habían concebido la revisión del proceso militar como un momento climático para modernizar de raíz, merced a un gran salto adelante, la sociedad francesa. El rechazo de la vigente política de gobierno, que les hermanaba con los otrora contendientes irreconciliables que se habían opuesto a la revisión, contribuyó a crear una conciencia común de grupo en amplios sectores del mundo intelectual, de república dentro de la

55. Id., carta a Francisco Giner de los Ríos, 3 julio 1909.
56. Id., carta a Joan Maragall, n° 9, 6 junio 1907.
57. Id., *Glosari 1906*, pág. 353.

República, e hizo posible aproximaciones tácticas impensables en otras circunstancias menos dramáticas.

El sindicalismo platónico de Sorel concitó la más destacada de esas convergencias antidemocráticas entre los marginados por el partido radical en el poder: su tacto de codos, desde el verano de 1909, con Action Française culminó en la colaboración de sus discípulos sindicalistas con los jóvenes nacionalistas en las probaturas teóricas del Cercle Proudhon.[58] Unos y otros rechazaban los innegables avances de la democracia, aunque por razones entre sí contradictorias. Los exaltadores de un proletariado en presunto estado de gracia revolucionaria por obra de su ira incontaminada tenían por corruptora la vía reformista en la que de hecho se habían embarcado tanto la central sindical comandada por Léon Jouhaux como la sección francesa de la II^a Internacional que Jaurès estaba conduciendo hacia la reconstrucción del Bloc des Gauches. Los maurrasianos soñaban en cambio con un Monarca caudillista, limpio del moderantismo liberal con que se conducía el Pretendiente orleanista, y que fuera capaz por su prestigio de nuclear una sociedad reunificada donde ya no tendrían razón de ser los seccionalismos de clase y los conflictos entre grupos que el juego democrático de mayorías y minorías contribuía a perpetuar, al otorgarles visos de legitimidad.[59]

Más allá de la coyuntura política francesa, siempre apasionante y dramatizada con verdadero talento por

58. Jack J. Roth, *The Cult of Violence. Sorel and the Sorelians*, University of California Press, 1980, págs. 87-92; y Sternhell, 1994, págs. 78-79 y 87 (traducción al castellano, págs. 113-114 y 127-128).

59. Costa Pinto, 1986, pág. 479.

protagonistas y figurantes, lo que más debió atraer a d'Ors hacia el autoritarismo emergente de la resaca del *affaire* fue esa conjunción táctica de agravios antidemocráticos, provenientes unos del lado de la injusticia social y otros de una aguda exaltación nacionalista, que despertaba sin duda un eco simpático en su fuero interno imperialista. Las nuevas doctrinas irradiaban, además, un hálito de vida, y respondían a una afirmación decidida de voluntad, que era precisamente lo que d'Ors, reafirmado en sus convicciones de regeneracionista independiente, echaba a faltar lo mismo en un catalanismo excesivamente continuista como en la lucha por los fueros de la razón que mantenían cansinamente los intelectuales madrileños, aquejados—uno y otro intento colectivo—de cierta cortedad positivista. Sus intuiciones de filósofo en ciernes hicieron de él con frecuencia «un *metafísic d'estar per casa*»,[60] ansioso de transmitir los brotes de idealidad, no sin ribetes de inmediatismo pragmático, que descubría por doquier en las más variadas manifestaciones culturales, relacionadas siempre de algún modo con los nuevos aires teóricos exaltadores de la autoridad que soplaban en política.

La rotundidad verbal un tanto crispada de las doctrinas del nacionalismo integral francés y de las formulaciones sorelianas adoptó tonos mucho más optimistas y distendidos en los mitos de confortamiento que d'Ors fue imaginando sin descanso mientras permaneció en París. El hecho de no tener enfrente, ni en Barcelona ni en el resto de España, radicalismo alguno de gobierno

60. Id., *Glosari 1906*, pág. 482.

sino un moderantismo liberal *arriéré,* restaba extremosidad a los mensajes orsianos pero también hacía disminuir, proporcionalmente, la posibilidad de que fueran tomados en consideración por algún sector social en busca de un lenitivo con el que calmar cualquier tipo de ansiedad e inseguridad colectivas. La escasa audiencia lograda por las prédicas autoritarias de d'Ors ha contribuido a que rara vez se pare mientes en su condición de adelantado a la vez del nacionalismo integral francés y de las nuevas doctrinas revolucionarias sindicales que, de aceptarse sus propuestas, hubiera hecho de Barcelona la puerta de entrada en España del primer fascismo intelectual.

EL CLASICISMO, VARIANTE AUTORITARIA
DEL NACIONALISMO

DEL IMPERIALISMO AL CLASICISMO

15 Hacia las mismas fechas en las que un d'Ors aún soltero llegaba por vez primera a París, instalándose en una modesta pensión junto a la rue St-Jacques, aparecía en Barcelona la edición príncipe del libro doctrinal más influyente de Prat de la Riba.[61] En alguna otra ocasión he comentado el sutil tratamiento de que fue objeto el imperialismo en las páginas finales de *La nacionalitat catalana:* al considerarlo como una fase más, prevista de antemano, en el desarrollo del nacionalismo, el término—en el que tantas esperanzas había depositado d'Ors—quedaba despojado de su posible potencialidad revisionista; al mismo tiempo, la inclusión en el libro del prólogo que Prat había puesto el año anterior al estudio de un correligionario sobre *Regionalisme i federalisme* venía a confirmar su voluntad política de situar el discurso nacionalista por encima de las conveniencias inmediatas de su propio partido, restando en consecuencia argumentos a quienes, comprometidos con un catalanismo más progresivo, se resistían incluso a emplear el término *nacionalisme* por considerarlo cautivo de intereses conservadores.[62] D'Ors,

61. Enric Prat de la Riba, *La nacionalitat catalana*, Barcelona, Biblioteca Popular, segunda mitad de mayo de 1906.
62. Cacho Viu, *Els modernistes i el nacionalisme cultural (1881-1906)*, Edicions de la Magrana, Barcelona, 1984, págs. XXVIII-XXXIV.

escarmentado con los ataques recibidos de las viejas barbas del catalanismo «científico», que, con Martí i Julià, consideraron obra de locos sus exaltadas visiones imperialistas, no podía por menos de felicitarse en público por la *accolade* que suponían para sus puntos de vista las implícitas pero transparentes referencias que se hacía a ellos en *La nacionalitat.* En justa correspondencia, procedió a jurar «fidelitat», al menos de labios afuera, al cuerpo de doctrina recién codificado que, vista la incorporación del imperialismo, le parecía tan suyo por lo menos como de Prat.[63]

A la desactivación de que había sido objeto el imperialismo en el marco doctrinal catalanista merced a la maniobra envolvente de Prat, vinieron a sumarse, desde la óptica parisina, ciertas dificultades en la comprensión del término, que d'Ors había elegido como un tributo admirativo hacia Inglaterra y sus gestas mundiales, lesivas sin embargo en ocasiones para los intereses de Francia, aparte de las emociones contradictorias que inevitablemente suscitaba esa palabra por sus resonancias napoleónicas. Entre las previsibles razones que contribuyeron a su postergación, no hay porqué incluir, en cambio, las connotaciones peyorativas a las que todavía se asocia hoy en ocasiones el imperialismo, pero que no le fueron atribuidas sino unos años después por el fundamentalismo marxista, necesitado de coartadas que explicasen el incumplimiento de predicciones económicas tomadas demasiado al pie de la letra: el contexto de semejante descalificación conceptual ha de buscarse en las

63. D'Ors, *Glosari 1906*, pág. 258.

polémicas doctrinales internas del marxismo a comienzos del siglo,[64] que nada tienen que ver con el esfuerzo que ha de realizar el historiador para entender cómo veían los grandes estados, y algunos de entre los pequeños que se lo imaginaban, su trayectoria expansiva por el planeta.

16 No es, pues, extraño que d'Ors primase progresivamente un término distinto, el de *clasicismo*, como cifra y resumen simbólico de su mensaje regeneracionista. Transido de prestigiosas resonancias culturales en el pasado francés, el clasicismo había sido elevado por Maurras a palabra-clave de su bóveda doctrinal tras de sus viajes iniciáticos, primero a Grecia, para cubrir como periodista la información de los primeros Juegos Olímpicos restaurados en 1896, y un año después a Florencia y Córcega, en los que se consolidó su convicción de la unidad cultural que homogeneizaba todo el mundo mediterráneo.[65] En realidad, los nacionalistas radicales no hacían sino extrapolar a la vida pública la recuperación del clasicismo que el poeta Jean Moréas venía defendiendo, con su grupo de «l'École romane», como única forma de evitar la decadencia de la literatura francesa. Una lectura irracional, vitalista y particula-

64. George Lichteim, *Marxism. An Historical and Critical Study*, Routledge & Kegan Paul, Londres, 1964, 2ª edición, págs. 213-221; y Charles A. Barone, *Marxist Thought on Imperialism. Survey and Critique*, M. E. Sharpe, Nueva York, 1985, págs. 18-56.
65. Charles Maurras, *Anthinéa (D'Athènes à Florence)*, Félix Juven, París, 1901.

rizante del término, mantenida con imperturbable tenacidad, le permitió a Maurras afirmar la singularidad egregia de Francia, como tierra de elección del clasicismo, en el que se sublimaba una heroica herencia nacional.[66] La salvaguarda del sentido del orden y del equilibrio consustancialmente franceses, ante el espíritu subversivo encarnado por la filosofía germánica, se combinaba con la exaltación de un cierto «espíritu mediterráneo», proclamado antes por Nietzsche y, a la vez que Maurras, por D'Annunzio: una sabiduría innata corría por las venas de quienes habitaban las riberas del mar interior de la Antigüedad. El nacionalismo integral no era, en último término, sino una afirmación voluntarista que salía al paso del complejo de inferioridad, tan extendido en el área latina, ante la prepotente Europa noroccidental.

Aún no había terminado 1906, un año tan decisivo para d'Ors, cuando ya proclamaba enfáticamente su recién estrenada fórmula: «És oberta una era nova de classicisme.»[67] A la vista de lo ya expuesto, parece casi innecesario insistir en que no se trataba primordialmente de un *revival* de carácter literario o artístico, aun cuando las formulaciones orsianas contribuyeran sin duda a prestigiar un cierto retorno a las formas clásicas de expresión: lo que d'Ors estaba empleando era un lenguaje acuñado con una clara intencionalidad política en Francia, y recurría a él, abiertamente, con vo-

---

66. Victor Nguyen, *Aux origines de l'Action Française. Intelligence et politique vers 1900*, Fayard, París, 1991, pág. 801.

67. D'Ors, *Glosari 1906*, pág. 461; *Versailles a la moda*, 5 diciembre 1906.

luntad de rectificar la doctrina nacionalista imperante en Cataluña.

UN TÉRMINO POLISÉMICO

17 Con el clasicismo en su escudo de armas, d'Ors entró en liza con otros lenguajes regeneracionistas dentro de la familia nacionalista, fuesen éstos propuestas estrictamente personales, «de autor», como era el caso de Unamuno, o bien corrientes doctrinales del catalanismo previas a la codificación del discurso nacionalista llevada a cabo por Prat de la Riba. Las connotaciones mediterraneizantes del clasicismo orsiano iban a serle de gran utilidad para legitimar y hacer especialmente atractiva su concepción humanista y paganizante de la tradición, por contraposición a los planteamientos de tierra adentro, de los que siempre desconfió, se tratase de la montaña pirenaica o de la meseta castellana; o, lo que es lo mismo, de Torras i Bages o de Unamuno. Su manera de entender la identidad colectiva, no menos compulsiva y supuestamente científica que la de los contrincantes por él elegidos, trataba de asegurar en todo caso la continuidad con la corriente iluminista de la cultura moderna, desmarcándose de cualquier inercia regresiva que se escudase en situaciones pasadas entendidas como paradigmáticas e inmutables. La negación, por último, de todo correlato obligado entre la tendencia democrática en política y aquella corriente racionalista, le permitía afirmar, tan provocativamente como lo hacían los nacionalistas franceses definidores del clasicismo, que no era a través de la

vía parlamentaria donde encontrarían solución los problemas de una sociedad en desarrollo: en el caso concreto de la comunidad catalana, su encaje en el conjunto de una España más retrasada y, *ad intra*, la superación del pleito latente entre el nacionalismo conservador y el obrerismo anarquizante.

El clasicismo orsiano, en cuanto término polisémico que atendía a frentes tan diversos como los que acaban de enumerarse, estaba concebido como una idea-fuerza, al modo de un mito nacional totalizante, elevado por su autor a la categoría «d'un concepte ple, global, del món i de les coses, i d'una norma total i estricta de conducta».[68] El gusto, del que d'Ors se dejaba llevar tan fácilmente, por las definiciones felices y los hallazgos terminológicos, transformó su obra en un verdadero caleidoscopio de palabras-mito, que forman continuamente entre sí figuras cambiantes, con el clasicismo como marco de referencia: arbitrarismo, civilidad, humanismo, socialización, e imperialismo. Ese término, tan querido para él, reaparece sin falta en momentos de especial relevancia, aun cuando d'Ors sea consciente de que su concepción del imperialismo, tal y como la expuso en su tesis, no resultaba ya sostenible; rechazó, en consecuencia, el ofrecimiento que Prat le había hecho de editarla en la misma colección que *La nacionalitat catalana*, proponiéndole en cambio una especie de breviario de educación cívica que no parece llegara a realizar.[69]

---

68. Id., *Introducció al cicle de conferències d'educació civil al C.A.D.C.I.*, 21 diciembre 1909. «Revista Anyal», julio 1911, pág. 12.
69. Id., carta a Prat de la Riba, nº 1, París, 17 marzo 1907.

Las tolvaneras que con frecuencia provocan esos precipitados lingüísticos, impelidos hacia lo alto por su propia belleza formal, dificultan considerablemente el empeño por situar en unas coordenadas meramente racionales las propuestas de un autor propenso siempre al empleo de conceptos no unívocos.[70]

Para individualizar las ideas madres que circulan de manera recurrente por el organismo de sus escritos, posiblemente sea preferible proceder sin apriorismos clasificatorios y dejarse llevar a través de esa mitología verbal, en la que los términos se engrescan mutuamente y se encabalgan de contínuo. Quizás quede así más de manifiesto su intento personalísimo de reconducir el proceso de recuperación de la identidad catalana, encaminado a comienzos de siglo en sentido democrático, por la vía modernizadora alternativa que proponía el autoritarismo entonces emergente en los círculos neo-nacionalistas franceses. Al adentrarse por el laberinto orsiano, nuestro primer objetivo habrá de ser en consecuencia precisar en qué aspectos específicos su clasicismo, al ser compulsivo, progresista y autoritario a la vez, meramente se superpone, más bien subraya, o frontalmente contradice el discurso nacionalista catalán prevalente en su momento.

PLANTEAMIENTO COMPULSIVO DE LA TRADICIÓN

18 La vinculación de Cataluña a la cultura clásico-mediterránea va a ser planteada por d'Ors en los mismos

70. Rius, 1991, pág. 331.

términos compulsivos, anclados en un pasado irrenunciable, con que las anteriores generaciones catalanistas, instaladas en el positivismo, habían presentado sus respectivos proyectos para la regeneración colectiva, en función siempre de presuntos condicionamientos heredados. La relectura vitalista de la doctrina de Taine, que d'Ors realiza en seguimiento de los doctrinarios de Action Française, acentua al máximo el carácter particularizante del clasicismo, cuyos valores vienen determinados de antemano por quienes encarnaron en el pasado una tradición cultural circunscrita al mundo mediterráneo, en detrimento «de cette forme d'âme qui, depuis Platon jusqu'à Kant, demandait la notion du bien au cœur de l'homme éternel et désintéressé»:[71] en ese estrechamiento del diafragma moral localizaba Julien Benda, en un libro resonante publicado años después—*La trahison des clercs*—, el desvío respecto de la línea racionalista universalizadora de los intelectuales franceses en los que d'Ors se inspiraba.

Imbuido de semejante punto de vista restrictivo, que denota siempre una cierta inseguridad respecto de los destinos de la colectividad a la que se aplica, d'Ors dará con un aforismo afortunado para transmitir esa convicción a sus lectores: «Fora de la Tradició, cap veritable originalitat. Tot lo que no és Tradició, és plagi».[72] Difícilmente se encontraría una fórmula más radicalmente opuesta al patriotismo libre, plebiscitado de continuo,

71. Julien Benda, *La trahison des clercs*, Bernard Grasset, París, 1927 (6ª edición, 1977, pág. 117).
72. D'Ors, *Glosari. Aforística de Xènius*, 31 octubre 1911.

que propugnaba Renan. (D'Ors compartía con Prat de la Riba, y con los ideólogos más jóvenes de la Lliga, la concepción fijista de la tradición) aun cuando no coincidiera del todo con ellos en punto a los contenidos ni, como luego veremos, en las estrategias para recuperarla a la mayor brevedad posible. Bofill i Matas, pronto convertido en el expositor más autorizado del pensamiento de Prat, rivalizará con d'Ors en ejemplificar con imágenes arqueológicas la continuidad de fondo en que hace consistir una nación. Si, para Bofill, los pueblos son como los granos de trigo hallados en algunas tumbas faraónicas que «al cap d'anys i de centúries encara serven latent llur virtualitat»,[73] al Glosador, las calzadas romanas soterradas, recientemente descubiertas en Polonia, le sugieren «aquestes capes d'ordre profund» que abundan en Cataluña «sota el fang espès de la posterior anarquia».[74] El fondo greco-romano, sepultado bajo tierra como las estatuas descubiertas en las excavaciones de Ampurias, volvería a dar, una vez repristinado, «sentit clàssic a la moderna Catalunya confosa».[75]

19 D'Ors acostumbraba a fabricarse «antagonistes teòrics i simbòlics» que le valiesen, mediante «processos dialèctics d'aversió»[76] para definir más precisamente su postura en cuantas cuestiones pudieran afectarle vital-

73. Jaume Bofill i Matas, *Qüestions polítiques. El nacionalisme. La renaixensa*, «La Veu de Catalunya», 2 enero 1913.
74. D'Ors, *Glosari 1917*, pág. 98.
75. Id., *Glosari. Petita oració*, 11 diciembre 1909.
76. Id., *Glosari 1917*, pág. 71.

mente. Ése es el papel que, en la contienda entre las diversas identidades peninsulares, atribuía a don Miguel de Unamuno, hasta el punto de firmar algunas de las misivas que le enviaba como «El Anti-Unamuno».[77] El antagonista estaba sin duda bien elegido, puesto que, desde *En torno al casticismo*, el gran escrito seminal donde se reprocesa el positivismo taineano, quedaba abierta la posibilidad de elaborar un nuevo nacionalismo castellano, que Unamuno encaminaría después por derroteros personalísimamente agónicos. D'Ors procede, en consecuencia, a «un *deslinde*»[78] entre dos tradiciones: penetrada la unamuniana de una religiosidad conflictiva, en la que se hace consistir la nueva misión universal de la comunidad hispano-parlante; anclada la que d'Ors atribuye privativamente a Cataluña en una alegre mesura mediterránea, que bien podría servir de ejemplo y estímulo a otros pueblos circunvecinos.

El forcejeo entre ambas concepciones ideales de una renovada identidad colectiva encontró su formulación más incisiva en la breve glosa que le brotó, incontinenti, tras haber oído recitar a Unamuno, ante un grupo de contertulios en el jardín del Ateneu Barcelonès, las primicias de su *Cristo de Velázquez:* «Quina ganga, oh déus, no ésser de Palència, / on els Crists són *tierra, tierra, tierra,* / sinó d'aquells volts per on Citerea / fou escuma, escuma, escuma rienta [o: lleugera]».[79] Las dos teorizacio-

---

77. Id., cartas a Unamuno, entre la nº 3, 27 septiembre 1909, y la nº 26, 7 mayo 1915.

78. Aranguren, 1981, pág. 122.

79. D'Ors, *Glosari 1916: Impromptu al Rector. En havent-lo sentir llegir,* 28 julio 1916: 1918, pág. 87; 1992, pág. 212.

nes nacionales que se enfrentaban sin posibilidad alguna de compromiso tenían, sin embargo, mucho en común, al ser ambas imperiales—expansionistas, por tanto—en sus miras; y meramente «de autor», empleando una vez más ese lenguaje cinematográfico; esto es, estrictamente personales. De ahí también que fueran desoídas por las colectividades, en parte coincidentes, a las que iban destinadas tan arrebatadas prédicas.

UN PATRIOTISMO ILUSTRADO

20 Con anterioridad incluso a su fijación contra Unamuno, d'Ors se hizo con otro antagonista simbólico, localizado esta vez dentro de Cataluña. Se trataba del doctor Torras i Bages, quien, aun cuando se hallase ya apartado de la escena pública por prudencia pastoral desde que fue nombrado obispo de Vic en 1899, había sido con anterioridad el catalizador de una decisiva corriente confesional dentro del catalanismo. La vinculación con el carlismo en armas, hasta fechas todavía no demasiado lejanas, de las comarcas interiores, siempre más cerradamente tradicionales, y las concomitancias existentes en Cataluña, como en toda España, entre el catolicismo militante y una cultura nostálgica del pasado, hacían temer a d'Ors que el predominio de esa corriente explícitamente confesional supusiera en la práctica «la condemnació de la vida catalana moderna»;[80] de ahí venía su enfrentamiento teórico juvenil con el autor

80. Id., carta nº 4 a Amadeu Vives, 18 septiembre 1904: pág. 103.

de *La tradició catalana*. El talento político de Prat y la anuencia, cuando menos tácita, de Torras y de un selecto grupo de clérigos ilustrados hicieron posible, sin embargo, a corto plazo una fórmula del todo novedosa en el panorama español, al no impedir la presencia hegemónica de católicos en las filas nacionalistas su teorización pluralista, y convertirse de hecho el compromiso catalanista de bastantes ambientes eclesiásticos o clericales en detergente del integrismo que hasta entonces había imperado en ellos.

La fluida relación mantenida entre Prat y la nueva generación de intelectuales, en la que sobresalía d'Ors, distanciada por mentalidad y razones cronológicas de algunos de aquellos pleitos, contribuyó también, y de modo importante, a esa satisfactoria solución que puso sordina a los inevitables enfrentamientos de mentalidades en cualquier sociedad en vías efectivas de desarrollo modernizador. Por convicción personal, verosímilmente, y en cualquier caso por respeto a las reglas de juego convenidas, d'Ors se sumó en adelante con sus escritos públicos a esa distensión, dando por supuesto que la ciencia «no es deu entendre en un sentit contrari a cap dels altres valors de la vida», y no puede, por tanto, «passarse de l'art ni pretendre convertir-se ella mateixa en religió», como lo había intentado el positivismo vulgar: su cultivo, indispensable para «l'europeïsació de la nostra terra», debía constituir en adelante «un terreny propici a les colaboracions».[81]

---

81. Id., *Glosari. Europa. A n'En Ramir de Maeztu*, 8 marzo 1911.

21 El sueño orsiano era hacer de Cataluña una república mediterránea donde, a la manera de la Florencia del Renacimiento, «al Patriotisme vigorós coroni, obiradora pertot arreu, una alta Cultura».[82] Su constante exaltación de la Ciudad se extiende por igual a todas aquellas «altes normalitats de la vida civil»,[83] garantes de los fueros de la modernidad: d'Ors denunció incansablemente el confusionismo que introducía la exaltación indiscriminada de la vida rural como reserva de la más pura catalanidad, urgiendo, en cambio, la necesidad de «la barcelonització de Catalunya».[84] Urbanícola convencido, celoso del buen nombre de su ciudad de Barcelona, su pedagogismo continuo en pro de una cultura matizada, de gusto, constituye el aspecto de su mensaje que quizá haya calado más en la conciencia colectiva, porque llovía sobre mojado en una Cataluña cada vez más nucleada, por exigencias de la propia transformación, en torno a su poderosa capital. A diferencia de otros nacionalistas que achacaban la decadencia de Cataluña a la dominación castellana, d'Ors creía más bien que la razón principal de su declinar fue, al igual que para el resto de España, el drástico divorcio, el extrañamiento creciente respecto de la cultura moderna a partir del Renacimiento. Estamos, pues, ante una de las muchas variantes que adoptó, dentro de la literatura regeneracionista, el argumento del aislacionismo en tiempos

82. Id., *Glosari 1915*, 1992, pág. 245.
83. Id., *Glosari 1908*, pág. 309.
84. Joan-Lluís Marfany, *El naixement del mite noucentista de ciutat*, en: Martí Peran, Alícia Suàrez y Mercè Vidal (editores), *Noucentisme i Ciutat*, Centre de Cultura Contemporània de Barcelona-Electa, Madrid, 1994, pág. 42.

pasados como causa de la decadencia peninsular, explicaciones encaminadas todas ellas a subrayar, de forma más o menos drástica, la necesidad de incorporarse a la ciencia y a la cultura contemporáneas de la Europa desarrollada.

D'Ors no compartía, sin embargo, la radicalidad de quienes estaban dispuestos, con tal de sumarse definitivamente al tren de la modernidad, a hacer tabla rasa de todo lo privativo y heredado, incluida «la galvanización de la momia latina», que es como calificaba Ortega y Gasset, durante su última estancia de estudioso en Alemania,[85] los reiterados intentos de italianos y franceses—también los nuestros— por hacer del clasicismo el fundamento de una pretendida superioridad que nos confortase en los momentos actuales de menoscabo. De manera semejante a como el nacionalismo maurrasiano se servía del positivismo para acumular argumentos a favor de la excelsitud francesa, d'Ors confiaba en que la futura mayor consistencia científica de Cataluña contribuiría a consolidar esa especificidad de cultura en que consiste cada nación: «en tot poble, dorm una civilizació completa: és qüestió de fer-la sortir».[86]

NACIONALISMO Y SINDICALISMO

22   La relectura vitalista de los supuestos del nacionalismo catalán, que d'Ors estaba llevando a cabo, resulta-

85. Ortega y Gasset, *Alemán, latín y griego*, «El Imparcial», 10 septiembre 1911. En: *Obras completas*, tom. I, pág. 209.
86. D'Ors, *Glosari. La exaltació*, 26 marzo 1909.

ba esencialmente concorde con la manera como entendía la identidad patria el discurso teórico popularizado por la Lliga Regionalista; las líneas interpretativas, ofrecidas por vía de sugestión y casi siempre de forma discontinua, resultaban, desde su rechazo de las pautas positivistas establecidas, más bien complementarias que antitéticas al cuerpo de doctrina nacionalista, tal y como había sido establecido por Prat. La moral pública que d'Ors propone incansablemente para la regeneración de Cataluña toma a la nación como obligado referente social; es, en una palabra, de orden igualmente nacionalista, no meramente racional, por más que predique de continuo, según le confiesa coloquialmente a Unamuno, «contra lo *gótico*, injerto en *rousseoniano* que ha predominado hasta hoy en el catalanismo».[87] La prevención anti-medievalizante venía de su desconfianza ante quienes, como Torras i Bages, subrayaban en exceso los rasgos inmutables de una supuesta sustancia nacional invariable, en detrimento del margen de arbitrariedad, de libre inventiva que un vitalista había de reivindicar por fuerza.

El rechazo de Rousseau apuntaba, en cambio, contra una visión demasiado halagüeña del presente y, por ende, del futuro, que abrigaban ciertas gentes de Cataluña. El catalanismo tradicional siempre dio por sentado que la consecución del autogobierno, al eliminar las distorsiones introducidas por el centralismo madrileño, pondría fin a todo tipo de enfrentamientos de clase. La izquierda autonomista, en cambio, tendió más realista-

---

87. Id., carta nº 3, 27 septiembre 1909.

mente a ver la cuestión obrera como un pleito distinto del nacional, que concernía ante todo a los sectores sociales directamente afectados, aunque no se descartara en teoría la posibilidad de acuerdos tácticos que vinieran a acelerar el triunfo conjunto de ambas causas, la nacional y la proletaria. Tales análisis prospectivos presentaban, pese a su disimilitud, una característica en común: el protagonismo benéfico, el papel configurador de una futura sociedad mejor atribuido a un determinado sector del pueblo catalán, que privilegiaban a causa de su superior concienciación, fuese por la vía nacional o en cuanto clase emergente y desposeída. Esa apreciación optimista era, precisamente, lo que rechazaba el «pesimismo orsiano acerca de la naturaleza humana»,[88] actitud de fondo que constituía, desde los comienzos mismos de su carrera literaria, la contrapartida inevitable al abandono de las certidumbres positivistas.

Sólo el triunfo del orden, que se constituye en el término «clave del clasicismo»,[89] podía resolver adecuadamente, por vía de autoridad y a través de una minoría cualificada, las muchas tensiones que amenazaban aún con desestabilizar la vida ciudadana, como pusieron dramáticamente de manifiesto los sucesos revolucionarios de Barcelona durante la llamada «semana trágica» en julio de 1909. Ese pesimismo anti-ilustrado, una vez que fuera asumido por la juventud catalana del momento, estimularía el florecimiento en adelante de las grandes virtudes colectivas. Citando expresamente a Carlyle, d'Ors

88. Cerezo, 1993, pág. 291.
89. *Ibid.*, pág. 243.

brindaba al heroísmo arrebatado de unos pocos elegidos «la doble fórmula de l'ideal imperialista: Per la forta expansió nacional! Per la veritable justícia social!».[90]

23   La hibridación entre nacionalismo y socialismo sindicalista, exaltada por d'Ors como la síntesis del futuro, constituía precisamente el núcleo duro, la esencia última del fascismo intelectual que estaba fraguándose en el París de la anteguerra: el objetivo de una minoría decidida había de ser la reunificación de la sociedad, lograda dentro del marco nacional con un imprescindible alcance interclasista. Quizá resida ahí, en ese elevar de nuevo la nación a la categoría de agente revolucionario, el elemento distintivo, el control de calidad imprescindible que permitiría más adelante identificar el fascismo como una construcción ideológica diferenciada. La recuperación nacional sólo podrá darse por lograda cuando el proletariado se haya identificado con ella:[91] semejante convicción, que va más allá de una conveniencia táctica para convertirse en un postulado teórico, es lo que hace verosímil hablar de una «derecha revolucionaria» en los años anteriores a la guerra de 1914,[92] independientemente de la orientación conservadora que haya podido adoptar más adelante esa corriente autoritaria de pensamiento al traducirse en diversos movimientos políticos de alcance nacional.

90. D'Ors, *Glosari. Política*, 2 agosto 1909.
91. Sternhell, 1994, pág. 27 (traducción al castellano, págs. 36-37).
92. Wohl, 1991, pág. 96.

Bajo la envoltura global del clasicismo, lo que d'Ors propugnaba era una praxis nacionalista totalizante en un doble sentido, que venía exigido por los postulados doctrinales del prefascismo. Se trataba, en primer lugar, de integrar los valores a los que se remiten las morales colectivas racionales, procedentes unos del mundo ilustrado—el cultivo de la ciencia—y otros de la teoría socialista—la imposición de la justicia—. Ese nacionalismo intuido por d'Ors resultaba también totalizante en cuanto venía dictado normativamente, impuesto desde arriba, a una comunidad cuyo armónico desarrollo, a punto de alcanzarse, se veía aún amenazado por oscuras fuerzas de barbarie, cuya sola existencia justificaba una decidida intervención autoritaria.

En un implícito contrapunto táctico respecto del catalanismo conservador establecido, su aspiración era dar al renaciente patriotismo catalán un horizonte más amplio que el del pleito secular mantenido con Castilla. Dicho en términos menos historicistas, semejante planteamiento exigía no limitarse a perpetuar el enfrentamiento con la tradición española unitaria, liberal moderada en el pasado inmediato, meramente discursiva ya y desprovista de todo poder de convocatoria, y que d'Ors conocía de cerca por sus estancias madrileñas. En vez de un nacionalismo reivindicativo ya superado, el redescubrimiento de una tradición cultural distinta de la peninsular, vinculada al mundo clásico mediterráneo, en la línea integrativa del fascismo entonces emergente, daba opción a construir un nuevo regeneracionismo privativo de Cataluña, que brindase al conjunto de España algo más importante que esa depuración del corrupto parlamentarismo dominante en el mundo latino al que la Lliga dedicaba en vano sus mejores esfuerzos. El clasicismo se presentaba como un modelo vivo del sentido de autoridad, capaz de estimular una cultura ciudadana moderna, y de ofrecer ancho cauce al vigor proletario, ajeno cuando no hostil, hasta entonces, en Cataluña al ímpetu nacionalista. El reto potencial indudable que esos puntos de vista ensoñadores suponían para el catalanismo en el poder quedaba de hecho paliado en la práctica por la falta de temperamento político de d'Ors, quien apenas adelantó, más allá de planteamientos muy genéricos, algunas propuestas esporádicas, reveladoras en cualquier caso de su pasión absolutizada por el orden.

24 El papel ejemplar que d'Ors atribuía a la Ciudad dentro de sus proyectos regeneracionistas, le llevó a proponer en fechas muy tempranas la conveniencia de adoptar, para Barcelona y su cinturón industrial, «algun instrument selectori d'immigració, parell als que els Estats Units utilitzen per a pròpia defensa».[93] La explosión de violencia primitiva durante la semana trágica barcelonesa le daría pie más adelante para reiterar la urgente necesidad de exigir, en quienes quisieran incorporarse a la vida metropolitana, «un mínimum de salut física, moral i social. El propòsit pot semblar antidemocràtic.—M'és indiferent». El convencimiento elitista al que responden tales propuestas había raído hasta las últimas huellas de la *pietas* modernista hacia los despo-

93. D'Ors, *Glosari 1907*, pág. 51.

seídos, en aras de un futuro mejor: «sense convertir una democràcia en aristocràcia, no hi ha manera de fundar una ciutat».[94] Paralelamente, d'Ors venía inclinándose por «la exaltación de una política nueva, de base sindical o profesional»:[95] ése era el tipo de socialismo, aprendido de Sorel, que pretendía amalgamar con su nacionalismo autoritario, para poner todavía más de manifiesto su rechazo de la inanidad de la política liberal y distanciarse, hasta verbalmente, de la sensibilidad burguesa, temerosa de cualquier concomitancia con el proletariado.

Desde su observatorio de París, con anterioridad a que la revuelta barcelonesa hiciese acuciante la cuestión del obrerismo, d'Ors venía mostrando reiteradamente su interés por las variadas «tendències al cooperatisme, al sindicalisme, al socialisme pur, a l'estatisme», dentro de una común «lluita per la Justícia social».[96] Desde su nietzscheanismo de juventud, el movimiento cooperativo quedaba desechado por manso, pese a que en alguna ocasión elogiase sus realizaciones, mientras que a los monopolizadores del «socialisme pur» en el ámbito de la II Internacional, los veía convertidos en Francia, por su connivencia con el poder radical, en «socialistes de cambra i boca, d'Escola Normal i Prefectura».[97] No quedaba, pues, como horizonte virtual, sino el sindicalismo, enaltecido idealmente a sus ojos por «la nova espiritualitat operària» que había elaborado Sorel en «sentit anti-

94. Id., *Glosari. Defensa*, 18 agosto 1909.
95. [Id.], entradilla al año 1907, *Glosas. Páginas del «Glosari» de Xènius*, pág. 63.
96. Id., *Glosari. L'imperialisme català*, 13 julio 1909.
97. Id., *Glosari, Proudhon*, 22 febrero 1912.

democràtic»,[98] lo cual le permitía—anotará con justeza d'Ors—«entendre's amb un Charles Maurras, monàrquic, per a combatre plegats la força democràtica dels Briand i dels Jaurès».[99] La inexistencia, sin embargo, en Barcelona, como en cualquier parte, de tales sindicalistas puros, depositarios del Grial de la violencia proletaria, obligaría a d'Ors a decantarse de momento hacia el estatismo. Por «estatista» se tenía él mismo,[100] y de «joventut estatista» calificó a aquellos coetáneos suyos[101] a quienes pretendía alejar del Leteo del conservadurismo liberal de la Lliga, mediante el conjuro de largas enumeraciones—«responsabilitat, solidarisme, reforma, Ciutat, legislació del treball, Estat educacional, lluita per l'ètica i cultura, justicía social»—,[102] evocadoras de una enérgica intervención social.

Lo que en el fondo parecía buscar d'Ors, con semejante autoritarismo protofascista a la moda de París, era un tónico reconstituyente que diese un nuevo sesgo a las poco prometedoras relaciones establecidas entre el catalanismo y el conjunto de las fuerzas sociales españolas sobre la base de imponer un parlamentarismo *vérité*. Al poco de haberse exiliado a Madrid, recordaría, a medio camino entre la nostalgia y el distanciamiento irónico, aquellas aventuras suyas de importador cultural: «Maurras tenía un sabor muy agradable cuando era fresco, allá, en la primera déca-

98. Id., *Glosari. Lo que vol dir el pròxim dinar dels noucentistes*, 1 marzo 1911.

99. Id., *Glosari. Te, xocolata i café*, 18 mayo 1911.

100. Id., *El rectorado de mármol*, «El País», 14 diciembre 1914.

101. Id., *Glosari. El llibre del Sr. Ossorio*, 10 octubre 1913.

102. Id., *Glosari. Altre cop Anastàsia*, 15 julio 1909.

da del siglo. Cocinado por Sorel, mechado de viejo régimen y de filosofía comtista, su ingestión hubo de aconsejarse a los estómagos fatigados, por ventura asqueados, de los comedores monótonos de la democracia.»[103]

SIMBOLISMO DE «LA BEN PLANTADA»

25 En el verano de 1911, mientras descansaba con los suyos en Can Ferrater, junto a la costa mediterránea, en Argentona,[104] d'Ors publicó por entregas en el «Glosari» un relato de excepcional calidad literaria, donde acertaba a simbolizar en una figura femenina—Teresa, «la Ben Plantada»—, el denso imaginario elaborado durante los años parisinos en torno al clasicismo. El recuerdo de su reciente viaje a Italia, el primero que había tenido oportunidad de hacer, prolongando por espacio de un mes la asistencia a un Congreso de Filosofía en Bolonia, subyace en más de un pasaje de *La Ben Plantada,* cuyo momento culminante tiene lugar en Roma, donde d'Ors había vivido en la realidad, al contacto ideal con la Antigüedad clásica y su recreación renacentista, «una de las emociones más fuertes de mi vida», según le comunicaba a su esposa.[105] Como en el caso de Goethe, o en el más cercano de Maurras, el pasaje a Italia reafirmó en d'Ors su convicción sobre la

103. Id., *Cinco minutos de silencio* («Nuevo Glosario», IX: 4° trimestre de 1923), Sempere, Valencia, 1925, pág. 148.
104. Id., carta—no enviada—al cónsul de España en Munich, 3 septiembre 1911 (Ms. 3602, Biblioteca de Catalunya).
105. Id., tarjeta postal a María Pérez-Peix, Roma, 23 abril 1911 (inventario 255, Arxiu Nacional de Catalunya: del viaje a Italia se conservan 19 envíos epistolares a su esposa, 3-28 abril 1911).

centralidad de la herencia clásica en el futuro modelo de vida europeo.

Para la figuración de la Ben Plantada, la inspiración literaria inmediata, apenas disimulada, había sido, sin embargo, una novelita de Barrès, *Le jardin de Bérénice*, que puso punto final a su primera trilogía juvenil, «Le culte du moi». Una bella e instintiva criatura, apenas cultivada, terminaba imponiéndose en el sombrío relato al dubitativo protagonista intelectual: Bérénice, «incarnation de l'âme populaire», se había convertido para Philippe en la vía de acceso a «la vie profonde et le sentiment des masses»,[106] en cuya comunión estaba recuperando por días el sentimiento de seguridad que tiempo atrás había dejado de proporcionarle la ciencia positiva. Los dos decenios transcurridos desde la aparición de la obra de Barrès en los que el vitalismo se había impuesto con fuerza en el horizonte cultural europeo, amén del entorno comparativamente más favorable en el que se desenvolvía d'Ors apenas reincorporado a la vida barcelonesa, permiten entender el optimismo casi físico y la desbordante ironía que rezuman esas breves páginas, de deliciosa lectura: el tono distendido y auroral de *La Ben Plantada* se despega por completo de la febrilidad insegura latente en la obra de Barrès, o de la cortante sequedad maurrasiana, hijas ambas del carácter «défensif, anxieux», que siempre tuvo el nacionalismo integral francés.[107]

La aparente intrascendencia, la frivolidad incluso, de

106. Maurice Barrès, *Le jardin de Bérénice*, Perrin, París, 1891, págs. 193 y 171.

107. Jacques Droz, *Les relations intellectuelles franco-allemandes de 1871 à 1914*, Centre de Documentation Universitaire, París, 1967, pág. 35.

lo que se nos cuenta apunta sin embargo hacia las raíces de la identidad catalana, releída desde el nuevo nacionalismo integral: alma gemela de Bérénice, Teresa constituye «la amable encarnación de ciertas ideas imperturbables y ocultas que gobiernan a una raza y a su destino».[108] La invocación de la «seva Raça», a cuya voz profunda se declara obediente,[109] hace referencia, como en el caso egregio de Mistral, a la «raza latina»; esa intrusión verbal biológica revela la pervivencia de una herencia del positivismo, dentro del contexto ético que exalta voluntariosamente una serie de valores ancestrales frente al avance amenazante de los pueblos europeos no mediterráneos.[110] La Ben Plantada resulta ser, en su génesis literaria, un ingenioso prototipo carrozado a la manera de Barrès, bien que con motor de patente maurrasiana.

El pequeño terremoto desencadenado en una colonia de veraneantes por los encantos de Teresa y su inesperada boda con un castellano vale como pretexto, intencionadamente confusionario, para componer un «assaig vagabond sobre les coses essencials de l'esperit de Catalunya i les condicions de la seva renovació».[111] Como novela intelectual que es, sus incidencias forman «un a manera de juego docto de espejos», según d'Ors mismo confesaría más adelante.[112] Sus anhelos sentimentales,

108. D'Ors, *Flos sophorum*, pág. XII.

109. Id., *La Ben Plantada*, 1911, pág. 154.

110. Nguyen, 1991, pág. 99.

111. D'Ors, *Glosari. La Ben Plantada. XXX. Epíleg*, «La Veu de Catalunya», 5 octubre 1911, nota 1ª, no recogida en libro.

112. Id., prólogo, Canet de Mar, 8 diciembre 1919, a *La Bien Plantada de Xenius*, traducción de Rafael Marquina, Calpe, Madrid, 1920, Colección Universal n° 176, pág. 6.

no del todo asentados, le empujan a ver el pretendido símbolo de Cataluña «a través de sí mismo», como Unamuno percibió de inmediato,[113] convirtiendo en consecuencia su obrita en un *roman à clef*; al mismo tiempo, cada sucedido, por mínimo que pudiera parecer, enmascara una persistente denuncia de los supuestos del nacionalismo conservador-liberal.

Para potenciar *a posteriori* la débil vertiente social de este enredo sentimental, d'Ors proclamaría al poco cohéroes del relato, violentando un tanto las cosas, a «la pitagòrica Teresa i Nando el pescador»,[114] aun cuando el papel atribuido a este representante simbólico de «millions de treballadors silenciosos i esforçats»[115] resulte más bien irrelevante. El futuro esplendoroso que auguraba, en cambio, el reencuentro de un pueblo con sus raíces clásicas quedaba afirmado en el mensaje final, inequívocamente imperialista: «Vindrà, vindrà el jorn, quan el Mediterrani, mar nostre, veurà néixer de les escumes les noves idees.»[116] Reunidas muy pronto en forma de libro, cuyas últimas pruebas corregiría d'Ors, simbólicamente, en el velatorio de Maragall, aquellas glosas veraniegas tuvieron tan amplia repercusión que su padre literario llegó a interiorizar la figura de Teresa como símbolo viviente de un pueblo y fetiche indiscutible en su aspiración a liderarlo. De ahí que la Ben Plantada

113. Unamuno, *Sobre la Bien Plantada. I: Su inconmesurabilidad*, «El Imparcial», 29 abril 1912. En: *Obras completas*, 1968, tom. 3, pág. 1317.

114. D'Ors, *Glosari. Els remerciaments. II*, «La Veu de Catalunya», 14 febrero 1912.

115. Id., *La Ben Plantada*, pág. 197.

116. *Ibid.*, pág. 188.

reapareciese recurrentemente, aunque casi siempre de manera fugaz, en las páginas del «Glosari», y que d'Ors proveyese sus reediciones de nuevos prólogos que constituyen, varios de ellos, verdaderos ajustes de cuentas entre d'Ors y su para él esquiva patria.

LAS TRIBULACIONES DEL JOVEN D'ORS
EN LA CATALUÑA DE PRAT

EL RECHAZO DE «LA BEN PLANTADA»

26 «No hay manera de decirle la cantidad de odios
que se han despertado a mi alrededor, en los dos años
que llevo desde mi vuelta del extranjero. Momentos hay
en que, literalmente, siento toda la ciudad contra mí.»
«Parece, para acabar de empeorarlo todo», añade todavía d'Ors sincerándose con Unamuno, «que soy antipático exteriormente y que soy orgulloso y amo el deber y la
gloria.»[117] La euforia que le produjo su nombramiento
como secretario del Institut d'Estudis Catalans, en febrero de 1911, perceptible aún en las glosas veraniegas de
La Ben Plantada, tuvo un abrupto final al recogerse éstas
en un bello tomo aparte, recibido con tal hostilidad por
influyentes sectores de la vida barcelonesa que desenca-
denó «una seria crisis en la obra del Glosador».[118] La
oposición provenía de quienes, en las filas del regionalismo, entendieron la carga de disidencia política latente
en aquella travesura literaria, cuyos entresijos galantes
conocían además sin duda; y también de algunos católicos integristas que pretendieron en vano dar con los
huesos de la pobre Teresa en el Índice de libros prohibi-

---

117. D'Ors, carta nº 11, 11 marzo 1913.
118. [Id.], entradilla al año 1912, *Glosas*, pág. 186.

dos, por habérsele aparecido intempestivamente a d'Ors en los jardines de Tívoli.[119]

La comidilla más comentada en la prensa fue el escamoteo de toda referencia a d'Ors y su criatura literaria en el discurso preparado de antemano para los Juegos Florales de 1912 por un filólogo alemán, ignorante de semejantes pleitos, y al que se recomendó en el último momento esa supresión. D'Ors recurrió anónimamente a las páginas de *La Veu* para desvelar la intriga,[120] otorgándole al incidente tal importancia que Prat de la Riba optó por zanjar la cuestión y archivó, sin llegar a publicarlo, el original de una nueva réplica de d'Ors.[121] El resultado más tangible de esa hostilidad en torno al Glosador—anticipo de lo que ocurriría, ya sin punto de retorno, en 1920—fueron los recortes de tipo económico a que se vió sometido, en la Diputación o en *La Veu de Catalunya:* «el halalí regionalista contra mí», le confiará a Unamuno, «continúa y me hace sufrir un atroz sitio por hambre».[122]

27 Ese desamor mutuo con media Barcelona, compatible por otra parte con una persistente añoranza de su ciudad, venía ya de antiguo y, en mayor o menor grado, estuvo siempre presente en la biografía de d'Ors. Lo

119. Tusquets, 1989, pág. 132.

120. [D'Ors], *Qüestió literaria*, «La Veu de Catalunya», 7, 8 y 10 mayo 1912.

121. [Id.], *Lo del discurs dels Jocs*, original manuscrito, 11 mayo 1912 (inventario 137, Arxiu Nacional de Catalunya).

122. D'Ors, carta a Unamuno, n° 8, 5 julio 1912.

que en un principio fue, por su parte, desapego juvenil
que le empujaba a marcharse fuera, se convirtió luego,
cuando el «Glosari» empezó a prestigiarle residiendo
todavía en París, en una «hostilidad» hacia sus puntos
de vista, rayana en lo personal, que «se ha exarcebado a
menudo hasta las fronteras de la injusticia»: Maragall,
al salir en defensa de su amigo con un texto que no llegaría a ver publicado en vida, trataba de explicarse esa
generalizada irritación contra d'Ors por su desafiante
«espíritu aristócrata, en tanto que nuestra sociedad, ya
de sí, y mayormente por el momento de su formación,
es democrática».[123]

El mensaje de d'Ors, formulado en tonos personalis-
tas, y no fácilmente inteligible fuera de su contexto
francés, apenas hallaría un eco simpático en los círculos
catalanistas, yendo como iba a contradirección política
de cuanto propugnaba, desde su relativo poder electoral y en los órganos locales o provinciales de gobierno
del Principado, la generación anterior a la suya. Desa-
sistido de cualquier apoyo de grupo, y sin conseguir
mientras residió en Barcelona independizarse económicamente de un ambiente político con el que no comul-
gaba del todo, su poder público estuvo siempre en pre-
cario. Por debajo de la imagen de serenidad clásica que
a d'Ors le gustaba cultivar, semejantes circunstancias,
del todo adversas para el tipo de liderazgo que ansiaba
ejercer, crearon en él un punto de angustia contenida

---

123. Maragall, prólogo de fines de 1908, para el volumen no publicado del *Glosari* de 1907; texto castellano, único conservado, en: *Obres
completes*, Selecta, Barcelona, 1960, tomo I, pág. 835.

que, al menor descuido de su intimidad, se refleja inequívocamente en sus escritos.

LA IRRADIACIÓN DEL «GLOSARI»

28 Si, pese a tal cúmulo de dificultades, es un hecho
evidente la honda influencia de d'Ors «sobre los espíri-
tus más selectos de Cataluña y sobre el ciclo *novecentista* de su cultura», ello se debió a la magia de su estilo y a
su profesionalidad como escritor de ideas: día a día, durante casi medio siglo, primero en catalán y luego en castellano, «lo mejor de su genio quedó en ese comentario
agudísimo e inimitable de la *glosa*».[124] La multiplicidad
de intereses, la ingeniosidad de los vínculos establecidos
entre realidades dispares y el conductismo sugestivo en
el que solían inspirarse sus juicios, hicieron de ese peculiar artefacto orsiano, si no «un altre genre literari»,
como pretendía su autor,[125] al menos una variante perso-
nalísima del ensayo que, en aras de una mayor brevedad,
adoptaba habitualmente un estilo sincopado y senten-
cioso.

Ningún otro escritor español del momento que, como
d'Ors, se considerara «especialista en ideas generales»,[126] mantuvo de forma tan prolongada una sección
estable en la que se enjuiciasen los más variados temas,
con una cierta aparente ligereza e indudable aspiración

---

124. [D'Ors], *Disertaciones*, 1950, pág. 5.
125. Id., *Glosari 1917*, pág. 82.
126. Id., carta a Unamuno, n° II, 11 marzo 1913.

sistemática, contrariada de continuo por esa misma curiosidad universal, lo cual convertía su escritura en un espectáculo sobremanera atrayente. El factor sorpresa, manejado con habilidad, al entreverar sin previo aviso cuestiones de candente actualidad con otras buscadamente intemporales, estimulaba en sus lectores habituales la apetencia por la edición vespertina de *La Veu*, que habitualmente incluía ya la glosa de la mañana siguiente. Manuel de Montoliu, futuro becario también del Institut y unos años mayor que d'Ors, confesaba de buen grado su «deambulant lectura quotidiana dels *Glosaris*, sota els fanals encesos dels carrers de Barcelona, entre el plegar de la feina i el meu sopar cada vespre, un dia entusiasmant-me, un altre desagradant-me».[127]

Su carácter más bien efímero convertía, sin embargo, el «Glosari» en un producto para leer y tirar, que sólo a duras penas y muy parcialmente conseguiría d'Ors reunir en volúmenes anuales, sin hacerse nunca realidad su sueño de editarlos puntualmente por suscripción al término de cada trimestre, en unos tomos similares a las *Obras completas* de su admirado Carlyle.[128] El indudable influjo que, a pesar de semejante dispersión, ejerció el Glosador sobre sus coetáneos y, quizá más aún, sobre los novísimos hasta comienzos de los años veinte, resulta difícil de aquilatar dada la variedad de estímulos ofertada. Rara vez, sin embargo, parece haberse producido una aceptación *in toto* de las propuestas orsianas, y especial-

127. Manuel de Montoliu, *El Glosari de d'Ors*, «El Poble Català», 25 noviembre 1907. En: *Estudis de Literatura catalana*, Societat Catalana d'Edicions, Barcelona, 1912, pág. 159.

128. *Ecos*, «El Día Gráfico», 13 diciembre 1913.

mente de las de carácter público; su autoritarismo, explícito o larvado, chocaría siempre con el ascendiente que sobre la juventud catalana ejercían la Lliga Regionalista y sus héroes políticos o doctrinarios. Mientras no se cuente con un estudio pormenorizado de su magisterio, del que hay huellas evidentes en cuantos epistolarios juveniles de la época se han publicado hasta ahora, habrá que aceptar por tanto con circunspección lo que *La Veu* afirmaba, al dictado sin duda del propio autor, al anunciar otro de los intentos para reunir el *corpus* orsiano: «El Glosari ja és de tots, i tothom en treu com d'una pedrera els materials de construcció, que s'arriben a confondre i unificar-se amb les idees motrius nacionals.»[129]

PREDOMINIO DE LA GENERACIÓN FINISECULAR

29 Entre la perspectiva mesiánica desde la que d'Ors contemplaba el «Glosari», consumido por sus ansias de orientador de un pueblo, y su repercusión inmediata en la vida catalana, aparecería siempre, como un obstáculo infranqueable, la generación finisecular: era ésta, a juicio del propio d'Ors, una «forta generació»,[130] a cuya sombra hubo de permanecer mientras vivió en Barcelona. Como cualquier joven que tuviera aspiraciones de líder, el d'Ors alumno de último curso de Derecho había comenzado su carrera pública incitando a sus colegas de la Federació Escolar Catalanista a «inventariar l'herèn-

129. [D'Ors], *Preàmbul a l'edició del «Glosari» de Xènius*, 6 febrero 1914.
130. D'Ors, *Glosari 1906*, pág. 257.

cia dels nostres pares a l'objecte de fer-nos càrrec de quines coses, d'ella, convé fer servir, quines restaurar, quines dur al sostremort i quines cremar en els focs de Sant Joan».[131] El mal momento electoral, precursor de futuras escisiones, por el que estaba atravesando en 1903 el catalanismo político no constituía la ocasión más propicia para las actividades revisionistas estudiantiles que d'Ors proponía: el hecho de que no llegaran a llevarse a cabo, junto con el parón experimentado por los planes editoriales de los jóvenes imperialistas, pudo contribuir a encaminar sus pasos hacia Madrid con más asiduidad de la exigida por su condición de doctorando.

La manifiesta agresividad mostrada hacia la anterior generación catalana y el empeño en residenciar sus gestas no le abandonarían en adelante, lo cual contribuyó sin duda a que pronto fuese «aclamado caudillo de su generación», como Maragall, en el nonato prólogo antes mencionado para un tomo del *Glosari*, reconocía bien generosamente, puesto que él mismo se había convertido en uno de los blancos favoritos de tales descalificaciones generacionales, pese a la devoción personal que d'Ors protestaba tenerle. Sus denuncias revisionistas incidían invariablemente en la febrilidad romántica, hija de la crisis del positivismo, y en el desbordamiento formal de las últimas generaciones ochocentistas catalanas, características ambas que, a su entender, culminaban en «aquestes sublims anormalitats: la Sagrada Família, la poesia maragallenca».[132]

131. Id., *Per a epíleg a uns articles d'en Gabriel Alomar*, «Catalunya», vol. i, nº 7 (15 abril 1903) CCCX. *Obra catalana, I*, pág. 265.

132. Id., *Glosari 1906*, pág. 259.

La retórica impiedad orsiana, que no dejaba de causar inicialmente un cierto efecto, envuelta como aparecía en los tonos trágicos, fatales, de un imperativo generacional al que no le era lícito desobedecer, alcanzaría de hecho escasa repercusión en la práctica. El modernismo, del que d'Ors abominaba muy en especial, se estaba convirtiendo en el estereotipo más comunmente aceptado de Barcelona, como ya le había vaticinado Maragall, paseando juntos hacia las postrimerías de su vida por las calles del Ensanche.[133] La voz del poeta muerto en 1911, cuyo manto no heredaría d'Ors, continuó sonando sin apenas contradicción en la conciencia colectiva, y quienes seguían marcando la pauta del discurso nacionalista—Prat, y los otros tetrarcas del catalanismo en alza: Cambó, Puig i Cadafalch, Duran i Ventosa—, lejos de sentirse procesados por las nuevas modas generacionales, impusieron sin vacilación a los recién llegados el papel secundario, de mero flanqueo cultural y verbalización propagandística, que les atribuían en el conjunto de la política catalana.

30 Con el traslado a París, d'Ors experimentó por primera vez las consecuencias de trabajar en exclusiva para *La Veu*, actuando como cronista a la vez que de glosador. Al faltarle un medio periodístico alternativo donde exponer sus opiniones más personales, resultaron más evidentes las cortapisas que esa colaboración le imponía, conforme a unas fronteras relativamente cambiantes en

133. Id., *Glosari. Les gràcies del Vuitcents. La moda*, 27 marzo 1912.

función de las alianzas políticas de cada momento: «com Roma, el catalanisme, a cada victòria, augmenta el nombre de sos Déus», le comentaba irónicamente a Maragall,[134] lo cual hacía aumentar el riesgo de incurrir incluso por inadvertencia en impiedad culpable. El resultado de tales contingencias de orden político-ideológico, a la vista está en la correspondencia cruzada con Raimon Casellas, redactor-jefe de *La Veu* en aquellos años:[135] que no le recorten, por favor, tal o cual glosa; que en ningún caso añadan nada; o que le devuelvan—cosa que no siempre se hacía, y queda de ello pueba documental entre los papeles de Prat—[136] aquel otro texto, censurado por entero, del que d'Ors no guardaba copia.

Durante el trimestre que duró una operación de castigo, a resultas de la cual y por un malentendido político el «Glosari» vió reducido drásticamente su cuerpo de letra hasta proporciones casi microscópicas, d'Ors se consolaba afirmando de la «professió de glosador, que és amb la d'aeronauta, la professió més noucentista»;[137] era, evidentemente, un sobresalto continuo el sobrevolar casi a ciegas, escribiendo desde París, la complicada orografía política barcelonesa. De los errores cometidos, que le forzaron incluso a no incluir en los escasos volúmenes anuales aparecidos algunas glosas publicadas de antemano en *La Veu,* y del ingenio con que sorteó innúmeras ocasiones comprometidas, sobre todo de índole electoral, se podría

---

134. Id., carta a Maragall, n° 5, 22 junio 1906.

135. Castellanos, *Noucentisme i censura,* págs. 84-90.

136. D'Ors, *Glosari. La execució capital de Hipòlit Taine*, original manuscrito, 15 julio 1907 (inventario 137, Arxiu Nacional de Catalunya).

137. Id., *Glosari. Arengues? Grans batalles?*, 5 enero 1909.

escribir largamente. Aludamos tan sólo, a guisa de ejemplo, al elegante quiebro verbal con que supo sortear en 1909 la advertencia de Prat de que lo políticamente correcto era mantener la linealidad entre el imperialismo de su invención y el nacionalismo de la generación anterior, sin intentar contraponerlos, cosa que d'Ors había ensayado una vez más desde las páginas de *La Veu*.[138]

Pese a todas esas evidentes limitaciones, el nacionalismo catalán conservador, como años más tarde le reconocería a Ortega, tenía a sus ojos, si se le comparaba con otras corrientes regeneracionistas, «una ventaja importante, y es la de existir», la de tener una consistencia social y un peso político innegables. Ante esa realidad incontrovertible, al hombre solo que siempre fue d'Ors no le quedaba otro remedio, si quería seguir presente en la escena pública barcelonesa, que tratar de expresar a través de los medios periodísticos de la Lliga sus puntos de vista divergentes, «contenidos nada más por el límite indispensable para no darlo todo al traste».[139] Se trataba, a no dudarlo, de una opción por entero razonable, a falta de cualquier otra posibilidad medianamente equiparable, en punto a difusión alcanzada y en ventajas económicas, dentro de la prensa escrita en catalán, aun cuando el hecho de verle remando en las galeras de la prensa de la Lliga, por destacado que fuese el banco a él atribuido, no ayudaba precisamente a visualizar su discurso teórico como diferente del mantenido por aquel partido ni, menos aún, a sugerir la imagen de un liderazgo nuevo por vía autoritaria.

138. Cacho Viu, *Els modernistes*, pág. XXXV.
139. D'Ors, carta a Ortega, n° 5, 6 marzo 1915.

31   Cuando menos en una ocasión, y más bien prematura, d'Ors intentó desmarcarse del mundo periodístico de
la Lliga, buscando en Barcelona otro medio, aunque fuese publicado en castellano, siempre que le garantizara la
libertad de expresión y la necesaria continuidad para ini-
ciar una nueva sección, alternativa en cierto modo al
«Glosari». En el otoño de 1913, un periódico recién creado, *El Día Gráfico*, empezó a publicar, con regularidad
bisemanal, unas *Conversaciones con Octavio de Romeu*,
que se anunciaban como traducidas al castellano por varios de sus discípulos,[140] aun cuando el verdadero traductor fuese d'Ors mismo.

Este extremo y otras muchas precisiones que corrobo-
ran el ambicioso planteamiento, perceptible a primera
vista, al que respondía la nueva serie, están contenidas
en una larga carta de 1930, dirigida a su confidente literaria del momento, cuando acariciaba la idea de reanudar aquellas fingidas conversaciones, útiles para «organizar y sistematizar en conjuntos los juegos de ideas que
andan dispersos en la *Glosas*».[141] En esos largos y consis-
tentes diálogos anovelados entre su heterónimo y los
amigos y seguidores que frecuentaban el ambiente renacentista de su morada imaginaria, cercana a Barcelona,

140. Id., *Conversaciones con Octavio de Romeu*, traducción de J. Montaner, E. M. y V. Solé de Sojo, «El Día Gráfico», 14 octubre 1913-6 enero
1914, 18 entregas.

141. Id., carta n° 2 a Adelia Morea de Acevedo, Madrid, 27 octubre
1930 (inventario 255, Arxiu Nacional de Catalunya: están localizadas 19
cartas, algunas de ellas fragmentariamente conservadas, de d'Ors a
Adelia Morea de Acevedo, 29 de mayo 1930-11 julio 1950; y 72 envíos
epistolares de Adelia Morea de Acevedo a d'Ors, 29 junio 1940-1 enero
1950).

el Glosador iba, en efecto, exponiendo sin inhibición alguna y con una buscada altivez, sus opiniones sobre lo humano y lo divino. D'Ors, sin embargo, hubo de interrumpir esas *Conversaciones*, que iba improvisando sobre la marcha, al trasladarse a Madrid para opositar a cátedra, y no volvió después a retomar su argumento.

El definir como «*tribulaciones*» los costos políticos, erosionadores de su *auctoritas*, que d'Ors hubo de asumir a cambio de un honorable acomodo profesional en las filas catalanistas, no es sino una magnificación, un tanto irónica, de las incidencias que le acaecieron durante su etapa barcelonesa. La insistencia, en cambio, en su filiación intelectual protofascista, presente en diversos pasajes de este escrito, pretende tan sólo subrayar, también de modo extremo, porque es un aspecto de su perfil intelectual que suele pasarse por alto, el distanciamiento existente entre su mensaje público y la corriente política nacional liberal-conservadora que prevalecía entonces en Barcelona, y de donde procede, a mi modo de ver, la absoluta falta de representatividad social atribuible a sus novedosos puntos de vista.

UNA LABOR SUBORDINADA DE GESTIÓN CULTURAL

32 D'Ors interpretó siempre el hecho de que se le confiara en 1911 la secretaría de la institución cultural nacionalista de más alto rango como la prueba inequívoca de que se había llegado a un pacto tácito, en función del cual «la generación llegada a la madurez se reserva la política general y parlamentaria, y entrega a la generación nueva la política de cultura».[142] La hipotética distribución de tareas se remontaría al momento crucial en el que su doctrina del imperialismo pasó a convertirse «en una especie de Filosofía política oficial», cuando Prat la incorporó al canon nacionalista. De las funciones nominalmente atribuidas a Prat y a Cambó quedó entonces desglosado, como específica «obra de juventud», «un tercer orden de acción civil».[143] En esa salomónica partición de campos, d'Ors nunca se dignó mencionar a otro de los tetrarcas, el afamado arquitecto modernista y estudioso del arte antiguo catalán Josep Puig i Cadafalch, pese a que se le tuviera, dentro de las filas nacionalistas, por «el cap de colla de la reconstrucció cultural», como gráficamente lo definía Bofill i Matas;[144] para desgracia de nuestro personaje, seguiría al frente de esa labor tras la muerte prematura de Prat en 1917, sucediéndole además en la presidencia de la Mancomunitat de Catalunya.

Prescindiendo en mente de ese condicionamiento insoslayable, d'Ors afirmó siempre que, a partir de 1911, había desempeñado creativa y libremente con el respaldo de Prat, y sin intermediación alguna, «los puestos de mayor responsabilidad cultural».[145] Esa afirmación, dada por buena, la hemos repetido cuantos nos hemos ocupado, aunque fuese incidentalmente, de su tarea educativa; yo mismo la califiqué de «vasconcelismo», equiparándola a la realizada, desde el Ministerio de Ins-

142. [Id.], entradilla al año 1907, *Glosas*, pág. 63.
143. *Habla Eugenio d'Ors*, 1908, pág. 93.
144. Bofill i Matas, La «*Joventut Nacionalista». La tradició. Afinitats personals*, «La Veu de Catalunya», 22 abril 1912.
145. Aranguren, 1945, pág. 245.

trucción Pública mexicano, por su coetáneo, el ensayista José Vasconcelos.[146] Nada hay, sin embargo, más alejado de los hechos, que cada vez vamos conociendo mejor. A salvo de lo que todavía venga a añadir una labor pormenorizada de archivo, los datos contenidos en la tesis doctoral de Alberdi o las impresiones de primera mano que junto a una riquísima información ha ido aportando la monumental obra de Alexandre Galí,[147] circunscriben su carrera burocrática, aparte de la secretaría del Institut, a organismos de tipo predominantemente consultivo, aunque sus nombres sugieran en algún caso lo contrario, y dependientes de la Diputación barcelonesa o, a partir de 1917, de la Mancomunitat de Catalunya, bajo la dependencia orgánica, en ambos casos, de Puig i Cadafalch. No se olvide tampoco, para evitar asimilaciones anacrónicas con la situación actual, el carácter pre-autonómico de la Mancomunitat, que no recibió nunca traspaso alguno de funciones del poder central, ni dispuso, sino cuando d'Ors ya había sido apartado de sus cargos, de los servicios de cultura mantenidos por las cuatro diputaciones catalanas.

33 En su autopercepción del poder ejercido, d'Ors parece haberse dejado llevar por un espejismo que aqueja

46. Cacho Viu, *Josep Pijoan y la Institución Libre de Enseñanza*, «Ínsula», nº 344-345 (junio-agosto 1975), 22.

147. Ramón Alberdi, *La formación profesional en Barcelona, 1875-1923*, Ediciones Don Bosco, Barcelona, 1980, págs. 72-89 y 102-103; y Galí, *Història de les institucions i del moviment cultural a Catalunya, 1900-1936*, tomo 9, 1983, pág. 267; y tom. 17, 1986, pág. 67.

con frecuencia al intelectual, proclive a dar por supuesta la operatividad práctica de los propios análisis, en función exclusivamente de su calidad intrínseca. La importancia atribuida por d'Ors a sus formulaciones programáticas de 1911 y 1917 en el campo de la educación y de la alta cultura catalanas,[148] no se corresponde con la escasa incidencia que tuvieron en la institucionalización cultural catalana, llevada además a cabo mucho más lentamente de lo que sus palabras parecen indicar, por las dificultades legales y económicas con que tropezaba esa labor.

La ampliación del Institut llevada a cabo en 1911 con las nuevas secciones de ciencias y de filosofía había sido ya decidida de antemano por Prat, en la ola del optimismo cultural que acompañó al gobierno liberal de Canalejas y que tanto estaba beneficiando a la Junta para Ampliación de Estudios, el organismo madrileño equiparable al Institut. El solemne artículo que, en enero de ese año, publicó d'Ors sobre el renovamiento de la tradición intelectual catalana suponía, más que un manifiesto de futuro, una especie de presentación personal que justificase su nombramiento, ya decidido, como Secretario de aquella entidad a punto de extender su campo de acción.

La única aportación original que contenía el artículo en el orden institucional era la propuesta de un «Internado libre para los Estudios Superiores» concebido a modo de Seminario de Nobles, sobre los ejemplos remotos de la más que centenaria École Normale de París y de

---

148. Voz «Ors y Rovira, Eugenio», Espasa, tomo 40, págs. 684-685.

la madrileña Residencia de Estudiantes entonces recién creada, y donde unos pocos directores de estudios prepararían previamente a los becarios, «por medio del cultivo de las ciencias, de las lenguas, y aun de los modales selectos y de los elegantes deportes, a los años de viaje», quedando agregados de alguna manera, a su regreso, a las tareas colegiales.[149] Un proyecto fraseado de manera tan elitista era lo último que le quedaba por oir a Puig i Cadafalch, cuya desconfianza innata ante el engreimiento y el espíritu de grupo aparte que con frecuencia originaban en el estudiantado las estancias en otros países le llevaría a suprimir el sistema de becas del Institut, pese a las protestas reiteradas y públicas del flamante nuevo Secretario.

El reducido margen de maniobra del que pudo disponer en sus sucesivos nombramientos burocráticos le permitió tan sólo poner en marcha unas pocas empresas: una revista pedagógica, los *Quaderns d'Estudi*, iniciados en otoño de 1915, que fueron por un tiempo el órgano de expresión propia y de sus primeros discípulos; la organización de cursos monográficos al estilo de los de doctorado, magra compensación moral de la cátedra no alcanzada; y una ciertamente pionera enseñanza femenina de rango medio, la Escola de Bibliotecàries, que fue la niña de sus ojos, vindicada junto con el plan inicial de Bibliotecas populares como «creaciones singularísimas del autor»,[150] cuyo mérito, por otra parte y pese a «un cert punt de volguda extravagància», origen de

---

149. D'Ors, *El renovamiento de la tradición intelectual catalana*, pág. 6.
150. [Id.], entradilla al año 1915, *Glosas*, pág. 257.

todo tipo de divertidas leyendas,[151] siempre se le ha reconocido.[152]

Por lo que hace al programa sometido a la Mancomunitat en 1917 para el desempeño de la Dirección General de Instrucción Pública, no pasaba de ser una verbalización grandilocuente del regeneracionismo educativo de Prat, presentada además cuando el Presidente estaba entrando en la agonía; su muerte, ese mismo verano, puso sordina a la parte más ambiciosa de tales planes, en la línea de la educación popular, que sólo su talento y prudencia políticas hubieran podido llevar a buen puerto.

PÉRDIDA DE LA CÁTEDRA UNIVERSITARIA

34 El sueño orsiano de una Cataluña que llegara a asemejarse a «les petites corts patriarcals, a on els esperits superiors trobaven les condicions més calentes i favorables de desenrotllo»[153] se había desvanecido antes de hacerse realidad: nunca oficiaría, como Goethe, de «conseller àulic» en una nueva Weimar a orillas del Mediterráneo. Como d'Ors decía de Octavi de Romeu—o, lo que es igual, pensaba de sí mismo—, «no es una gloria patria, no es un ministro, un Goethe. Es un divorciado de su

151. Id., carta n° 1 a Adelia Morea de Acevedo, Madrid, 29 mayo 1930.

152. Galí, *Història de les institucions i del moviment cultural a Catalunya, 1900-1936*, tomo 7-8, 1983, págs. 223-232; y Assumpció Estivill i Rius, *L'Escola de Bibliotecàries, 1915-1939*, Diputació de Barcelona, 1992, págs. 72, 127, 156-157 y 390.

153. D'Ors, *Glosari. S.A.R.*, 5 agosto 1910.

país, un ignorado de él, un solitario aristocratizante, un excéntrico (¡él, que tanto ama lo concéntrico, lo normal!), un dandy»; más semejante, por su condición de *outsider*, a Byron el rebelde, que al prototipo de «hombre normal, bien situado en su país y en su tiempo, sostenido por ellos», que fue Goethe. Semejante confesión orsiana, tan reveladora como poco conocida por el olvido en que cayeron sus interrumpidas *Conversaciones con Octavio de Romeu*, se cierra con el siguiente *dictum* de su heterónimo, que según la trama novelesca andaba frisando la cincuentena: «mi condición es la de alguien que, nacido para oficios de Goethe, y con amor a los oficios de Goethe, se ha visto condenado, por haber venido al mundo en esta ciudad y demasiado dentro del ochocientos, a "byronear" gran parte de su vida; a sellar, tal vez, de "byronismo" la totalidad de su vida».[154] La aspiración, sin embargo, seguía en pie, y d'Ors volvería a manifestar, en más de una ocasión, su íntimo deseo, no ya de parecerse, sino de «*ésser* Goethe. Totes les ànimes olímpiques veuen en aquest olímpic la imatge d'elles mateixes portada al màxim de poder, de glòria i de serenitat».[155]

Si así de revueltas andaban las cosas en el ambiente de Barcelona y en el ánimo de d'Ors, la cátedra universitaria hubiera supuesto una «altura propicia»[156] para alcanzar una cierta independencia, económica y quizá tam-

---

154. Id., *Conversaciones con Octavio de Romeu. XVIII*, «El Día Gráfico», 6 enero 1914.

155. Id., *Glosari. Goethe*, 15 mayo 1918, en *La Vall de Josafat*, 1987, pág. 87.

156. Id., *Glosari. Els noucentistes acadèmics. El Prof. Terrades*, 1 julio 1908.

bién psicológica, de la que nuestro personaje siempre anduvo necesitado. La desafortunada coincidencia, a la entrada de cada otoño, de su cumpleaños con el inicio del curso académico, reavivaba en él invariablemente, haciéndole perder casi «la serenitat», su irritación al verse desvinculado de la Universidad que, por «incivil» que fuera,[157] seguía constituyendo una meta apetecible para sus planes de afirmación profesional. Sus investigaciones positivistas, con una parte de laboratorio, llevadas a cabo en París o más incidentalmente en Munich, se orientaban hacia los intersticios entre la lógica y la biología, con una pretendida orientación interdisciplinar, que le hacía sentirse a gusto como miembro de la sección de ciencias del Institut d'Estudis Catalans.

35   Los incidentes en torno a *La Ben Plantada*, y las perspectivas de nuevas cátedras de Filosofía en Barcelona, le impulsaron a obtener ese doctorado—parando en esta ocasión lo estrictamente indispensable en Madrid—, y a participar en las pruebas para la plaza de Psicología Superior, aun sin hacerse de antemano mayores ilusiones, según le confesaba a su coetáneo y discípulo Enric Jardí i Miquel.[158] Ni la brillantez con que D'Ors se desenvolvió en los múltiples ejercicios, según un sistema bastante similar al vigente hasta hace bien poco, ni los intentos de aproximación a los dos eclesiásticos que figuraban en el tribunal, con tal de disipar cualquier previsible recelo,

157. Id., *Glosari 1907*, pág. 277.
158. Id., cartas a Enric Jardí i Miquel, 17 y 23 enero 1914: en Jardí Casany, 1990, págs. 149-150.

dieron el resultado apetecido: d'Ors creyó siempre haber sido víctima de «fuerzas oscuras, posiblemente de localización catalana».[159]

Con el apoyo de Prat de la Riba, D'Ors tanteó en Madrid, en vísperas de las oposiciones, diversas vías de recomendación, tanto civiles como eclesiásticas, llegando a visitar al recién posesionado arzobispo de Tarragona, muy afín al obispo de Madrid, Salvador y Barrera, que actuaría como presidente.[160] En su momento, haciéndole incluso llegar a concebir firmes esperanzas, se impuso en la trinca—el lance más bárbaro de la oposición—, y consiguió «matar, materialment matar Parpal», que así se llamaba su coopositor, «reduint-lo a bocins, a pols, a res».[161] A la hora de la verdad, sin embargo, fuese por la «suspicacia dogmática» que él se temía en ambos eclesiásticos,[162] o por la coincidencia de Parpal en la defensa de la ciencia española con Bonilla y San Martín, que también formaba parte del tribunal, o por ambas razones a la vez, el caso es que sólo se inclinó por d'Ors el vocal más joven y brillante: Ortega.[163] La reacción de los asistentes no se hizo esperar: «va haver-hi dins l'aula una potejada general del públic, una ovació a l'Ortega quan va sortir, xiulets al bisbe».[164]

159. [Id.], entradilla al año 1914, *Glosas*, pág. 236.

160. Id. cartas a Prat de la Riba (núms. 5 y 6, 13 y después del 13 enero 1914).

161. Id. carta a Jardí i Miquel, 6 febrero 1914: en Jardí i Casany, 1990, pág. 150.

162. Id., carta a Unamuno, nº 18, 14 febrero 1914.

163. Rafael Gibert, *Hermanos enemigos (Observaciones sobre las relaciones entre Eugenio d'Ors y José Ortega y Gasset)*, «Revista de Occidente», nº 120 (mayo 1991), 102-103.

164. D'Ors, carta nº 7 a Prat de la Riba, 12 febrero 1914.

El silencio, en cambio, con que fue acogido en Barcelona el descalabro académico de d'Ors, incluso inicialmente por parte de *La Veu*, apenas se vió roto por la ruidosa oposición de un grupo de ateneistas a que se celebrase en el restaurant de la entidad un banquete de homenaje al ganador de la cátedra, que hubo de marcharse con sus partidarios al hotel Royal.[165] La reacción de d'Ors, una vez que había logrado autovindicarse mediante dos densos artículos sin firma,[166] fue tirarlo todo por la borda y romper con el periódico catalanista; así se lo comunicó a Prat de la Riba, en una meditada carta de la que, por rara excepción, se ha conservado el borrador y el texto, casi coincidente, que llegó a enviarle. La renuncia que formalmente hacía a seguir colaborando en *La Veu*, la justificaba en la existencia de «forces obscures, hostils a l'ampla vida del pensament, que a vostè mateix, senyor Director, li treguin llibertat», y a las que atribuía una reiterada hostilidad, no ya a sus puntos de vista, sino a su misma persona, objeto de «una desviació d'ordre afectiu».[167] El plazo de una semana de silencio, que d'Ors mismo había propuesto en su misiva a Prat, con tal de que pasasen las elecciones a diputados, transcurrió ampliamente sin que el destinatario se diese por aludido.[168] Por lo que hoy sabemos, hubo al menos

165. *Ecos,* «El Día Gráfico», 16 febrero 1914.
166. [D'Ors], *Kulturkampf. A Eugeni d'Ors, Kulturkampf. Als companys de causa*, «La Veu de Catalunya», 24 y 28 febrero 1914.
167. Id., carta nº 8 a Prat de la Riba, 1 marzo 1914. Tanto esta carta, como su borrador (fons D'Ors, inventari 255, Arxiu Nacional de Catalunya), están escritas en papel de la Residencia de Estudiantes, con la enseña de la cabeza del efebo.
168. Id., carta nº 9 a Prat de la Riba, mediados marzo 1914.

un gesto de atención hacia d'Ors en el periódico, reproduciendo con una entradilla un artículo de Josep Carner, al poco de su publicación en *Catalunya*, donde iba acompañado de otros dos elogios de amigos y discípulos del Glosador.[169] Éste volvió, al fin, a la casa paterna de *La Veu*, evocando en su primera entrega del «Glosari» las muestras de amistad recibidas en la madrileña Residencia de Estudiantes en las horas amargas transcurridas.[170]

La decepción académica había resultado demasiado fuerte como para intentar de nuevo la consecución de una cátedra, si es que se presentaba otra oportunidad; era un último tren que se le escapaba para evitar convertirse de por vida en un forzado de la pluma y no depender económicamente en exclusiva de su contribución a la política cultural catalanista. Su mayor dedicación burocrática en los últimos años previos a su ruptura con Barcelona, y la precaria inserción posterior en Madrid, acabaron con toda posibilidad de una dedicación sistemática, si es que era ésa su verdadera meta interior, al cultivo de la Filosofía. Su obra, al decir de los especialistas, parece haberse limitado, desde 1918 aproximadamente, a «una reiteració ordenada dels temes proposats amb anterioritat»,[171] con lo que sólo se habría salvado, del «colosal ensayo de integración» en el que se conside-

---

169. Josep Carner, *El triomf de Xènius*, «Catalunya», n° 32 (14 marzo 1914), 162 (reproducido en «La Veu de Catalunya», 25 marzo); Pere Estades, *Una ferida més a la Universitat, ibid*., págs. 163-164; y Josep Farran i Mayoral, *Ço que hem perdut, ibid*., págs 167-168.

170. D'Ors, *Glosari. Nostra Dona de l'Amistat*, «La Veu de Catalunya», 4 abril 1914.

171. Bilbeny, 1988, pág. 36.

raba comprometido,[172] «por una parte, el guión o programa de una filosofía y, por otra, el comentario filosófico»,[173] en el que tan pródigo fue siempre el «Glosario» en sus diversas etapas.

EL «NOUCENTISME» COMO PROYECTO GENERACIONAL

36 La desconfianza que, por causas diversas, venían manifestando algunos sectores catalanistas ante d'Ors se vió contrapesada por el apoyo recibido de Prat mientras éste vivió; por eso la fecha luctuosa del primero de agosto de 1917 marca un antes y un después en su cotización barcelonesa. D'Ors interpretó siempre, al menos públicamente, que ese apoyo se le prestaba como líder generacional, condición que le importaba mucho como paso previo para el magisterio total sobre Cataluña que, sin el menor rebozo, pretendía ejercer. El interés de Prat hacia él parece más bien haber obedecido a consideraciones estrictamente individuales: d'Ors tuvo, desde muy joven, una pluma de primera calidad, a la vez que una personalidad llamativa, que más valía tener políticamente cerca, rebajando con tiento su independencia. Éste que hubiera podido ser, de haberlo formulado expresamente, el punto de vista de Prat, no lo compartía en absoluto Puig i Cadafalch, acostumbrado, como arquitecto que era, a calcular racionalmente fuerzas, pesos y resistencias de materiales y, en consecuencia, impacien-

172. *Habla Eugenio d'Ors*, 1908, pág. 93.
173. Aranguren, 1981, pág. 75.

te e incomprensivo ante los ramalazos mesiánicos y el componente neurótico, latentes ambos con frecuencia en el intelectual de raza.

La situación de d'Ors entre sus coetáneos tampoco autorizaba a concederle, sin más, el rango de líder: Pijoan primero y, luego, Josep Carner habían jugado papeles importantes en la configuración generacional y en el engranaje de los recién llegados con los *seniores*, con anterioridad además a la consolidación orsiana y al mítico pacto en torno a la autoría y el prohijamiento del imperialismo.[174] La actividad desbordante de Carner, concitador excepcional de adhesiones juveniles en torno suyo, según ha estudiado con toda precisión Aulet,[175] nos pone en la pista de cómo estaba surgiendo en Barcelona, al calor de la Lliga y sus aledaños, una generación nueva, al margen y con independencia del diseño teórico que, bajo el nombre genérico de «noucentisme», d'Ors andaba preparándole desde París.

A medida que la propuesta orsiana fue tomando cuerpo, y también la Lliga presentó a sus juventudes y simpatizantes una filosofía política más definida, cabe hablar de una verdadera concurrencia entre dos ofertas generacionales, un tanto enmascarada para los no iniciados al seguir parasitando el mensaje de d'Ors las páginas de *La Veu*, por carecer de un órgano de expresión pro-

---

174. Jordi Castellanos, *Josep Pijoan i els origens del noucentisme*, «Els Marges», n° 14 (septiembre 1978), 38; y *Josep Pijoan: Ideologia, poètica i acció*, prólogo a *Política i cultura*, de Pijoan, Edicions de la Magrana, Barcelona, 1991, pág. XIII.

175. Jaume Aulet, *Josep Carner i els origens del noucentisme*, Curial-Abadia de Montserrat, Barcelona, 1992.

pio. Bofill, que fue uno de sus más serios competidores en el campo teórico, al estar considerado por su identificación con Prat como «l'autèntic moralista de la Lliga»,[176] puso siempre un énfasis especial en marcar las distancias entre «les doctrines de l'Escola de la Lliga», o, lo que es lo mismo, el modelo de sociedad al que respondía el partido, y «les fórmules del Noucentisme»,[177] definidas y administradas por d'Ors. Vista esa dicotomía de propuestas, la brillantez indiscutible del Glosador, que le hacía sobresalir entre sus coetáneos y justificaba su estatuto especial en el periódico oficioso de la Lliga, no garantizaba en absoluto que fuese a él, y a su fascismo *avant la lettre*, a quien siguiera en el terreno de la teorización política, ni la juventud catalana de su propia generación—la europea de 1914—, ni los adolescentes que iban sumándose a la parroquia, dispersa y de difícil cuantificación, formada por los lectores fervientes del «Glosari».

37 Quizá como una precaución estratégica más ante esa incertidumbre, o bien porque sus planteamientos experimentasen una génesis gradual, el caso es que d'Ors fue ofreciendo sucesivas lecturas complementarias, que iban superponiéndose, de lo que él entendía por *noucentisme*, confiriendo a ese término el mismo carácter polisémico de cuantos componen su entramado ideológico. En un

176. Bilbeny, 1988, pág. 106.
177. Bofill i Matas, *Gestació. Barcelona*, «La Veu de Catalunya», 26 abril 1914.

principio, designaba primordialmente una imagen proyectiva de su generación, la primera que accedía a la curiosidad pública con el nuevo siglo del novecientos, y sonaba como un término eufónico, italianizante, tomado de la Historia del Arte. El marbete generacional estaba bien elegido para sugerir la existencia de una raya, o mejor de un abismo descalificador, entre siglo y siglo, sus gentes y sus productos culturales; d'Ors y sus coetáneos quedaban por privilegio de su edad decididamente del lado de acá, del siglo que despuntaba, seguros cuando menos, en una especie de autosugestión colectiva, de que eran *noucentistes*, portadores en consecuencia de un espíritu nuevo aún por definir. En los primeros años del «Glosari» menudearon los nombramientos rituales de noucentistes, «a manera de espaldarazo dado por el autor a los caballeros noveles»;[178] d'Ors pretendía con ello ir creando una conciencia de grupo, consolidando de paso el papel dirigente que se arrogaba en cuanto definidor de un proyecto de perfiles todavía imprecisos.

A la coordenada cronológica se unió pronto la espacial, que por fuerza había de ser, en función del clasicismo importado de Francia, el mediterraneísmo, lo cual suponía ya una cierta concreción de contenidos, en la línea de un orden preestablecido, de la aceptación que se prometía fructífera de unos límites en la manera de conducirse personal y ciudadanamente. La fuerte carga estética que siempre hubo en el pensamiento de d'Ors, y la gradualidad con que fue anunciando la buena nueva autoritaria, acogida además con escaso interés por sus ju-

---

178. [Id.], entradilla al año 1906, *Glosas*, pág. 37.

veniles destinatarios, inclinaron del lado formal más bien que del político, su propuesta clasicista, que es a lo que de hecho ha quedado reducido el *noucentisme* en la memoria colectiva:[179] exaltación de la belleza, siempre contenida en sus expresiones, y ética del trabajo bien hecho.

Desde Munich, casi en vísperas de su reincorporación a Barcelona, d'Ors dió al fin el paso definitivo con un encendido panfleto generacional, en el que propuso abiertamente como uno de los postulados identificativos de la juventud novecentista por toda Europa, el «lluitar contra la ideologia democràtica, producte feixuc de la decadència espiritual de la burgesia en la segona meitat del segle XIX».[180] D'Ors no se limitaba a denunciar, como Ortega lo hizo en parecidas circunstancias, la pretensión de extrapolar el principio democrático, entendido «como nivelación universal»,[181] a ciertas cuestiones de índole no política en las que el intelectual pueda tener una palabra específicamente valiosa que decir, sino que proponía a sus coetáneos, con un guiño provocativo de complicidad generacional, «el atrevimiento antidemocrático»[182] de denunciar sin empacho cualquier tipo de igualitarismo político, que consideraba en sí mismo perverso. El Glosador era consciente de que esa toma de postura le dis-

179. Jaume Vallcorba, *Noucentisme, mediterraneisme i classicisme. Apunts per a la història d'una estètica*, Quaderns Crema, Barcelona, 1994.
180. Id., *Glosari. La joventut italiana davant la revolució portuguesa*, 21 octubre 1910.
181. Ortega y Gasset, *Una polémica. II*, «El Imparcial», 6 octubre 1910. En : *O.C.,* tomo 1, pág. 161.
182. D'Ors, *El renovamiento de la tradición intelectual catalana*, pág. 4.

tanciaba, cuando menos momentáneamente, de «tantes lluminoses ànimes jovenívoles del meu país», si bien fueran más bien esos connacionales suyos, presos aún de un discurso verbal ochocentista, quienes se rezagaban de «les joventuts europees», cuyo futuro se auguraba triunfal porque iba acorde «amb les veus dels temps».

Lo que la declaración de d'Ors podía tener de impolítica, en cuanto reconocía explícitamente su carencia de apoyo en grupo alguno, quedaba compensado con creces por su indudable importancia desde el punto de vista doctrinal. Su francesismo convicto, reafirmado durante la larga estancia parisina recién terminada, no le era obstáculo para apreciar el alcance supranacional de la nueva mentalidad que estaba formándose paralelamente en diversos círculos juveniles europeos: el detonante de su panfleto antidemocrático había sido, en concreto, una toma de postura por parte del grupo florentino de *La Voce* que dirigía Prezzolini, uno de los padres, con Papini, del nacionalismo cultural italiano.[183] Pero, a su vez, esa convicción de la internacionalidad de la cultura joven europea no debilitaba un ápice la atracción casi irresistible experimentada por d'Ors en los años de la preguerra por «la França del Noucents—que jo amo tant».[184] La aparición de un libro-encuesta, obra de dos discípulos de Maurras, que subrayaba, como rasgo común distintivo de *Les jeunes gens d'aujoud'hui,* su identificación emocional con la nación—«le centre où tout se discipline et prend

---

183. A. James Gregor, *Young Mussolini and the Intellectual Origins of Fascism*, University of California Press, 1979, págs. 90-97.

184. D'Ors, *Glosari 1914*, pág. 62.

ses vraies proportions»—,[185] le llevó a reivindicar de inmediato un *compagnonnage* generacional para sus *noucentistes* con «els homes joves de la França, els noucentistes de l'enquesta d'Agathon»,[186] esto es, el sector
autoritario de la generación francesa del 14.

La temprana comprensión por parte de d'Ors de la
ejemplaridad, más bien que de la singularidad del neo-
nacionalismo francés, puede por tanto ser invocada—
como ya se insinuaba al principio de este estudio—como
una prueba más a favor de las tesis de quienes vienen
postulando la globalidad de un universo mental fascista
que, al ser hijo de la sacudida vitalista intersecular, alcanzó por igual a grupos juveniles nacionalistas y socialistas de diversos países europeos, aun cuando su epi-
centro se hallase en París. Ese primer estadio teórico de
un fascismo europeo, desprovisto de nombre alguno genérico con anterioridad a la contienda mundial y ajeno a
cualquier movimiento político definido—reiteremos
una vez más tales precisiones—, constituye el referente
de las formulaciones plenas del *noucentisme*, realizadas
por d'Ors cuando estaba ya a punto de regresar a Barcelona después de sus años de aprendizaje fuera de España.

A partir de ese momento, quedaba ya aclarado que no
se era en puridad «noucentista» por el simple hecho de
haber alcanzado con el siglo la primera edad adulta, sino
una vez que se hubiera aceptado conscientemente el

185. «Agathon» (Henri Massis y Alfred de Tarde), *Les jeunes gens
d'aujourd'hui*, Plon-Nourrit, París, 1913, pág. 94.
186. D'Ors, *Lletres a Tina*, 1993, págs. 99-100.

nuevo mensaje autoritario de las jóvenes vanguardias europeas. «No es *noucentista* el que tal haya sido nacido, sino el que decida serlo»: he aquí otro aforismo, apócrifamente orsiano, que bien podría atribuirse a su *alter ego* Octavi de Romeu. En cualquier caso, cuando menos desde el otoño de 1910, el paso estaba dado, y la raya de la fama, trazada: el *noucentisme*, como proyecto generacional de futuro, se había convertido en un banderín de enganche, juvenil y vital, que rechazaba de plano cuantos males, compendiados en los usos sociales democráticos, habían comprometido en un pasado reciente el vigor colectivo de la nación.

UN LIDERAZGO FRUSTRADO

38 En 1911, situado en el umbral siempre acuciante de los treinta años, cumplidos cuando estaban terminando de aparecer las glosas de *La Ben Plantada* en *La Veu,* d'Ors dió en multiplicar una serie de ritos iniciáticos que confirieran mayor coherencia a las huestes potenciales del noucentisme. Se llevó a término la impresión del *Almanach dels noucentistes*, celebrada con una cena en la que estuvieron presentes numerosos literatos y artistas, calificados por d'Ors de «camaradas», título aplicado igualmente a cuantos habían colaborado en sus páginas o intervenido en su cuidada edición.[187] También, de parte de la Teresa, convertida en fetiche de mando, vino a

187. Id., *Brindis en el sopar dels noucentistes*, 6 marzo 1911, en «La Veu de Catalunya», 7 marzo 1911.

dictar algunos ingeniosos ukases doctrinales para la naciente cofradía,[188] y, a fines de año, se le ofreció, sufragada por amigos y discípulos, la primera edición, muy bella de factura, de *La Ben Plantada*.

Tras de tan brillante arrancada, las incidencias ya aludidas en torno a los Juegos Florales de 1912, y sus obligados eclipses de la escena barcelonesa para terminar la carrera de Filosofía y tomar parte en las oposiciones de las que salió derrotado, no realzaron precisamente su figura de líder, necesitada en todo momento del aura del triunfador. Por otra parte, su incitación a «la restauració de valors, per a la que en cada país laboren els selectes»,[189] continuaba siendo puramente platónica, sin brindar a quienes pudieran sumarse a esa tarea punto alguno de reunión, intelectual o político, que contrapesase ante coetáneos y discípulos los atractivos de todo tipo que ofrecía a bastantes de ellos la apuesta liberal-conservadora de la Lliga.

La evolución experimentada en una línea crecientemente democrática por los coetáneos de d'Ors más sobresalientes, como los antes citados Josep Carner y Jaume Bofill, vino a desmentir en la práctica la verosimilitud de emparejamiento generacional alguno con las minorías europeas reiteradamente exaltadas en el «Glosari»: d'Ors nunca se convertiría en el joven líder autoritario tantas veces por él imaginado, conducido al triunfo de mano de la Ben Plantada. El intento de introducir en Cataluña el fascismo primigenio no estaba dan-

188. Id., *Glosari. Definició autèntica*, 23 octubre 1911.
189. Id., *Glosari. Un Amiel vigatà*, 3 mayo 1913.

do resultados tangibles: para explicarse ese hecho, que en principio parece hoy incontrovertible, cabe aducir causas muy diversas, atribuible alguna de ellas a la personalidad misma de d'Ors, ambientales y quizá más decisivas las restantes de ellas. Nada, en el ambiente colectivo catalán, hacía presagiar la inminencia de un radicalismo totalizante juvenil, ni por parte de los herederos de unas clases medias en proceso de expansión y bien avenidas con la política parlamentaria de la Lliga Regionalista, ni entre un proletariado emigrante o aborígen, de inclinación más bien ácrata y exento de cualquier tipo de presión competitiva por parte de una socialdemocracia, tan inexistente en Cataluña como en el resto de España. Tampoco en este ámbito general, donde el sistema de la Restauración iba descomponiéndose lentamente, se detectaba de momento proclividad alguna a un nacionalismo autoritario, que cuando se produjo vendría además a perpetuar la política centralista, lesiva para los intereses de Cataluña.

39 La inviabilidad de las propuestas orsianas hizo del *noucentisme* un término mostrenco, que ha conservado hasta nuestros días sus buscadas ambivalencias de origen, a caballo entre denominación generacional, corriente estética y término delimitador de una época. A la vista de lo ya expuesto, parece innecesario insistir en que de su último sentido programático, estimulador de una tendencia autoritaria para la regeneración de Cataluña, no queda ni rastro en la conciencia colectiva, puesto que aquélla nunca fue aceptada por los coetáneos de d'Ors.

Como delimitación cronológica, desvanecido ya con el paso del tiempo el atractivo inherente a la adscripción de personas y actitudes al siglo que nacía, el término *noucentisme* viene empleándose de tiempo atrás con suficiente flexibilidad como para caracterizar, durante un periodo que oscila entre las dos y las tres décadas, bien sea la trayectoria literaria,[190] o, según se ha intentado en una importante exposición reciente, el proceso global de modernización de Cataluña.[191] En este último sentido, aun tratándose de un rótulo no del todo exacto para un proyecto modernizador puesto en marcha por la generación anterior del fin de siglo, que siguió además controlándolo hasta casi los años treinta, el *noucentisme* siempre ha gozado de una sólida reputación ciudadana, especialmente en los periodos de resistencia frente a los intentos asimilistas autoritarios, al considerarlo identificado con un cierto refinamiento mental y una actuación nacionalista liberal e ilustrada.[192]

Sus realizaciones artísticas palidecerán siempre, sin embargo, y la mencionada exposición en Barcelona lo puso clamorosamente de manifiesto, ante la pujanza alcanzada por el modernismo intersecular, primero, y luego por las vanguardias del periodo de entreguerras, que

190. Joan Fuster, *Literatura catalana contemporània*, Curial, Barcelona, 1972, II: La plenitud del Noucents (1911-1931).

191. Martí Peran, Alícia Suàrez y Mercé Vidal (editores), *El noucentisme. Un projecte de modernitat, 1906-1936*, catálogo de la exposición organizada por la Generalitat de Catalunya y el Centre de Cultura Contemporània de Barcelona, Casa de Caritat, Barcelona, 22 octubre 1994-12 marzo 1995.

192. Francesc Fontbona, *La imatge del noucentisme*, en *El noucentisme. Un projecte de modernitat*, págs. 73-83.

erosionaron enseguida la vigencia del clasicismo estéti-
co, pese a que éste siguiera teniendo en el ámbito cultural latino innegables paralelismos.[193] Para decirlo de un
modo gráfico, la serenidad formal, presente sobre todo
en la estatuaria pública barcelonesa, resulta empequeñe-
cida ante la resonancia alcanzada por la arquitectura de
Gaudí y la genialidad en su conjunto del modernismo catalán, cuyos excesos venía precisamente a exorcizar el *revival* clasicista, que a su vez se vería desbordado, después de haberlo compartido miméticamente, por los
primeros genios pictóricos catalanes contemporáneos de
valoración mundial, Miró y Dalí: con ellos cobraba carta
de naturaleza la generación inmediatamente posterior a
la de d'Ors, quien—para colmo—resultaba ser coetáneo
de Picasso, vinculado de siempre a Barcelona y a su ambiente artístico. Los mejores de entre los clasicistas—un
Clarà o un Sunyer—a duras penas han conseguido so-
brevivir para la posteridad entre tanto nombre ilustre de
proyección universal.

Los desplazamientos semánticos que el *noucentisme*
ha experimentado al compás de los condicionamientos
ambientales no constituyen, bajo ningún punto de vista,
un caso peculiar en el horizonte de la historia intelectual
más próxima. Cuando menos en el universo latino, son
legión las denominaciones generacionales acuñadas con
una intencionalidad prospectiva que no llegó a realizarse, pese a lo cual se han hecho un hueco en la memoria

193. Elizabeth Cowling y Jennifer Mundy (editores), *On Classic
Ground. Picasso, Léger, De Chirico and the New Classicism, 1910-1930*, catálogo de la exposición celebrada en la Tate Gallery, Londres, julio-sep-
tiembre 1990.

colectiva, asumiendo significados por completo ajenos a los que tuvieron en un primer momento. Quizá el ejemplo más próximo al que ahora nos ocupa sea el del término «generación de 1898», creado por Ortega en 1913 con evidente acierto dramático para convocar a sus coetáneos madrileños, que lo eran también de d'Ors, a una empresa igualmente política, bien que de orientación democrática: la transferencia de esa denominación a una generación anterior, la finisecular, llevada a cabo de forma casi inmediata por uno de sus componentes—Azorín—, confirió al término un alcance obviamente distinto, pero que, en alas quizá de su fuerza evocativa, fue objeto de una rápida y casi unánime aceptación por parte de la historiografía literaria.[194]

También en ambos casos, tales desviaciones semánticas han propiciado un considerable confusionismo en punto a la localización del centro de gravedad del poder intelectual en la etapa intersecular. Por lo que hace a Cataluña, éste siguió pasando hasta fechas muy tardías por la generación finisecular, la de Prat, y no por la noucentista, cuyas figuras más sobresalientes, o se vieron inevitablemente marginadas, o acabaron emigrando de Cataluña, como lo hizo Pijoan antes que d'Ors y, casi a la par que éste, pero evitando la espectacularidad de una ruptura, Josep Carner. En Madrid, en cambio, el liderazgo intergeneracional recayó muy temprana-

194. Cacho Viu, *Ortega y el espíritu del 98*, «Revista de Occidente», n° 48-49 (mayo 1985), 19 y 39-40; y *Modernismo y 98. Primer suplemento*, edición de José-Carlos Mainer, tomo 6/1 de la *Historia crítica de la Literatura española* al cuidado de Francisco Rico, Crítica, Barcelona, 1994, págs. 12 y 25-30.

mente en Ortega, ante la total carencia de proyecto alguno viable en sus mayores en edad, los que vinieron a ser calificados tardíamente de «noventayochistas». Lo sugestivo de uno y otro término, *noucentisme* y *98*, hijos al fin y al cabo de dos creadores de lengua tan destacados como d'Ors y Ortega, contribuyó sin duda a su amplísima aceptación, aunque fuese a costa de vincularlos a grupos o fenómenos culturales distintos de aquellos para cuyo cohesionamiento y propaganda habían sido formulados.

40 A la luz que arrojan los escasos resultados obtenidos por la pretensión orsiana de liderar su generación, han de examinarse, por último y más brevemente, aquellas otras afirmaciones inspiradas en una ambición todavía mayor que postulaban su ascendiente intelectual sobre la totalidad moral de Cataluña. Las más llamativamente formuladas corresponden a sus campañas en favor de la unidad moral de Europa, durante los años de la guerra europea, cuando su voz, que por otra parte sonaba casi en solitario, la consideraba él mismo como encarnación de «la nostra Consciència»:[195] d'Ors se veía sin inhibición alguna como un nuevo Moisés, cuya «nova taula de valors va ésser rebuda al principi amb certa aversió per part del poble elet»;[196] o bien emulando a Ulises, mediante el clásico expediente de la cuerda, ligada en este caso «al cos de Catalunya», con tal de mantener el rumbo de la nave colectiva en «la ruta de la

---

195. D'Ors, *Glosari 1915*, pág. 59.
196. Id., *Glosari 1916*, 1992, pág. 146.

Intel·ligència».[197] El aplomo con que d'Ors había llegado a presentarse como líder de un pueblo no dejó de ejercer un cierto efecto paralizador sobre el sentido crítico de sus coetáneos, incluso de muchos de sus detractores, proclives a dar por bueno lo avasallador de su magisterio; de ahí la insistencia con que hay que recomendar, aun a riesgo de repetirse, la relectura pormenorizada de las abundantes fuentes primarias disponibles. Su propia obra, la pública y la más íntima, y los testimonios de cuantos lo conocieron de cerca, dibujan el retrato-robot—puesto que la verdadera figura resultará siempre inaprensible—de un intelectual pagado de sí mismo y de imaginación desbordante, nunca del todo seguro en su circunstancia inmediata, que raramente le fue favorable, e inclinado, en consecuencia, a magnificar el reconocimiento otorgado a su figura y la autoridad de la que gozaba.

La tarea hercúlea que se había impuesto, de desviar el curso del catalanismo abriéndolo a nuevos cauces universales, contribuye a confirmar la impresión de que d'Ors estuvo siempre muy lejos de lograr sus propósitos, cuyas connotaciones autoritarias nos resultan además cada día más evidentes, a medida que se van conociendo mejor las ideas que circulaban por el triángulo Barcelona-París-Madrid en el que se desenvolvió su vida intelectual. En esa reducción a proporciones más reales a la que han de ser sometidas sus grandes afirmaciones, salvo que se renuncie de antemano a situarlas en un marco histórico, resulta difícil precisar, porque también ahí entra

197. Id., *Glosari 1917*, pág. 179.

en juego ese *quid* inaprensible de la identidad ajena, la parte que hay en ellas de juego de farol consciente, útil para imponerse a los demás, y qué parte corresponde en cambio a un autoengaño, en cierta manera patético, ante la imposibilidad por él conocida de llevar a buen término sus sueños mesiánicos. Aun en medio de esas incertidumbres, y cuando menos como hipótesis de trabajo, podría definirse metafóricamente al d'Ors hombre público como una especie de barón de Münchhausen que conseguía elevarse por los aires remontando su desaliento a fuerza de asirse a la cabellera de una realidad virtual, sólidamente construida en base a un exceso de estilo y de ironía vital.

SOBRE LA CONDICIÓN DEL INTELECTUAL

41 Con un poco de exageración, podría decirse que d'Ors no tuvo un día sano en la Barcelona de los años 10, al estar cuanto conseguía tan por bajo de la misión que se había propuesto. El *décalage* inevitable entre sus aspiraciones y la inmisedicorde realidad inmediata le empujó a reflexionar en múltiples ocasiones sobre las coordenadas sociales en las que fatalmente se mueve el intelectual, sometido «a una mediocritat de situació, a canvi d'una superioritat de condició».[198] Su situación económica y familiar nunca se armonizaron entre sí de forma que pudiera gozar de algo parecido a la beatitud

198. Id., *Glosari. Sobre la classe social dels homes d'esperit*, 15 septiembre 1913.

serena que envidiaba en Maragall, señor de sus horas, rodeado de la tribu familiar en su torre de Sant Gervasi: la correspondencia mantenida con el poeta y sus evocaciones posteriores de aquel ambiente abundan en detalles reveladores de esa nostalgia. Y la superioridad de condición que d'Ors vindicaba para el hombre de letras tampoco entrañaba, para su desgracia e irritación casi permanentes, el reconocimiento inmediato de sus conciudadanos.

Su disgusto respecto de la «burgesia nostra»—la barcelonesa—provenía de una cierta «cobardia i poltroneria»[199] características, a causa de las cuales los autotitulados «senyors de Barcelona» no pasaban de ser unos «analfabets de segon grau»,[200] incapaces de apreciar lo que sus intelectuales les proponían: «els nostres bons burgesos, quan ens senten invocar fervorosament l'Autoritat» —ahí le dolía—, «es pensen que es tracta de vaga ideologia o d'estètica».[201] Descalificaciones genéricas de este tipo, cuya gravedad se multiplicaba de ser estampadas en *La Veu*, con cuya línea política conectaba buena parte de la oligarquía de la ciudad, resultan reveladoras de ese su mal entendimiento crónico, que llegaría a plantear en términos más universales en otros lugares que el órgano oficioso de la Lliga: «el gran enemigo de los valores espirituales es hoy la plutocracia», sentenciaría por boca de Octavio de Romeu;[202] o, cuando

199. Id., *Glosari. Clenxes despentinades*, 7 octubre 1912.
200. Id., *Glosari. I els altres?*, 8 agosto 1913.
201. Id., *Lletres a Tina*, 1993, pág. 165.
202. Id., *Conversaciones con Octavio de Romeu. XVIII*, «El Día Gráfico», 6 enero 1914.

en una de sus conferencias en la Residencia de Estudiantes, daba por supuesto que el capitalismo no podía
comportarse como «un aliado con las fuerzas de la inteligencia militante; antes sospecha siempre de un elemento social que le parece equívoco y que, en el fondo,
desprecia».[203]

Nada tiene, pues, de extraño que la indefensión del
intelectual se convirtiera en un tema casi obsesivo de sus
desahogos epistolares con Unamuno, y que cuando don
Miguel fue destituido del rectorado de Salamanca, recién estallada la guerra mundial, d'Ors se personase en
su defensa, como representante de «los vejados en la cabeza del hermano mayor», con uno de sus escritos más
densamente retóricos, *El rectorado de mármol*, que pasó
casi inadvertido en las páginas de *El País* madrileño.[204]
Lo arriesgado de la condición del intelectual debía compensarse con una solidaridad de clase frente a una sociedad hostil, que garantizara del olvido y la postergación a
los derribados en tan singular combate. D'Ors, que res-
piraba por la propia herida de sus oposiciones perdidas
y de las batallas libradas en Barcelona—y de las que aún
le quedaban entonces por librar—, proponía en consecuencia la creación de una especie de caja de resistencia
moral, que mantuviera impertérritamente en su *status*
ideal a los desposeídos de cualquier tipo de cargos o dis-
tinciones, se tratase de una cátedra, un rectorado o un
asiento de la Academia. En una de sus últimas aparicio-

---

203. Id., *Grandeza y servidumbre de la inteligencia*, Publicaciones de
la Residencia de Estudiantes, Madrid, 1919, págs. 53-54.
204. Id., *El rectorado de mármol*, «El País», 14 diciembre 1914.

nes públicas en Barcelona, tiempo después de haber roto con sus patronos catalanistas, daría una vez más rienda suelta a su desánimo ante el fracaso de los «Arieles desvalidos»[205] que eran sin remisión los hombres de pluma, frente al Calibán de la burguesía local, casi toda ella refractaria a reforma o idea nueva alguna.

205. Id., *Discurso en la inauguración de la galería de periodistas ilustres*, 1 marzo 1923. En: «Anuario de la Prensa Diaria de Barcelona», 1 (1923), 251.

LA IMPOSIBLE CONQUISTA DE MADRID

EL «PASO HONROSO» DEL AUTORITARISMO

42 El interés que siempre tuvo d'Ors por extender a Madrid su influjo intelectual, introduciendo allí el nuevo autoritarismo, es el origen de una historia que corre paralela a su peripecia barcelonesa, y que ayuda en cierto modo a clarificarla, por cuanto viene cuando menos a confirmar un par de extremos: el escaso margen de probabilidades que cabía en ambas ciudades de que su mensaje fascista hallase un eco de simpatía entre la minoría intelectual; y la consiguiente inexistencia de perspectiva alguna favorable que indujera de hecho a d'Ors a abandonar su ciudad por la Villa y Corte, donde más bien vino a parar, comenzados ya los años veinte, por exclusión, al haberse enrarecido en torno suyo el ambiente barcelonés y no serle posible, por el momento, instalarse de nuevo en París.

Su ambición expansionista cara a Madrid, aun cuando fuese otra de esas tareas hercúleas que siempre tentaron a d'Ors, tanto o más irrealizable que la reconducción autoritaria del catalanismo, resulta sin embargo fácilmente entendible, no sólo por la necesidad de ir tanteando algún otro mercado intelectual, vista la escasa receptividad del catalán a sus ofertas, sino en función de su propio planteamiento teórico imperialista sobre el conjunto de España, coincidente a este respecto con el mantenido por el catalanismo político en el periodo de euforia que venía atravesando desde los primeros años del siglo. D'Ors nunca puso en duda que en Cataluña se estaba produciendo, como consecuencia de su superior desarrollo, un nuevo modo de entender el patriotismo exportable al resto de España, por más que el retro-nacionalismo dominante en los círculos políticos catalanes no le pareciera la manera más adecuada de llevar a buen puerto ese proyecto impositivo. La buena nueva del autoritarismo por él predicada tenía, en cambio, a su favor el viento del futuro, y el refrendo inmediato de entusiastas minorías juveniles en los países de Europa que estaban dando pruebas de un mayor ímpetu desarrollista por la vía de la ciencia: ése era el envite, el «paso honroso», que d'Ors fue planteando cada vez más abiertamente a sus coetáneos congregados en Madrid.

43 Para poder llevar a cabo esa tarea, insinuada ya durante sus años parisinos, contaba d'Ors con dos bazas importantes: su familiaridad con el ambiente intelectual madrileño, a resultas de su permanencia casi continua en la Villa y Corte entre 1904 y 1906, y un perfecto dominio del castellano, lengua que le era tan familiar como la catalana. Comentemos brevemente ambos aspectos, a los que parece deberse en buena parte la facilidad, inusual entre sus coetáneos catalanes, con que d'Ors se movió siempre en Madrid. En 1907, en medio del hervor político de Solidaritat Catalana, los firmantes de un manifiesto dirigido desde la capital a la juventud intelectual barcelonesa fueron agraciados en blo-

que por d'Ors con el título de «noucentistes»;[206] en la breve *laudatio* que hizo de la mayoría de ellos, puso de manifiesto su dominio del «quién es quién» sobre cuantos novísimos pululaban por los cenáculos literarios y periodísticos madrileños, el Ateneo o la Universidad Central. Entre ellos habría de reclutarse el futuro «Partit de la Intel·ligència», que es como denominó, retomando una idea de Costa, al brazo político del *noucentisme*;[207] una vez más, d'Ors hacía gala de su acierto eufónico, tan connatural a una «manera *alegre*»[208] de escribir como su probada carencia de habilidad para aglutinar a grupo alguno en torno a sus ideas.

En punto a su bilingüismo, y pese a que por convicción nacionalista considerara el catalán «la nostra única llengua oficial, per a coses d'intel·ligència»,[209] nunca desdeñó el «escribir en castellano para fuera de aquí»; aparte de que—le aclaraba igualmente a Unamuno—«mi madre era cubana y, aunque el hábito de escribir en catalán cada día y de dar mi espíritu a él me haya hoy desavezado, aún me cuesta menos esfuerzos que a los demás compatriotas míos escribir en castellano».[210] A juzgar por lo satisfactorio de los resultados, no parece que le costara lo más mínimo, y ni en los primeros artículos en castellano ni en sus cartas hay rastro alguno de tra-

206. Id., *Glosari 1907*, págs. 201-202.
207. Id., *Glosari. El clam qui ens arriba*, 18 octubre 1913, y *Glosari 1914*, pág. 159.
208. Id., *Glosari. Bocaccio*, 16 mayo 1918, en *La Vall de Josafat*, 1987, pág. 89.
209. Id., *Glosari 1911*, pág. 35.
210. Id., carta a Unamuno, n° 11, 11 marzo 1913.

ducción forzada desde el catalán, como ocurre con frecuencia en los escritos juveniles de su amigo Pijoan. Es más, demuestra de continuo tal riqueza de recursos expresivos y un dominio tan llamativo de la musicalidad interna del idioma, que más bien podría decirse que lo escribía como los propios ángeles, un tanto caribeños en ciertas ocasiones.

Con tal de darse a conocer en Madrid, d'Ors mantuvo siempre una eficaz política editorial, iniciada ya mientras cursaba el doctorado en Derecho, publicando entonces en castellano el que sería su primer libro, con sus más logradas prosas modernistas,[211] traducidas por Enrique Díez-Canedo, si es que no se encargó él mismo, como solía hacer, de ese menester.[212] A comienzos de los años veinte, cuando con su partida definitiva de Barcelona le llegó el momento de postergar el catalán, andaban prácticamente a la par el número de volúmenes publicados en uno y otro idioma, procedentes en su práctica totalidad del «Glosari».

A LA SOMBRA DE ORTEGA

44   En el elenco de la juventud ilustrada madrileña elaborado por d'Ors en 1907, se echaba en falta el nombre de José Ortega y Gasset. Esa ausencia obedecía a un mo-

211. Id., *La muerte de Isidro Nonell, seguida de otras arbitrariedades y de la oración a Madonna Blanca María*, Ediciones de «El Banquete», Madrid, 1905.

212. Id., carta n° 2 a Adelia Morea de Acevedo, Madrid, 27 octubre 1930.

tivo puramente coyuntural: Ortega no había firmado el mensaje a los catalanes por hallarse como becario en Marburgo, y no pudo, en consecuencia, ser armado *noucentista*. En adelante, sin embargo, de forma casi instintiva, d'Ors uniría cada vez más el nombre de Ortega con el de Madrid, puesto que le tenía por «*el* pensador dels noucentistes, allí dalt».[213] A su vuelta definitiva de Alemania, y siendo ya catedrático de Metafísica en la Universidad Central, Ortega empezó a desempeñar muy pronto un amplísimo magisterio que, iniciado con sus coetáneos, se extendería luego a otros ambientes intelectuales ya consolidados, hasta el punto de convertirse en un verdadero liderazgo intergeneracional.

Esa situación, en principio excepcional, era la misma de que gozaba en Barcelona Prat de la Riba. Ambas figuras, pese a su palmaria disimilitud en otros muchos aspectos, tenían en común el haber dado una nueva formulación, brillante y precisa a la vez, a la moral colectiva predominante en sus respectivas áreas de influencia, la catalana de obediencia nacionalista y la científico-liberal en el resto de España. Ese acierto les vino a aureolar, muy jóvenes todavía, con una *auctoritas*, ejercida con tan señalado sentido de mando que pronto se transformó en una auténtica *potestas* sobre hombres de varia edad y condición intelectual, extensible igualmente a un entramado de instituciones relacionadas con el mundo de la academia y de la comunicación, y también con la función pública en el caso de Prat. Al lado de ellos, d'Ors nunca pasó de ser un intelectual de

213. Id., *Glosari 1914*, pág. 156.

gabinete privado o, como mucho, de recóndito despacho, señor sin una almena propia donde colgar su pluma de periodista de ideas, que se empeñaba además, para desgracia suya, en predicar una doctrina autoritaria de matriz francesa, apenas conocida aún en el país y plagada a la vez de afirmaciones nacionales y sindicalistas.

Las diferencias que existían entre Madrid y Barcelona en punto a la relación entre generaciones intelectuales jugaron, en ambos casos, contra la comezón orsiana de afirmar su liderazgo. En Barcelona, ya lo hemos visto, ejercía el poder sin fisura alguna una generación inmediatamente anterior a la suya, bajo el liderazgo de Prat. Pero tanto Prat como Maragall, los dos únicos prestigios dentro de ese grupo que favorecían a d'Ors, desaparecieron prematuramente; otro golpe, pues, de mala fortuna para su proyección pública. Más adverso tenía que resultar aún cualquier intento por su parte de equipararse con Ortega. En esta ocasión se trataba de un coetáneo, con el que se atrevía justificadamente a medirse en talla mental, pero de quien, como d'Ors mismo se encargó de señalar, «todo lo que entre nosotros eran fatalidades físicas y sociales parecen haber trabajado a hacernos enemigos: el origen, el ambiente, la profesión, la situación, todo».[214] La excesiva desventaja en el punto de partida, que no admitía entre ellos paralelo alguno fuera de la capacidad intelectual, convirtió su concurrencia en una fatalidad, en la que d'Ors llevaría siempre, como en la contienda barcelonesa, la peor par-

---

214. Id., carta a Ortega, n° 5, 6 marzo 1915.

te. A la sombra de Ortega, letal para las aspiraciones orsianas, hubo de desarrollarse sin embargo su gradual
aproximación a Madrid.

LA TENTACIÓN DE HUIDA A MADRID

45 Cuando los incidentes barceloneses en torno a *La
Ben Plantada*, sintiéndose «víctima de les jugades més
roïns», d'Ors parece haber acariciado ya la idea de huir
de su ciudad, si bien la desechara de momento.[215] Tampoco en Madrid le iban del todo bien las cosas a la Teresa: en las prestigiosas páginas de *La Lectura*, se había
puesto en duda, a la vista de sus controvertidas pren-
das, que pudiera «ser rosado símbolo de la Cataluña
que nace». El autor de semejante desafuero era un joven crítico, vinculado a la Institución Libre de Enseñanza por su amistad con la familia Giner Pantoja, y
que, para hacer todavía mayor el agravio, se declaraba
«no iniciado en la cábala novecentista»,[216] aunque él
mismo hubiese sido agraciado con tan honroso título en
la nómina de 1907. A la vista de tales desprecios, d'Ors
acudió en recurso de alzada a Unamuno, rogándole en
varias cartas, de muy desahogado estilo,[217] que se ocu-
pase por escrito de *La Ben Plantada*, cosa que hizo con
gran generosidad desde *El Imparcial,* en una serie de artículos que d'Ors siempre tuvo por la más preciada joya

215. Id., *Glosari. Dolça Catalunya*, 11 mayo 1912.
216. Ramón María Tenreiro, *La Ben Plantada, por Xenius*, «La Lectura», 12, 1 (febrero 1912) 159-161.
217. D'Ors, cartas a Unamuno, nos. 6 a 10, febrero-9 agosto 1912.

en su corona de elogios.[218] D'Ors quería a toda costa conservar incólume el prestigio en la capital, por lo que pudiera ocurrir en el futuro, aunque la simple idea de tener que conquistar Madrid paralizase un tanto a aquel soñador impenitente: «lo que no me siento con ninguna gana», confesará contestando a las excitaciones de Unamuno, «es de ponerme, fuera de Cataluña, a lo que llaman por ahí *luchar*, a *conquistar un nombre*, a ir a Madrid y solicitar y *moverse* y *darme a conocer*, etc. Lo de la influencia, por vía directa o indirecta, lo deseo sinceramente y ya llegará».[219]

D'Ors parece haber dejado de deshojar la margarita, y considerar seriamente la posibilidad del traslado de capital, una vez perdidas las oposiciones a la cátedra de Psicología Superior de la Universidad de Barcelona, ocasión en la que se había sentido «generosamente vindicado por los intelectuales de Madrid».[220] Esta su primera y única aventura académica la vivió instalado en la Residencia de Estudiantes, que ocupaba todavía su primitivo emplazamiento próximo a la Castellana, en el chaflán de las calles Fortuny y Rafael Calvo; de los mismos residentes, y de algunos amigos de la colonia catalana en Madrid, se nutrió ese público que era costumbre siguiese alerta a modo de comité informal de vigilancia, cuando la ocasión lo requería, el desarrollo de los ejercicios. Aun en medio de la impresión de desasistencia, que suele ser habitual en esas si-

218. Unamuno, *Sobre la Bien Plantada. I: Su inconmesurabilidad; II: Estética y economía; III: Del matrimonio de Teresa*, «El Imparcial», 29 abril, y 13 y 20 mayo 1912. En: *Obras completas*, tom. 3, págs. 1314-1324.

219. D'Ors, carta a Unamuno, n° 11, 11 marzo 1913.

220. [Id.], entradilla al año 1914, *Glosas*, pág. 236.

tuaciones, d'Ors se vió apoyado de forma muy significativa por la inteligencia liberal madrileña, lo que no dejó sin duda de influir en su primer y abortado intento de ruptura con *La Veu de Catalunya*, al que ya se ha hecho referencia. Ortega le invitó a inaugurar el curso en la sección de Filosofía del Ateneo de Madrid, donde, a la hora de las felicitaciones, «un dels que més efusivament ho han fet ha sigut don Francisco Giner de los Ríos»;[221] lo inusual de su asistencia a cualquier solemnidad pública daba su debido valor al gesto. Los amigos de la Residencia le organizaron de inmediato una conferencia, que tituló *De la amistad y del diálogo*, primera de las tres pronunciadas durante su etapa catalana en la Casa. Constituyen todas ellas bellísimas piezas oratorias, auténticos sermones construidos sobre textos suyos aparecidos en el «Glosari», donde quizá culmine su pedagogismo mágico, que enmascaraba bajo esa envoltura estética un crudo conductismo: d'Ors se revela en tales textos como un moralista barroco, pesimista respecto de la condición humana, que soñaba en una edad de oro, brillantemente regimentada a la voz de una minoría iluminada. La amable dedicatoria, obra de Juan Ramón Jiménez, puesta al frente de la sobria edición de su conferencia,[222] excitaría de nuevo sus propósitos expansionistas con vistas a un liderazgo intelectual, que *La Veu* recogió a su dictado.[223]

221. [Id.], *En Xènius a Madrid*, «La Veu de Catalunya», 20 febrero 1914.

222. [Juan Ramón Jiménez], *La Residencia de Estudiantes a Eugenio d'Ors*, en: D'Ors, *De la amistad y del diálogo*, Publicaciones de la Residencia de Estudiantes, Madrid, 1914, págs. 9 y 11.

223. [Id.], *Una conferència d'en Xènius. De l'amistat i del diàleg*, 25 junio 1914.

A fines de 1914, como se especulase con un posible traslado a la capital del Unamuno destituido del rectorado, d'Ors le hizo llegar su esperanza de reencontrarse, «acaso en Madrid. Duras son las piedras de Salamanca, color de oro, duras son las piedras de Barcelona, color de miel. Dejando el amor, a cambio de un acrecentamiento de serenidad, ¿no las cambiaríamos un día por Madrid, la-de-las-tapias-color-de-chorizo? Las tapias son tan sordas como las piedras. Pero tienen la ventaja de que abruman menos y uno puede más fácilmente despreciarlas».[224] La decisión que d'Ors parecía haber adoptado, y la manera como esperaba poderla llevar a cabo, se habían visto influidas por el magno acontecimiento acaecido a primeros de agosto: el estallido, no por temido de tiempo atrás menos terrible, de la gran guerra europea.

APOCALIPSIS EN PALAMÓS

46 Con las vacaciones familiares a la vista, en la entonces lejana playa de La Fosca, junto a Palamós, d'Ors hubo de repentizar ese año un glosario estival adecuado a las trágicas circunstancias del momento. La facundia imaginativa que siempre le caracterizó le trajo de inmediato el recuerdo de una niña alemana de siete años, Tina, con cuya familia habían coincidido en un albergue de montaña suizo, en L'Etivaz, el verano anterior:[225] ella sería la destinataria ideal de unas cartas en las que que-

---

224. Id., carta a Unamuno, nº 24, 16 diciembre 1914.
225. Id., *Glosari 1916*, pág. 254: *Geografia*, 18 noviembre 1916; y carta nº 8 a Prat de la Riba, 4 septiembre 1913.

dase reflejada su predicción de futuro en torno al conflicto. El resultado fue una especie de novela epistolar que, como ha puesto de manifiesto Josep Murgades,[226] constituye un relato monológico, unidireccional, dado el papel puramente pasivo desempeñado por Tina.

Mi hipótesis es que el antecedente inmediato de este nuevo relato orsiano ha de buscarse en *Platero y yo*, cuya primera edición reducida andaba preparando Juan Ramón mientras d'Ors paró en la Residencia, y con el que siguió manteniendo una amistosa relación epistolar;[227] como Tina, tampoco Platero entendía lo que decía su amigo, por más que fuese como él andaluz y compartieran, al menos físicamente, el mismo paisaje moguereño, con sus luces, ruidos y olores. Semejante artificio retórico de una destinataria muda en su lejanía funcionó tan bien que, para poner término a las cartas recién comenzado 1915, bastó con fabular la inminente llegada de Tina, cuya corta edad no le hubiera permitido dialogar cara a cara, con un mínimo de verosimilitud, sobre temas tan elevados. La presencia, en cambio, de sus hermanos mayores, que sabían ya conducirse, le había servido con anterioridad de efecto acordeón para intercalar en base a sus juveniles impresiones unas a modo de cartas persas sobre la Barcelona del momento, y no reiterar en exceso su visión apocalíptica del triunfo de la Autoridad en la que se estaba convirtiendo la serie, ni tener tampoco porqué ajustarse a las cambiantes noticias bélicas, que

226. Josep Murgades, *Estudi introductori, Lletres a Tina*, 1993, pág. LXXIV.
227. Juan Ramón Jiménez, carta a Eugenio d'Ors, verano 1915 (Ms. 3602, Biblioteca de Catalunya).

llegaban por otra parte con cierto retraso a las costas ampurdanesas.

El mensaje de esta pequeña joya literaria resultaba simple y complejísimo a la vez, al desmarcarse por tiro de elevación de los enfrentamientos entre aliadófilos y germanófilos que estaban cargando de crispación la vida española. Para d'Ors, atenido a la «unitat moral de l'Europa» como premisa mayor, la guerra entre Francia y Alemania no era sino «una guerra civil», en la que el Partido de la Inteligencia no podía en consecuencia inclinarse por ninguno de los dos bandos. Para el término de la contienda, en cambio, lo que el Glosador avizoraba era el triunfo de un nacionalismo integrativo por vía autoritaria, similar al que en el momento presente estaba introduciendo Alemania, con sus ejércitos, en tierras francesas: «així», concluía, «els amics de França poden col·locar-se instintiva, precipitadament al costat d'aquesta. Però els devots de l'esperit francès poc sabran enemics sentir-se de l'aparent Enemic».[228] A sus antiguos orientadores de Action Française, que ahora se hallaban circunstancialmente enemistados con él por la postura olímpicamente pacifista que había adoptado,[229] no dejó de recordarles con evidente verdad que eran sus gentes, «los monárquicos, los nacionalistas, los imperialistas», quienes habían «clamado por el espíritu de autoridad», y que bien podía por tanto denominárseles «germanizados», al igual que entre nosotros se llamó «afrancesados» a quienes se mostraron

---

228. D'Ors, *Lletres a Tina*, 1993, págs. 20, 44, 76 y 100.
229. Id., *Glosari 1915*, pág. 273: *El cap-de-colla i el cap-de-trons*, 4 agosto 1915.

partidarios de las libertades que Napoleón nos traía, por encima de consideraciones patrióticas circunstanciales.[230]

47 El exceso de celo maurrasiano por los fueros de la autoridad le había llevado a aceptar, si fuese preciso, el sacrificio de Isaac de la Francia chauvinista y patriotera, con tal de que en la Europa transformada se iniciara decididamente «un nou cicle de civilització, tenint per estructurador el Socialisme».[231] D'Ors parece haber experimentado de inmediato el efecto acelerador que los estudiosos atribuyen hoy a la guerra mundial «en la cristalización final de la ideología fascista, no solamente porque aporta la prueba de las capacidades movilizadoras del nacionalismo, sino también porque pone de manifiesto el enorme poder del Estado moderno»:[232] al intervenir éste decididamente sobre una sociedad motivada en torno a la guerra, resultaba razonable esperar que impulsase el triunfo conjunto del nacionalismo y del socialismo, «dues forces enormes», dirá d'Ors, que «si en alguna cosa elles s'arribessin a unir (i hi ha d'això "símptomes"), no les resistiria ningú».[233]

De esa forma, y gracias a la guerra, se impondría la primacía del pueblo, entendido como nación y conducido por un Estado fuerte, frente al concepto disgregador de clases sociales: todas ellas, lo mismo la proletaria que

230. Id., *Las obras y los días. Al señor Maurras*, «España», nº 18 (28 mayo 1915), 4.

231. Id., *Lletres a Tina*, 1993, pág. 158.

232. Sternhell, 1994, pág. 31 (traducción al castellano, pág. 41).

233. Id., *Glosari 1915*, pág. 171: *Primer de maig, dos de maig*, 1 mayo.

la burguesa, estaban recuperando en el crisol de la guerra la conciencia de pertenecer a una comunidad superior, cuyo comportamiento había venido a socializar y a hacer heroico de necesidad el esfuerzo colectivo exigido por el confrontamiento bélico. La perpetuación de tales conquistas en la mentalidad colectiva cuando la guerra hubiese terminado contituye una de las visiones recurrentes a las que d'Ors se entregó en Palamós y luego en Barcelona a su retorno. En el transcurso de la guerra mundial, y como alternativa preferible a las exigencias generalizadas de control democrático que iban abriéndose paso sobre todo en Gran Bretaña, d'Ors se pronunciaría por la búsqueda, para tareas muy cruciales de gobierno, del «contacte amb la inspiració popular, renovellat cada dia».[234] Esa mística populista despegaba definitivamente sus propuestas, con independencia de cuál fuera su ulterior alcance, de todo posible autoritarismo paleoconservador, para situarlas en un terreno teórico coincidente con el fascista de la primera hora.

La convicción de estar elaborando un planteamiento teórico de amplios vuelos le llevó a buscar la polémica con quienes, desde el comienzo de las hostilidades, recurrieron a la ya antigua imagen francesa de la existencia de «dos Alemanias», con tal de no renunciar a su admiración de siempre por la ciencia germánica, mientras condenaban sin paliativos la agresividad militarista prusiana. Ortega y Gasset venía propugnando, en función de su conocimiento inmediato de la vida alemana, la relación meramente instrumental con la ciencia universitaria, que no implica-

234. Id., *Glosari 1916*, pág. 38.

ba la aceptación *in toto* de su universo cultural, ni menos aún del autoritarismo político del Imperio germánico; de ahí que, como tantos otros antiguos becarios en Alemania, se inclinara, apenas estallada la contienda, por la causa de los aliados, sin descartar por ello el seguir estudiando, cuando volviese la paz, «la vida germánica, el pensamiento germánico, la técnica germánica, el arte germánico»;[235] muy semejante parece haber sido la actitud de don Francisco Giner de los Ríos, quien, en los últimos meses de su vida, habría estimulado a Ortega a que continuara defendiendo la necesidad de recurrir a la ciencia alemana al margen de las opciones políticas.[236] Esa «dualidad propia de la vida germánica»,[237] era lo que d'Ors se había apresurado a negar: «rarament dins una cultura s'ha produït tant com dins l'Alemanya una unitat de mires dels homes d'esperit i dels homes d'acció».[238] La imagen tópica de las dos Alemanias, «en el fons era una excusa» para rehuir una realidad incontrovertible: la existencia de un modelo coherente de desarrollo por vía autoritaria, cuya exportación al área mediterránea d'Ors venía defendiendo incansablemente desde tiempo atrás.[239]

235. Ortega y Gaset, *Una manera de pensar*, «España», n° 37 (7 octubre 1915), 3. En: *O.C.*, tomo 10, pág. 338.

236. Manuel Azaña, «Diario íntimo», 15 febrero 1915, en: *Obras completas*, Oasis, México, 1967, tomo 3, pág. 816; y Ortega y Gasset, sin firma, *En la muerte de Don Francisco Giner*, «España», n° 9 (26 marzo 1915), 5.

237. Ortega y Gasset, *El genio de la guerra y la guerra alemana*, «El Espectador», tomo 1, 1916. En: *O.C.*, tomo 2, pág. 197.

238. D'Ors, *Lletres a Tina*, 1993, pág. 75.

239. Id., *Defensa del Mediterrani en la Gran Guerra*, conferencia en la Sociedad «El Sitio», Bilbao, 16 enero 1915. En: «La Revista», n° 3 (10 julio 1915), 6.

Con esta postura singular ante la guerra, d'Ors se distanciaba todavía más del ambiente barcelonés, donde no encontró otro apoyo que el de un nominal Comitè d'Amics de la Unitat Moral d'Europa por él promovido. A diferencia sin embargo de *La Ben Plantada*, este *Platero y yo* de un tentativo fascismo intelectual español resultaba ajeno por completo a sus pleitos con el catalanismo: esa mayor universalidad de miras podía favorecerle a d'Ors en el envite autoritario que estaba a punto de lanzar al ambiente intelectual madrileño.

LA OPORTUNIDAD DE «ESPAÑA»

48 El momento óptimo para intentar la conquista de Madrid se produjo apenas terminada la publicación en *La Veu* de las fingidas cartas a Tina, y el factor personal decisivo fue, una vez más, Ortega, quien iba a figurar como director de *España*, un semanario aliadófilo de inmediata aparición. D'Ors acudió primero a Bilbao para dar una conferencia en la Sociedad «El Sitio», arropado por el incipiente «grupo romano» de Ramón de Basterra, con cuyos jóvenes miembros mantuvo en adelante una cordial relación,[240] constituidos en uno de los referentes ideales de su partido de la Inteligencia. De paso por Madrid, volvió a ocupar la tribuna de la Residencia para dirigirse a «casi los mismos camaradas, junto con los mismos amigos de fuera», que le escucharon un año

240. Rafael Sánchez Mazas, carta a Eugenio d'Ors, 14 julio 1915 (Ms. 3602, Biblioteca de Catalunya).

atrás. La descalificación frontal que llevó a cabo del sufragio inorgánico, como amorfo proceso de delegación de «una voluntad imprecisa», alcanzaba una mayor relevancia que en otras ocasiones, dado el lugar en que se emitía y las circunstancias por las que atravesaba la vida europea.[241]

La aparición del primer número de *España*, en el que d'Ors estrenaba su sección de «Las obras y los días», fue saludada con una glosa que equivalía a un llamamiento formal a sus coetáneos de Madrid para encaminarse por la senda «de l'Autoritat, torxa del món que està a punt de néixer de les angúnies de la mare Europa», y emprender unidos señaladas tareas, que, «en el vocabulari del Noucents, anomenaríem imperials». Sólo decidiéndose por esa línea autoritaria, podría hallar la inteligencia española el ancho campo de acción que hasta ahora le habían negado, tanto la sumisión obligada en Barcelona a los *topoi* del nacionalismo catalán, todavía en el fondo liberal decimonónico, como la forzosa inactividad que esterilizaba en Madrid a los mejores intelectuales: d'Ors se los imaginaba atrapados entre el radicalismo inoperante de los partidos marginales al turno y el pedagogismo sin torso político de la Junta para Ampliación de Estudios, sin que en consecuencia «exerceixen funció proporcionada a l'autoritat moral per algun d'ells adquirida».[242] La alusión a Ortega, en el pináculo de su fama tras la publicación de las *Meditaciones del*

241. D'Ors, *Aprendizaje y heroísmo*, lectura en la Residencia de Estudiantes, 20 enero 1915. Publicaciones de la Residencia de Estudiantes, Madrid, 1915, págs. 10 y 51.

242. Id., *Glosari 1915*, págs. 32-33 y 33-34: «*España*», 30 enero 1915.

Quijote, resultaba tan transparente como la tentación de poseer el solar ibérico que le era insinuada si es que se sumaba a las fuerzas de la Autoridad, en cuyo nombre d'Ors hacía tales propuestas.

49 El Glosador se dispuso a parasitar en las páginas de *España* su propuesta pública, que resultaría tan heterogénea con la línea política del semanario como lo era con el ideario de *La Veu*: el vehículo había de ser igualmente una sección fija alternativa, en la línea ya ensayada a fines de 1913 desde *El Día Gráfico*. Las trece entregas de «Las obras y los días» no son sino el arranque de lo que, con el paso de los años, constituiría, en castellano, el «Nuevo Glosario», por contraposición al primero escrito en catalán y definido, también a toro pasado, como «el *Antiguo Testamento* del Glosario».²⁴³

Al poder aparecer tan sólo una vez por semana, la mayor extensión dada a cada entrega le permitió incluir varios capítulos independientes, que eran en realidad otras tantas glosas; no resulta descabellado, por tanto, pensar que d'Ors concebía «Las obras y los días», más claramente aún que lo fueron en su momento las *Conversaciones con Octavio de Romeu*, como una posible fórmula sustitutoria del «Glosari», sabiendo además dosificar en variedad y extensión sus envíos, como él lo hacía, con una perfecta profesionalidad. Del forcejeo, un tanto patético, que mantuvo con Ortega por asegurarse el carácter

---

243. Id., *Cinco minutos de silencio* («Nuevo Glosario», IX: octubre-diciembre 1923), pág. 148.

periódico de su sección y, sobre todo, una retribución estable de ciento setenta y cinco pesetas mensuales,[244] cabe deducir que d'Ors estaba pensando en *España* como el estribo económico que le permitiera hacer realidad, ese mismo año, el propósito confiado a Unamuno de trasladar su residencia a Madrid.

Todo hace suponer igualmente, aun no contando con las contestaciones de Ortega, que fueran otras razones, no precisamente económicas, las que alimentaran su reticencia a asegurarle nada a d'Ors. En las cartas de éste a Ortega, se echa de menos siempre ese punto de confianza, y aun de seguridad en sí mismo, que transparentan sus correspondencias con Unamuno o Maragall, posiblemente por tratarse de dos *seniores*, y no de un rival inmediato, ante el que vacila entre la sumisión táctica—«mi capitán», encabeza una de las misivas—,[245] el halago a tiempo, y una indisimulada intención de ser él, el Glosador, quien marque el rumbo en una alianza que hubiera llevado a la nueva generación al huerto autoritario. La falta de voluntad por parte de Ortega de llegar a un acuerdo hizo que d'Ors pusiera fin a sus envíos, y las entregas de «Las obras y los días» dejaron de publicarse en *España* a finales de mayo.

En medio de esos sordos enfrentamientos, la muerte de don Francisco Giner había dado ocasión a d'Ors para escribir un bello epitafio, sólo quizá comparable, literariamente hablando, con el mucho más conocido poema de Antonio Machado, si bien difieran la intencionalidad

---

244. Id., cartas a Ortega, nos. 4 a 6, 27 febrero-15 marzo 1915.
245. Id., carta a Ortega, n° 3, 2 febrero 1915.

y el grado de identificación personal que uno y otro escrito reflejan. Para d'Ors, esa «viva lucecita de albergue, encendida en la gran noche moral de España», que había convertido a Don Francisco en vínculo indispensable para los recién llegados con la tradición liberal castiza, venía a apagarse cuando, «ya en el oriente, diríase que apunta una indecisa claridad»:[246] la inquebrantable convicción del aventajamiento de todo pasado, aun del más glorioso, por obra del ímpetu juvenil impositivo, constituye una de las constantes más significativas del *pathos* con que afrontaban la historia más inmediata los grupos europeos autoritarios a los que d'Ors se remitía como modelos.

Un par de años después del episodio de *España*, le llegó a d'Ors con notable retraso la noticia de que Ortega había dedicado la primera conferencia en Buenos Aires, durante su resonante estancia de 1916 en la Argentina, a hablar sobre «El novecentismo». Su interés por una posible convergencia generacional pareció en cierto modo reanimarse, y dando por bueno que el hecho de haber recurrido al término por él acuñado suponía la aceptación de sus puntos de vista, interpretó que se trataba de la «jura de la bandera» por parte de Ortega, calificado no sin cierto humor como «príncep-recluta», ya que nunca se le había conferido el título con la solemnidad debida.[247] La verosimilitud de tan flagrante equívoco, acompañado de la degradación desde «capitán» a «recluta» a

---

246. Id., *Las obras y los días. Adiós a Don Francisco*, «España», n° 6 (5 marzo 1915), 8.

247. Id., *Glosari 1917*, págs. 138-139: *Ortega y Gasset, noucentista, y «Square Berlioz»*, 14 y 15 mayo 1917.

que se le sometía, venía propiciada en primer lugar por el hecho palmario de que Ortega, puesto a hablar del «cambio de sensibilidad» acaecido en el mundo hacia 1900,[248] había recurrido a un término que, aunque él lo emplease en su sentido primigenio, meramente cronológico, constituía de muchos años atrás la ambigua enseña generacional del Glosador. Pero, sobre todo, d'Ors debió de tener en mente—y de ello parecen dar constancia sus círculos íntimos posteriores[249]—la definición que de sí mismo había hecho Ortega—«nada moderno y muy siglo xx»[250]— en vísperas de su viaje americano, preocupado como se hallaba—sin segundas intenciones de ningún otro tipo— por la creciente y abusiva extrapolación de la democracia a campos que nada tenían que ver con su espacio propio, el de la decisión política. Un cortés silencio fué, que sepamos, la única contestación de Ortega a estas nuevas insinuaciones para formar un frente común de orientación autoritaria entre Barcelona y Madrid.

REAPARICIÓN EN GUISA DE SINDICALISTA

50 El curso de la guerra, que presagiaba ya la derrota de los Imperios centroeuropeos, a cuya carta autoritaria

248. Ortega y Gasset, *El novecentismo*, conferencia en el teatro Odeón, Buenos Aires, 15 noviembre 1916. En: *Meditación del pueblo joven y otros ensayos sobre América*, edición de Paulino Garagorri, Alianza Editorial, Madrid, 1981, págs. 15-16.

249. Aranguren, 1945, pág. 241, nota.

250. Ortega y Gasset, *Nada «moderno» y «muy siglo XX»*, «El Espectador», tomo 1, 1916. En: *O.C.*, tomo 2, págs. 22-24.

había apostado d'Ors, y las incógnitas acumuladas por el compromiso de la Lliga con los gabinetes del turno en aras de la gobernabilidad del país, hacían conveniente apartar el «Glosari» por un tiempo de todo tipo de cuestiones candentes, puesto que, de dar un mal paso, ya no cabía recurrir al apoyo de Prat que en tantas ocasiones conflictivas salvó la continuidad de d'Ors en las empresas catalanistas. La solución imaginada para esa especie de cuadratura del círculo—mantener su habitual sección diaria, pero al margen de cualquier referencia a la actualidad, sin que por ello decayese el interés de los lectores—estuvo a la altura del ingenio de su autor, quien durante algo más de un año, a partir de enero de 1918, se concentró en pasar revista desde el «Glosari» a las más variadas figuras del universo literario mundial, hasta componer su particular Juicio Final, que tituló consecuentemente *La Vall de Josafat*.[251] Mientras tanto, se había acabado la guerra europea, sin que de ello quedara constancia alguna en el «Glosari» que pudiera resultar comprometedora en el futuro, y la estrategia autonomista, relanzada de inmediato por Cambó, artífice en solitario del catalanismo político desde la muerte de Prat, hubo de suspenderse ante la agitación huelguística estimulada, entre otros factores, por las confusas noticias que llegaban al mundo occidental sobre lo que estaba aconteciendo en Rusia.

Esas informaciones sobre el régimen soviético, y el vo-

---

251. D'Ors, *Glosari. La Vall de Josafat*, «La Veu de Catalunya», 2 enero 1918-6 febrero 1919. En: *Obra catalana*, XI, 1987, con prólogo de Josep Murgades.

lantazo a la derecha impuesto a la Lliga Regionalista por sus bases electorales dada la conflictividad laboral, parecen haber sido los sucesos inmediatos que provocaron la reaparición pública de d'Ors, esta vez en guisa de sindicalista, por el escotillón de la prensa liberal madrileña. Interrumpida la publicación de *La Veu de Catalunya* durante la oleada de huelgas y la consiguiente suspensión de garantías, d'Ors dió en distribuir ciclostiladas, entre un limitado número de amigos, las glosas que le sugería esa situación conflictiva, y que no podían de momento ver la luz pública en Barcelona.

Todo hace suponer que esa difusión tan limitada, meramente simbólica, obedecía más bien a una operación de imagen que justificase la publicación de esas mismas glosas, traducidas al castellano, en las páginas de *El Sol*, donde fueron saludadas, por voz de su traductor, como expresión de la disidencia de los intelectuales barceloneses respecto de la política, proclive al endurecimiento empresarial, a la que Cambó se veía arrastrado.[252] La manera como esos textos fueron presentados ante la opinión madrileña equivalía a una ruptura formal con el máximo dirigente de la Lliga, lo cual, unido al contencioso sordo que d'Ors venía manteniendo de tiempo atrás con Puig i Cadafalch, presidente ahora de la Mancomunitat de Catalunya, auguraba un mal porvenir a su siempre precaria adscripción al mundo cultural del catalanismo hegemónico.

252. Joaquim Montaner, *Desde Barcelona. Unas glosas de Xenius*, «El Sol», 15 abril 1919. Las 16 «Gloses de la vaga» se publicaron, traducidas, bajo el epígrafe: *La intelectualidad catalana. Glosarios de Xenius*, los días 20, 23, 26 y 28 de abril (cortesía de Octavio Ruiz Manjón).

El cambio de actitud en las filas de la Lliga que d'Ors se apresuró a denunciar era un hecho evidente, en el que Cambó localizaría, con el paso de los años, el arranque de la discrepancia intelectual y política que llevó en 1922 a la constitución de Acció Catalana.[253] Pero esa disidencia, que coincidía con la de d'Ors en su interés por los cambios que estaba experimentando el socialismo, sin excluir los más revolucionarios, optó por una línea decididamente democrática, sin cuyo expreso rechazo no podría en cambio entenderse la exaltación sindicalista a la que d'Ors iba a entregarse por espacio de más de un año. Como fue frecuente en su peripecia doctrinal, las sugestiones intelectuales recibidas de Francia, tanto o más que las circunstancias inmediatas españolas, resultaron determinantes de su postura, explícitamente tributaria en este punto de la de Sorel, por cuyo radicalismo vitalista seguía sintiendo una indisimulada devoción.

51 Después de un periodo de relativo apagamiento tras la aparición de *Réflexions sur la violence*, durante el cual Sorel hubo de afrontar una auténtica travesía del desierto en su permanente búsqueda de formas no-democráticas de socialismo, en 1919 creyó al fin vislumbrar «un oasis» en el bolchevismo ruso,[254] y en su artí-

253. Francesc Cambó, *Memòries (1876-1936)*, Alpha, Barcelona, 1981, pág. 316 (traducción al castellano, Alianza Editorial, Madrid, 1987, pág. 316).
254. James H. Meisel, *The genesis of Georges Sorel. An account of his formative period followed by a study of his influence*, The George Wahr Publishing Co., 1951, págs. 235-236; y Georges Goriely, *Le pluralisme dramatique de Georges Sorel*, Marcel Rivière, París, 1962, pág. 223.

fice, «le plus grand théoricien que le socialisme ait eu depuis Marx et un chef d'État dont le génie rappelle celui de Pierre le Grand».[255] Aun sabiendo poco de la doctrina comunista, Sorel confiaba en Lenin «en cuanto profeta apocalíptico», razón que le impulsó igualmente a elogiar el fascismo de Mussolini: ambas utopías voluntaristas, capitalizadoras de las frustraciones bélicas, desautorizaban en el terreno de los hechos el intelectualismo esterilizante, cautivo de imaginarias fatalidades de orden económico, que Sorel había denunciado siempre en los planteamientos de la II[a] Internacional.[256]

En idéntica onda vitalista se movía d'Ors al exaltar conjuntamente el sindicato y la nación «com producte de voluntat»,[257] y al que no quedaba ya otra salida, dada la orientación democrática de las nuevas nacionalidades centroeuropeas, que la exaltación de quienes venían protagonizando una oleada de huelgas en Cataluña con el referente lejano de la revolución rusa. La resituación forzosa del intelectual al servicio del socialismo emergente era planteada por d'Ors en unos términos dramáticos dignos de Sorel en la tercera y última de sus grandes conferencias en la Residencia de Estudiantes, a mediados de 1919: «Muden de esposas nuestras muñecas; Le-

255. Georges Sorel, *Refléxions sur la violence*, Marcel Rivière, París, 1919, 4[a] edición, apéndice «Pour Lénine» (reedición: Marcel Rivière, París, 1972, pág. 379).

256. Leszek Kolakowski, *Main Currents of Marxism. Its rise, growth and dissolution*, Oxford University Press, 1978, tomo 2, págs. 173-174 (traducción al castellano, Alianza Editorial, 1982).

257. D'Ors, *Glosari. Reflexions sobre el gremialisme. III*, «El Día Gráfico», 13 julio 1920.

nin, pon tu hierro joven aquí, donde aún es bermeja la marca de las argollas de Creso».[258]

El gesto de d'Ors, obviamente leído como la denuncia por parte de un intelectual independiente de la derechización de la Lliga, fue bien apreciado en el ambiente madrileño, y, en curso todavía la publicación de sus glosas de la huelga en *El Sol*, se le ofreció un banquete al que acudió lo más florido de sus coetáneos, excepción hecha de Ortega.[259] Alguna referencia a Rusia, que debió sonar demasido estridente para la moderación liberal del periódico, fue obviada en la traducción castellana, si se compara con el original catalán que fue objeto de publicación más adelante en Barcelona.[260] Otras afirmaciones suyas, de un exaltado tono nacional-imperialista, correspondientes a una conferencia dada poco después en la Universidad de Oporto, fueron recogidas en *El Sol* con una cierta extrañeza:[261] la figura de d'Ors, si era seguida con una cierta atención, no resultaba tan fácilmente homologable con los parámetros del liberalismo intelectual madrileño como podía parecer a primera vista. Una nueva huelga, en este caso en Madrid, atenuó la repercusión de una conferencia suya en la Academia de Jurisprudencia y Legislación, sobre «La posibilidad de una civilización sindicalista», recogida por *El Sol* sólo en su edición nacional.[262]

259. *Obsequio a Xenius*, «El Sol», 25 abril 1919.

260. D'Ors, *La sensibilitat d'Ernest M. Ferrando*, en: *Gloses de la vaga*, «La Novel·la Nova», nº 139 (1920), 13.

261. Félix Lorenzo, *Cada cual en su casa... Intromisiones desagradables con motivo de la visita de Eugenio d'Ors a Portugal*, «El Sol», 19 julio 1919.

262. *«Xenius» en la Academia de Jurisprudencia*, «El Sol», 17 diciembre 1919. Jardí i Casany, 1990, págs. 189-190.

D'Ors seguía multiplicando las declaraciones de aprecio al proceso revolucionario en Rusia, y aprovechó una encuesta convocada por *La Internacional* para calificar rotundamente de «crímen estúpido» el bloqueo de Rusia;[263] algo semejante acababa de afirmar su maestro Sorel: «Maudites soient les démocraties ploutocratiques qui affament la Russie!».[264] En justa correspondencia, ese semanario madrileño recién aparecido, favorable a la incorporación del socialismo español a la nueva Internacional comunista, anunció la futura colaboración habitual de d'Ors, que apenas había llegado a materializarse cuando su destitución de la secretaría del Institut d'Estudis Catalans fue presentada como un acto de persecución perpetrado por el mundo de los mercaderes contra un representante de «la espiritualidad en el movimiento catalanista».[265]

52   El contraste entre el ambiente plagado de reticencias que le asfixiaba en Barcelona y la acogida hallada fuera, le llevó incluso a fantasear con la posibilidad de abrir también casa en Lisboa cuando dictó allí un ciclo de conferencias.[266] Ni esa alternancia, ni la más hacedera de Madrid, se habían materializado al producirse en

---

263. D'Ors, carta al director, «La Internacional», n° 5 (15 noviembre 1919), 1-2 (cortesía de Octavio Ruiz Manjón).

264. Sorel, «Pour Lénine», septiembre 1919, *ibid.*, pág. 389.

265. *Destitución de Eugenio d'Ors*, «La Internacional», n° 27 (23 abril 1920) 1

266. Montaner, *Crónicas de Barcelona. Eugenio d'Ors va a Portugal*, «El Sol», 23 junio 1919.

cascada, a partir de enero de 1920, las destituciones y re-
nuncias, a resultas de las cuales d'Ors, desposeído definitivamente del altavoz que había sido para él *La Veu de
Catalunya*, hubo de buscar un medio sustitutorio donde
editar el «Glosari», para lo que se sirvió precariamente y
por poco tiempo de *El Día Gráfico*. Otro tanto ocurrió
en *Las Noticias* con «Las obras y los días», la sección semanal creada en 1915 para *España* que había tenido, tres
años más tarde, una efímera continuación en un semanario madrileño, *Renovación Española*, donde aparecía también con la preeminencia tipográfica y lugar fijo que d'Ors
imponía ya a esas alturas de la vida para sus colaboraciones regulares.[267]

En el renacido «Glosari» siguió dando muestras de su
interés por la revolución rusa[268] y por formas alternati-
vas del socialismo como el guildismo británico, en cuyos
orígenes veía «certa coincidència cronològica amb els
treballs especialment significatius de Sorel i amb les pàgines del *Glosari* que els comentaren».[269] La fijación sindicalista de d'Ors alcanzó su momento culminante en el
glosario estival de ese mismo año 1920. Identificado el
Glosador con Prometeo y su tormento, «per haver amat
amb massa forta amor la llibertat dels homes», cada uno
de los rayos descargados en tierras de Europa y no solamente en Rusia era interpretado como una letra de la
palabra de futuro que el Glosador procedía a revelar

267. D'Ors, *Las obras y los días*, «Renovación Española», nos. 3, 5 y 6
(12 y 26 febrero, y 5 marzo 1918).
268. Id., *Glosari. L'ordre*, «El Día Gráfico», 22 julio 1920.
269. Id., *Glosari. Reflexions sobre el gremialisme. II, ibid.*, 11 julio
1920.

apocalíticamente: «La Revolució definitiva és feta; ja no cal que la faci ningú.»[270]

Las aproximaciones tácticas que con anterioridad a su marcha a la Argentina pudo haber realizado d'Ors sin demasiado éxito, cerca de los sindicalistas o republicanos barceloneses y del liberalismo madrileño, en busca de alianzas públicas a las que acogerse una vez formalizada su ruptura con la Lliga, no parece que en ningún caso permitan poner en entredicho la genuinidad de su profetismo revolucionario, hijo de condicionantes mucho más genéricos que han de buscarse, como aquí se ha intentado, en el ambiente antidemocrático europeo de la posguerra. Por otra parte, el hecho de que tampoco en las postrimerías de su connivencia con el catalanismo fuesen escuchados sus cantos de sirena autoritarios, constituye *a contrario* la mejor prueba de cuál era la mentalidad prevalente en la nueva generación, lo mismo en una que en otra capital de cultura. La irreductibilidad, con todo, de sus respectivas propuestas colectivas, la moral de la ciencia y la nacionalista, unida al común talante liberal de quienes las sustentaban, acabó haciendo de la democracia política, y no de las exaltaciones voluntaristas de tipo nacional o sindicalista, el lugar geométrico en el que, con tal de no anularse mutuamente, vendrían a confluir ambas muy a comienzos de la década siguiente, la de los años treinta.

---

270. Id., *Glosari. El nou Prometeu encadenat*, «El Día Gráfico», 4 agosto-28 septiembre 1920. *El nou Prometeu encadenat*, prólogo de Enric Jardí, Edicions 62, Barcelona, 1966, págs. 20-21 y 46.

CODA. EL CATALÁN ERRANTE

53 Hemos llegado ya, en Madrid como en Barcelona, al
límite establecido de antemano para este estudio, que era
el arranque de los años veinte. La hora de los adioses es
de suyo melancólica. Nuestro personaje ha de reanudar
solo su camino; en vez de acompañarle aún por un breve
trecho, que haría luego más penosa la despedida, quedé-
monos en el lugar previsto, iluminando únicamente el re-
corrido con unas ráfagas de luz hasta tanto su figura se
pierda en una vuelta del camino. La trayectoria seguida a
partir de ese momento no suponía, aparentemente, cambio alguno sustancial, ya que la etapa de incertidumbre
abierta con la desaparición de Prat iba a prolongarse, más
allá del paréntesis de la Argentina, cuando menos hasta el
«otoño de escondidos desalientos y pesadumbres»,[271] pasado en 1922 en una casa madrileña con vistas al Jardín
Botánico; para entonces resultaba ya evidente la imposibilidad de hallar una alternativa estable a la catalanista en
los ambientes radicales de Barcelona. Desde la ruptura
con la Lliga en enero de 1920, «cada episodio oratorio sig-
nificó una batalla librada»,[272] donde el explicable despe-
cho que le embargaba oscureció en ocasiones algo que,
contemplado a la debida distancia, resulta del todo evi-

271. Id., *Guía de Madrid. El Botánico*, «Residencia», nº 2 (mayo
1926), 130.
272. [Id.], ***, «Residencia», nº 3, pág. 195.

dente: no eran sus puntos de vista los que habían variado
sino más bien, y en desventaja suya, las circunstancias del
entorno barcelonés. D'Ors había terminado por acogerse
en Madrid a una especie de incómodo exilio político, con
la consiguiente renuncia al idioma hasta entonces predominante en sus escritos, que sólo esporádicamente volvería a cultivar. A partir de ese momento, «para los catalanes, más concretamente para los barceloneses, era un
desertor; para los madrileños, un intruso».[273]

El estrecho margen de acción del que iba a disponer en
la capital tampoco aportaba grandes novedades respecto
de su trayectoria anterior, puesto que el equilibrio de
fuerzas intelectuales seguía siendo en Madrid el mismo
que cuando sus oposiciones, o en los inicios de *España*, si
bien el área de influencia de Ortega se extendía ahora a
nuevos y más poderosos medios. En algunos de ellos,
como la *Revista de Occidente*, o la Residencia de Estudiantes, acrecida con su rama femenina, d'Ors fue cortésmente acogido, pero su «Nuevo Glosario» no se continuó
en *El Sol*, pese a haber acogido sus glosas de la huelga en
abril de 1919, y tuvo que ir a parar al *ABC*, periódico que
respondía a una sensibilidad cultural muy diferente de la
suya. La relación con Ortega fue espaciándose, hasta tal
punto que pudo felicitarse irónicamente cuando en cierta ocasión, gracias a los buenos oficios de la condesa de
Yebes, coincidió con él en persona, y no ya en la pro-
ximidad obligada que mantenían en los diccionarios[274]

273. Juan Pablo d'Ors, *D'Ors, mi padre*, «Razón Española», n° 21
(enero 1987), 16.
274. Soledad Ortega Spottorno, conversación en la Fundación Ortega, 4 julio 1990.

donde, por razones estrictamente alfabéticas—Ors, Ortega—, él figuraba delante. Cualquier contencioso de prioridades, como el suscitado por quienes—también irónicamente, sin duda—le llamaban Eugenio «dos», carecía propiamente de sentido, puesto que, como ya se ha expuesto reiteradamente, sus respectivos papeles resultaban cada vez más asimétricos: era Ortega quien desempeñaba, al igual que Prat lo había hecho en Barcelona, un liderazgo intergeneracional indiscutido, gracias al sutil entrecruzamiento del prestigio personal con relaciones intelectuales e intereses sociales, cuya consecución nada decía de sus respectivos talentos.

A quien d'Ors iba gradualmente asemejándose más era a Unamuno, pese a sus radicales discrepancias políticas, ahondadas incluso con el paso de los años. Ambos habían intentado en vano, cada uno en un momento biográfico similar, la aclimatación entre nosotros de una nueva moral colectiva, avalada por corrientes intelectuales europeas, cuyas posibilidades de futuro valoraron correctamente. El socialismo vitalista de Unamuno en los años noventa resultaba en ese sentido una apuesta tan pionera, e igualmente ajena a la inmediata circunstancia española, como el fascismo teórico que una década más tarde descubriría d'Ors en París. La inviabilidad de una y otra propuesta los había arrojado hacia una franja marginal, donde cada uno a su manera llevaba a cabo por libre, sin mayor seguimiento de nadie, una incansable labor de contrapunto a las concomitancias, laicas en el punto de mira de Unamuno y liberales para el parecer de d'Ors, que presentaba la moral de exaltación de la ciencia dominante en Madrid. Tampoco ninguno de los dos había renunciado a sus convicciones iniciales, socialistas o fascistas, por más que nunca llegaran a identificarse del todo con los partidos de masas originados en la vida española en torno a ambas teorizaciones políticas ya en los años treinta.

La implantación de la Dictadura de Primo de Rivera parece haber supuesto en la trayectoria pública de d'Ors la aparición de un nuevo factor, que no cabe aquilatar con certeza desde la perspectiva, un tanto lejana ya, del decenio anterior. No sabríamos, en consecuencia, discernir hasta qué punto sus relaciones a partir de 1927 con el autoritarismo en el poder, como las anudadas diez años más tarde con el primer franquismo, reprodujeron o no, aunque fuera en clave más bien de comedia, lo que había sido la tragedia de su desempeño de cargos culturales en la Cataluña de Prat. Tampoco es ya más que una silueta inevitablemente borrosa el personaje que vislumbramos hecho Académico de la Lengua por el Dictador, lo que le iba a permitir «usar un papel de cartas, que no sea el de un círculo o un café», como justificaba con amargura ante Ortega el haber aceptado ese nombramiento,[275] y quien al poco marchaba a París representando a España en el Instituto Internacional de Cooperación Intelectual, cubierta una vez más la retaguardia patria con su sección fija en un periódico de prestigio.

Su figura, como la de aquella Doncella curiosa, anticipo de la Ben Plantada, a la que el Glosador veía alejarse por una senda alpina, en el verano de 1909, «munta tan poc a poc que, per un instant, la seva ascensió sembla un

---

275. D'Ors, carta a Ortega, nº 9, 17 marzo 1927.

Calvari», mientras «pel flanc de la muntanya negra, avença un núvol com una glopada de fum», hasta que «us desapareix per a sempre a l'altra part de núvol».[276] Es esa etapa parisina que entonces comenzaba la peor conocida de su vida, al resultar ya ajena a quienes habían seguido su trayectoria barcelonesa, e igualmente distante para amigos y discípulos de la etapa posterior que salvo muy contados casos apenas pueden retrotraer esos títulos más allá de las fechas de la contienda civil española, cuando d'Ors regresó definitivamente a España. Comenzaba entonces un nuevo y último periodo de su aventura intelectual, necesitado también de ulterior investigación, que iba a prolongarse hasta su muerte acaecida el 25 de septiembre de 1954 en la ermita de San Cristóbal, de Vilanova i la Geltrú.

Barcelona, Fundación Albéniz,
septiembre de 1994-diciembre de 1995

---

276. Id., *Glosari. XI: La Donzella curiosa desapareix darrera d'un núvol*, 9 agosto 1909.

109 CARTAS
DE EUGENIO D'ORS

A MANUEL B. COSSÍO, FRANCISCO GINER DE LOS RÍOS
JOAN MARAGALL, ADELIA MOREA DE ACEVEDO,
RAMÓN PÉREZ DE AYALA, MARÍA PÉREZ-PEIX,
JOSÉ ORTEGA Y GASSET, ANTONI RUBIÓ I LLUCH,
ENRIC PRAT DE LA RIBA Y MIGUEL DE UNAMUNO

UN ESTUDIANTE MODERNISTA

1

A ANTONI RUBIÓ I LLUCH

Cruz, 18, principal, Madrid. 23 marzo 1904

Mon estimat cosí: Esperava, per a escríurer-lo, a tenir fetes totes les visites per a les quals l'amabilitat de V. m'havia proporcionat cartes de presentació. Però m'he trobat amb que son amic, el Comte de Dª Marina,[1] era marxat a Valladolid, faltant encara més de vuit dies per a son retorn a Madrid. I jo, tot i no podent encara dar-li compte d'aquesta visita, no vull ja més demorar la carta que li dec.

La impresió que m'ha produït la Vila és ben complexa. Son aspecte, al primer cop d'ull—i també més tard, sempre que es consideren sos edificis separadament—, repugna per l'absència, gairebé absoluta, de tot sentiment d'art i fins de qualsevulla preocupació en aquest sentit. És una tendència contrària a la barcelonina: entre nosaltres fins el propietari que es fa fer una casa al Poble Sec, amb lloguers màxims de 40 pessetes, procu-

---

1. José Pascual de Liñán y Eguizábal (1854), conde consorte de Doña Marina, escritor y erudito de tendencia tradicionalista, discípulo de Menéndez Pelayo.

ra fer-la tot l'ostentosa possible, i és capaç, si no l'a-
guanten, de tirar-se de cap a l'estil egipci o altra barba-
ritat de semblant calibre. A Madrid, al contrari, el[s]
més rics palaus tenen cara de quartels o d'oficines re-
caudadores de cèdules personals. Sembla que l'ascetisme castellà, barrejat amb aquell egotisme semític, que
fa de tan pobre aparència als palaus alarbs que tan-
quen més voluptats interiorment arcanes, se manifesta
aquí. Emperò, un cop l'ull s'hi avessa, semblant severi-
tat, unida a la indubtable grandesa amb què impresio-
nen molts edificis o aspectes de la via pública d'aquí,
produeix una sensació especial, com de sòbria elegància cortisana, que fa somriure una mica al pensar en les
opulències dels nostres *parvenus* de la Rambla de Catalunya.

Una altra impresió complexa és la que dóna al forà la
vida literària madrilenya... Per lo que jo he pogut veure, aquí els mestres que realment treballen viuen bastant retrets, voltats només d'alguns joves, que, si es fan
simpàtics per la vida retirada i laboriosa, repugnen per
sa absoluta docilitat moltonesca, per son poruc aparta-
ment de tot lo que signifiqui, no ja rebeldia, mes sols independència d'idees... I els altres, els joves que tiren per
independents, a canvi de molt agitar-se, i de molt cridar,
i de molt fer contorsions, sols logren independència respecte del raspall, de l'aigua i de la bona educació... En
Menéndez Pelayo, al qui explicava una discusió que jo
havia sentit a l'Ateneu, en què havien intervingut aques-
tos darrers elements, me deia, ab una d'aquelles frases
de menyspreu, tan seves: Allí solo va gente que no se lava
los piés... Dels amics de V., el primer al qui vaig veure va

ser el simpàtic Lomba,[2] al qui trobí en el carrer d'Alcalá. Crec que ell ja ha escrit a V. d'aquesta nostra encontra. Dos dies més tard vaig ser a veure'l en son domicili del carrer de les Infantes, on vam tenir una llarga sentada; encarregant-me, al despedir-nos, que en quant escrivís a V. li transmetés mil records de part seva.

La visita que més m'ha impresionat ha sigut la feta a D. Joan Valera. Vaig sortir-ne veritablement commogut. D. Joan estava, a l'entrar jo, assegut a un sofà, immòbil, com adormit, els ulls sense llum sota el gran front coronat de cabellera blanquíssima, el coll obès vessant sobre el pit, caiguts els braços, les mans com inflades, la boca entreoberta, un xic forçadament, al pas de la respiració fadigosa... I vet aquí que, poc a poc, a l'escalf efusiu de la conversa, aquell mort anà despertant-se; i eloqüència, i ironies i rialles, brollaren entre la remor anguniosa d'aquell alenar cansat. S'alçà, se dirigí, apoiat en mon braç, a la llibreria i me regalà un llibre i me demanà que llegís en alta veu uns versos seus, traducció d'un episodi del *Mahabharata*, inclosos en el volum. I mentres jo llegia, onades de sang afluïen en son rostre i pareixia com si el resplandor d'un[a] llum interna pugnés per obrir-se pas a través de les nines apagades, i recitava versos i paraules solts, i acompanyava mon dir amb un ample gest rítmic del braç dret i a l'arribar a un pasatge on hi ha una picanta alusió eròtica, aquell vuitantí, aquell xaruc, aquell cego, aquell mort, esclatà llargament en rialles homèriques!...

2. José Ramón Lomba y Pedraja, nacido en 1868, discípulo de Menéndez Pelayo y catedrático más adelante de Lengua y Literatura española en las universidades de Murcia y Oviedo.

El mateix vespre una impresió completament distinta: visita an en Menéndez Pidal. Una habitació vulgaríssima, un savi issolat, un jove calbo, un parlar modest i fred, una amabilitat una mica encongida… El conjunt altament simpàtic. Com que ell diu que no té aficions artistíques i jo sóc del tot llec en filologia, deguérem buscar un comú terreny per a la conversa, i aviat el trobàrem en l'amor a la Naturalesa que en Menéndez Pidal, per escepció entre els intelectuals madrilenys sent i asíduament cultura.

L'últim dels amics de V. qual casa he visitat és en Menéndez y Pelayo, amb el qui vaig parlar poca estona, perquè vaig arribar tard a sa tertúlia, i ell sortí poc després per a anar a dinar al Restaurant Italià. El Mestre fa l'efecte, presidint una tertúlia, d'home que es violenta per a parlar amb els demés. No solament tartamudeja un xic, sinó que sembla com si cada tema, cada pregunta l'arrenqués d'un món interior. Sobre cada un dels punts que jo suscitava en ma conversa, deia una sola frase, una frase calenta, brava i definitiva; però una sola: no li seguia esplanació ni desarrotllo ni sugestió de temes nous. I lo mateix que parlava amb mi ho feia amb les dos altres persones que hi havia a la tertúlia: un jove molt distingit, músic i crític musical, al qui no crec que V. conegui, el Sr. Manrique de Lara;[3] i un diplomàtic que és amic de V. i va visitar a V. darrerament, no sé si anant o tornant de Roma, i qui m'encarreguí que li enviés mil records en

3. Manuel Manrique de Lara, nacido en 1863, compositor y crítico musical de obediencia wagneriana, quien siguió paralelamente la carrera militar.

nom seu. De son nom sols recordo ara que era fonètica-
ment una horrible cacofonia.[4]

De Catalanisme no se parlava per aquí fins ara en què
se'n torna a parlar una mica amb motiu del proper viatge del Rei. Hi ha gran espectació per a veure quina serà
la rebuda de Barcelona.

I ara, pregant-li perdó per a les proporcions d'aquesta
carta, i saluts per als amics de la tertúlia del dimecres i
records per a la família, l'abraça son cosí affm.

EUGENI ORS

(*Carta*)

2

A JOAN MARAGALL

Cruz, 18, principal, Madrid. 29 abril 1904

Mon aimat Mestre:
Feia temps que tenia el propòsit d'escriure-vos. Ara,
sabent el vostre triomf als Jocs Florals,[5] no puc tardar

---

4. Se trataba, posiblemente, de Ricardo Spottorno y Sandoval, un
joven diplomático amigo de Menéndez Pelayo, primo carnal de Rosa
Spottorno, futura esposa de José Ortega y Gasset (véanse sus *Cartas de
un joven español (1891-1908)*, Ediciones El Arquero, Madrid, 1991, págs.
339 y 363).
5. El poeta acababa de obtener con su poesía *Glosa* la Flor Natural en
los Jocs Florals de Barcelona y había sido proclamado Mestre en Gai Saber.

més. No cal que us digui com me n'alegro per vós, per mi, i també per Catalunya, per aquesta casa colectiva que, tot i no aparint com material als nostres ulls, la sentim altrament que com a entitat abstracta, mes com a cosa viva, capaça de generar fins amor carnal, sobretot vista, com jo la veig ara, de lluny.

Crec que, amb aquest premi, us fan Mestre en Gai Saber. Mestre en Gai Saber ja ben bé ho éreu. El ser-ho crec que era precisament característica vostra. Ho haguéreu pogut posar a la cèdula. La vostra acció social a Catalunya té ben gràfica fórmula en això: ser Mestre en Gai Saber.[6]

Una gran impaciència me fa anhelar per al dia de passat demà en què penso vindrà en els diaris de Barcelona la vostra poesia... ¿Què dirà en Maragall, al ser premiat amb la flor natural, al ser proclamat mestre en Gai Saber?...

També he sapigut la publicació de les vostres *Reials Jornades*, que no he llegit encara... Quin esforç d'idealitat vos haurà sigut precís per a veure alguna cosa forta en la figura del Rei, o millor dit per a que la figura del Rei no vos tirés per terra vostra visió dels Reis! (no m'atreveixo a dir de la Monarquia, coneixent la vostra indiferència per a l'abstracció. Mes, en aquest cas, ¿no fóra possible que tots els Reis que hagueu vistos, que no crec siguin gaires ni molt grans, no sumessin plegats tota la vida que vós atribuíeu a un Rei?). Jo de mi puc dir que

6. Maragall había recogido en un folleto (*De les reials jornades*, tipografia L'Avenç) sus crónicas sobre la primera visita de Alfonso XIII a Barcelona desde su mayoría de edad, en abril de 1904.

una cosa m'ha dat a Madrid—aclaparadora—la impresió de Majestat: el Palau Real. I una altra me l'ha treta: el Rei.

Com haureu vist, subratllo coses relacionades amb el tema de la nostra conversa en la, per mi memorable, tarda única que he passat a casa vostra. Tot lo que allavores me diguéreu ha quedat ben viu al meu dintre. I sovint, fets, impresions, idees, sentiments nous els relaciono amb aquell problema, que no era problema, sinó, diguem-ho aixís... tema musical. I haig de dir-vos que cada vegada me sento més ferm en lo meu... que ja no és ben meu, sinó en gran part vostre, per haver-ho vós provocat ... Decididament, per més que digui la crítica moderna, entre Plató i Aristòtil hi ha una oposició substancial, que trascendeix i perdura—gairebé irreductible—en la seva descendència.

I, ara que parlem de metafísics, ¿com va el vostre nano, aquell nano nascut el dia d'una de les festes del *Domus*?...[7] Els fills dels homes de talent solen fer certa vaga impresió de llàstima... (És un aspecte de la Gran Tragèdia de l'Home que pren sobre seu la Paternitat de tots els homes). Mes, no arribo a sapiguer ben bé per què, els vostres fills donen impresió contrària... ¿tindrà alguna relació això amb lo de ser vós, típicament, Mestre en Gai Saber?

Mestre, quan tingueu temps, no deixeu d'escriure'm. Me dareu una lliçó, encara que no feu altra cosa que parlar del vostre nano. Una lliçó ben diferenta de les que rebo ara a la Universitat... Aquest saber sí que no és gai!

---

7. Parece referirse al octavo de sus hijos, Ernest, nacido en 1903.

I, ara, permeteu-me que, un xic pedantescament, vos desitgi, segons una bella fórmula de l'extincta cortisania catalana, *salut i dilexió*.

Tot vostre.

EUGENI ORS

(*Carta:* «*Ateneo Científico, Literario y Artístico. Madrid*», 1)

3

A JOAN MARAGALL

Madrid. 16 junio 1904

Mon Mestre i amic: Ja haureu sospitat que la meva tardança a respondre-vos no obeïa a altra causa que l'estar jo enredat dins l'embolic dels exàmens. Afortunadament ja n'he sortit, i amb bona sort, i vull remerciar-vos el reial present de la vostra carta, i recordar-vos l'oferiment de les darreres produccions vostres, i de les que ja llaminejo.

¿Per què temeu que m'agradi la vostra *Glosa* llorejada? Precisament aquella visió de Pàtria pirenenca la sento cada [cop] més fermament meva! Ara més que mai, allunyat com visc de la terra (¿és *terra* una gran Ciutat com Barcelona?), sento viu en nosaltres, catalans (i la seva existència m'omple d'orgull) un víncul amb la terra francesa, i per ella amb tot el món, i per ella amb tot els temps. Això ens posa en presència de la Universalitat i de l'Eternitat, i dóna un gran valor a tot lo que fem en aquest que, geogràficament, no és més que un racó de terra. Jo sento, ben fondo, que lo més insignificant de la nostra producció artística, la més inconeguda de les meves poesies, té, si no individualment, *alimentíciament*, valor d'eternitat i d'universalitat, per a tots els homes i per a tots els temps a venir. En canvi l'esperit castellà i la producció artística castellana formen una mena de món a part, en què hi ha, sens dubte, homes i obres de gran valor, però que res interessen *com aliment* a la total comunió de temps i pobles. Pot fer-se sobre d'ells i d'elles cultura i erudició, i pot ape[n]dre's en el procediment o la factura; i fins poden tenir valor exemplar per l'artista; però son pensament, la seva interna música, no poden servir per a la nutrició de la general ànima dels pobles i dels temps; falta en uns i altres qualitats nutritives, per la seva inadequació amb els òrgans de nutrició de la República Universal.

Visitant el Museu del Prado, he pensat sovint en això. ¿No sentiu que, si no hagués existit Lleonard de Vinci, o Rafael, per exemple, alguna cosa mancaria de les que ara composen el nostre esperit? ¿Què faltaria, en canvi, si desaparegués un tan indubtablement gegantí artista com Ribera? Noteu-ho: dugues cabdals influències ha sofert la pintura moderna: la japonesa, concretada en les obres d'estilisació i decoració, i l'espanyola, exercida principalment sobre l'art realista i impresionista. Doncs bé: (qualsevulla que sia la contradicció d'aquest fet amb les corrents nocions de superficial psicologia ètnica) cal reconèixer que, mentres la primera influència ha sigut, a més de tècnica, espiritual (la insensiblitat per al plaer i el dolor, la deformació de la realitat, l'idealisme escèptic i moltes altres coses vénen d'aquí), mentres la primera influència, dic, és espiritual, la influència espanyola és exclusivament tècnica. Se pren d'ella el procediment, mes son ànima essencial és contradida. N'hi ha prou amb observar com son ascetisme se transforma en sensualisme en la moderna pintura realista i impresionista, que fa que aquesta, per son ànima, puga, més que amb cap altra, emparentar-se amb l'Art neerlandès i el francès del sigle XVIII.

Parlant d'altres coses, ja vos haureu enterat de la triomfal estada d'en Borràs a Madrid.[8] Jo crec (i l'explicar el perquè fóra llarg. Ja en parlarem) que ni aquesta ni ses conseqüències probables tenen cap seriosa conseqüència política ni artística. Lo que sí ha demostrat és la bona voluntat amb què aquí es rep lo nostre, sempre que no vinga ni hostilment ni tampoc amb baixesa de renegat. Un dels més grans triomfos del Catalanisme a Madrid consisteix en la presunció fortíssima que aquí existeix de que tot català de cert talent i cultura és catalanista. En qui s'esforça en dissimular-ho o negar-ho hi veuen un rebaixament i una covardia que influeix ben desfavorablement en el concepte que d'ell se formen. Aquest és el secret de la diferenta sort de molts artistes nostres de talent a Madrid: Marquina, Morera, Meifrèn, d'una banda; Vives, Guimerà, Vós ma-

8. Enric Borràs (Badalona, 1863) había debutado triunfalmente en el Teatro de la Comedia con una compañía catalana.

teix, de l'altra.[9] Tot això fa que jo vegés amb gran alegria que no es deixés córrer aquell projecte de venir a donar conferències sobre Literatura catalana a l'Ateneu de Madrid, sobretot si, com proposaran, se'n daven, al mateix temps, de Literatura portuguesa. I ara sí que cauria en la temptació que m'oferien de treballar també jo per a aitals conferències. Prou sé el que hauria de dir.

Estic treballant en una tesis doctoral que versarà sobre *L'Imperialisme*. Això m'ocuparà encara, aquí, tot el mes de juny, i aixís no tornaré fins als primers de juliol a Barcelona, o millor dit, a l'Arrabassada, on ja estarà instalat, d'estiueig, el meu pare.—¿Vós sereu encara a Ciutat allavores? No deixaré si hi sou de venir-vos a veure.

Adéu. Saludeu el vostre petit poble de fills, en nom d'un amic al qui no coneixen. Vós rebeu l'abraçada de l'amic i admirador que, com sempre, vos desitja *salut i dilexió.*

EUGENI ORS

*(Carta: «Ateneo Científico, Literario
y Artístico. Madrid»,* 2)

9. D'Ors enumera a unos cuantos literatos y artistas catalanes del momento: los dramaturgos Àngel Guimerà (1845) y Eduardo Marquina (1879), los compositores Enric Morera (1865) y Amadeu Vives (1871) y el pintor Eliseu Meifrèn (1857).

4

A JOAN MARAGALL

Madrid, 28 junio 1904 (matasellos, Madrid, 28 junio)

Que el logri Eugeni Ors.

*(Tarjeta postal: «Lotto, "Un desposorio",
Museo del Prado»,* 3)

5

A UNAMUNO

El Poble Català, Escudellers, 33, pral., Barcelona. 1 diciembre 1904

Muy Señor mío y Maestro:
   Con esta carta recibirá V. un número del periódico de
Barcelona *El Poble Català* en que se inserta un artículo
mío dedicado a V.[10]
   Sucedió con este artículo lo siguiente: una vez termi-
nado lo leí a varios amigos y a personas respetables...
Todos sonrieron: «todo eso es muy bonito»... «¡Qué
imaginación!»... Sé perfectamente lo que esto quiere

10. Eugeni Ors, *La casa i la ciutat. Al Dr. Miquel de Unamuno,* «El
Poble Català», 26 noviembre 1904.

decir. Aquí cualquier trabajo científico que huela a arte, que tenga calor de pasión, que sea hijo, no de la inteligencia sola, mas del espíritu entero, que haya vivido en la imaginación y de este vivir conserve huella, se hace inmediatamente sospechoso. Pronto la sensatez pública pronuncia fallo condenatorio, con aquel «*todo eso es muy bonito*». La pedantería técnica con un par de silogismos en bocardo o con un par de estadísticas—que tanto vale—lo pulveriza en un decir Jesús. La pereza general dice «Requiescat»... Esto sin perjuicio de declarar a todas horas, modestamente, que aquí nos perdemos todos de puro imaginativos...

Pero V. se ha convertido en España en abogado de la imaginación proscrita, desconocida mejor; V. ha reivindicado los derechos de ella en la obra científica... Recordar sus palabras en este asunto fue para mí fortaleza... Así, hoy, al publicar mi trabajo he querido—en agradecimiento y en preventiva defensa—escudarlo con su respetado nombre.

Acaso no sea ésta ocasión de decir cómo le admira

EUGENI ORS.

(*Carta*, 1)

6

A JOAN MARAGALL

Tánger, 5 febrero 1906 (matasellos, Algeciras, Cádiz, 6 febrero)

Des de terra d'Àfrica saluda a V. i als seus son errant
amic

TÁNGER ORS

(Tarjeta postal: «Tangier,
Kashba Gate», 4)

DE LA ESTANCIA EN PARÍS

7

A JOAN MARAGALL

43, Boulevard St. Michel, París. 22 junio 1906

Maragall amat: Pensar en el dia de Sant Joan, de París estant, fa una cosa!... Lo mateix me va passar pels encontorns del dia de Corpus. No és precisament enyorança. Més aviat és una mena de despit, per no poder fruir de la ubiqüitat. Un voldria ser al mateix temps aquí i allí, i en altres llocs i racons del món encara. Però, a triar, per les festes religioses, allà. Aquí no s'hi coneixen per les festes religioses. S'hi coneixen en canvi les festes civils. Però aquestes no han pogut *encara* guanyar lo que tenen aquelles: *color*. Entenc dir, color essencial, no pintoresca brillantor. Però nosaltres, els civilistes, esperem que també algun dia les festes civils arribin a assolir color, quan devinguin, elles a son torn, festes religioses... Oh, Jocs Olímpics! ...

Aquí la festa es la de dintre, la de cada dia, la de totes hores, la de una mena d'espiritual convit en què és cada dia convidat mig esperit humà, i mitja història. Un home com jo, pel qui en aquest París tantes impresions guarden novetat, i que, d'altra banda, no té gens covarda l'anàlisis d'idees, se troba a l'acabar un dia amb qui se li ha fet dintre la mena, alguna cosa aixís—com aquelles alegories vastes que decoren els plafons de les Acadèmies en en què hi apareixen convidades totes les Ciències i les Arts, i Apolo i les Muses, i Homer, i Hipòcrates, i Galileu, i Confuci, i Verdi, i en què hi ha, per torna, papirus enrotllats, ponts, encluses, montgolfiers, bustos de Fortuny, aucells dissecats... i un eixam de dones nues... Cal que un tingui una mica als dintres l'alta serenitat apolínea d'un Rafael o d'un Puvis per a ordenar una mica tot això i rimar-lo en la clara eurítmia d'una pintura ornamental... Mes, fins i tot no havent encara trobada la serenitat, aquesta opulència és festa.

Però el dia de Sant Joan me seria una festa anar a veure-us personalment, Maragall amat, i parlar amb vós d'aquestes coses. De moltes altres parlaríem. Jo us diria d'una manera que vós la sentiríeu mes, que no pas ara, per escrit, tota la meva alegria al rebre el vostre *Enllà*. Feia dies que jo n'havia llegit a *La Veu* notícia de publicació; i ja febrejava per tenir-lo. Quan vaig tenir-lo, no el sabia deixar estar. Me'l vaig endur tal amunt a la feina (no sé si us he dit que treballo a la redacció d'un quotidià d'aquí, *La République Française*) ¿Què us en sembla de les vostres emocions del Montseny llegides dalt de l'imperial d'un òmnibus, pels carrers de París? Va ser una gran revelació per mi sentir això les concordàncies d'algunes músiques dels vostres versos amb les músiques del brugit enorme ciutadà. En el moment en què jo llegia:

De mar a mar només hi ha uns Pirineus!

la multitud dels bulevards va articular, *clara*, *precisa*, *fortament*, un ritme anàleg!

Oh quin llibre, Maragall, quin llibre, aquest vostre! Encara no estic curat de la torbació que m'ha dut... És massa bell i... també...—jo haig de dir-ho!—massa... *immoral*. M'espanta. Jo no sé cap llibre com aquest vostre d'un romanticisme agut. És l'obra mes romàntica que s'hagi conegut mai en cap literatura. Més enllà de la vostra paraula poètica, ja no hi ha paraula, ja no hi ha més que sons, grans sons de naturalesa, música de boscos, veus de vents, cant de mar, tot el verb, que no és verb sinó crit, de la inominable Cosa Inconscienta... Llegint-vos—llegint-vos ab tota l'ànima com jo a vós acostumo—jo sentia amb delícia, i al mateix temps amb terror, que m'enfonsava, que m'hi submergia, que m'hi ofegava en lo Inconscient. Perquè hi ha tanta voluptat en una part de mon ser com repugnància d'una altre en aquest perdre, en un oceà de poesia, aquesta *racionabilitat*, que ens és noblesa i ens és càstig...

De seguida, si estés com voldria al costat de vós el dia de Sant Joan, parlaríem de la meva amada «Galeria de catalanes hermoses», i vós me faríeu compliment per l'entrada triomfal d'aquesta idea en l'opinió de Barcelona, i jo us agrairia tota la part que hi teniu, i diria amb tot fervor mon entusiasme per aquesta ànima catalana de què disfrutem, que només espera la sembra de bones coses... ¿No és meravellós, dieu-me, no és meravellós que hagi pogut arribar a fer camí aquella pensada que podria semblar al principi tan *excèntrica* a tot lo nostre?

¿I (Déu meu, jo hi penso amb espant amb aquestes coses, perquè un, veient-les, arriba a sospitar si en la seva petita feina és un òrgan de providencialitat, i sent la responsabilitat d'això) no és més meravellós encara veure com, en pocs dies, tantes circunstàncies, tantes *gairebé impalpables* circunstàncies s'han conjuminat per a preparar l'esperit de la nostra gent al pas i àdhuc a l'establiment d'aquella idea?... Oh Maragall, Maragall amat, quina terra la nostra! En quant a la qüestió que tenim entre vós i jo sobre si han de ser les catalanes vives o mortes les que regnin en la galeria, ¿què va a que no us avindreu a que subjectíssim la qüestió a l'arbitratge imaginari d'algú que no obstant vós no sabríeu com refusar, que fóra Goethe? ¿No creieu que l'àrbitre me daria la raó an a mi, ell qui, fins tractant-se d'un quadro de la Sagrada Família, se planyia de, davant tanta bellesa, veure's reduït a la impotència del només mirar?

També hi hauria, si estéssim plegats, un petit revol de conversa destinat als *potins*... ¿oi? Vós sabeu com jo ja en sóc gelós dels *potins*, jo sóc un frívol, ja ho sabeu! Me contaríeu coses del *Brusi*, i dels propòsits dels sortints de que, de lluny estant, m'impacienta el saber tan poc! I jo us diria un aspecte desagradable de la qüestió, que és el consegüent aument del número de personalitats intangibles que hi ha a Barcelona... Qualsevol s'atreveix a dir mal ara, dels versos d'en Masriera![11] Ja, ab lo de Solidaritat va passar una mica d'això. Hi ha des d'allavores entre republicans i catalanistes de Barcelona una espècie de pacte tàcit per al recíproc respecte de les *patums* de cada

11. Artur Masriera i Colomer (1860), perteneciente a una familia de artistas y escritores barceloneses, había sido proclamado Mestre en Gai Saber en 1905, un año después que Maragall.

costat. Com Roma, el catalanisme, a cada victòria, augmenta el nombre de sos Déus, i ja aviat devindrà inhabitable per als temperaments una mica renegaires!...

Luego us diria coses personals meves: que vaig bé, que treballo, que estic en ebullició, que no faig encara els rals que voldria, ni molts menys, que atravesso mil angúnies, que em caso a l'octubre.

Però ja an aquest parlaríem dels ben amats d'un i d'altres; i vós me parlaríeu dels vostres amors i jo dels meus amors... i aquesta part de la visita ja no sé imaginar-la, si no és en silenci.

Adéu-siau.

ORS

(*Carta*, 5)

8

A JOAN MARAGALL

París, 24 diciembre 1906 (matasellos,)

Saludem la nit de Nadal el nostre padrí de boda

Maria Eugeni d'Ors
A partir del 15 gener: 11 bis, Rue Jasmin

(*Tarjeta postal: «Le Petit Palais
des Champs-Élysées, Paris»*, 6)

169

9

A ENRIC PRAT DE LA RIBA

11 bis, rue Jasmin, París XVI. 17 marzo 1907

Mon car Director,

Molt li agraeixo la seva solicitud en atendre ma reclamació administrativa. No he rebut encara els diners, però no dubto que m'arribaran sense tardança.

En els últims dies m'ha acudit un pensament per a la Biblioteca popular política de què tant V. va parlar-me, poc abans de ma vinguda a París. Allavores V. em demanava per a aquesta Biblioteca mon treball, ja una mica ranci, sobre Imperialisme. Aquell treball, ja una mica ranci, no podria jo ara dar-lo a publicació sense transformació completa. Però sospito que potser no seria inútil estreure d'ell alguns fragments característics, en què es tracten matèries de civilitat, vida civil, sentit colectiu, moral social, solidaritat, etc..., fragments que, juntats amb el recull d'algunes no escasses gloses que tinc publicades en *La Veu* sobre temes anàlegs i sobre Solidaritat catalana, eleccions, etc., i ab alguns altres petits treballs que jo afegiria, formarien un petit volum de doctrina política ciutadana, expresada en forma pintoresca, partida en petits capítols, lleugerament lligats entre ells, que podria aparèixer en la Biblioteca, amb el títol de *Paraules cíviques* o de *Breviari civil*, i que duent per camins una mica teòrics a propaganda, alta propaganda de les eleccions i del dever electoral, penso que no havia de quedar sense èxit, si apareixia en l'oportunitat de la campanya pròxima.

V. me dirà son parer sobre aquest projecte. V. me dirà son consell i sa resposta, i les condiciones en què el treball seria editat. Si convingués, podria jo enllestir-lo per a l'últim d'aquest mes, sempre que l'encàrrec me fos fet en data oportuna.

Dant-li per endavant moltes gràcies, se repeteix cordialment seu.

EUGENI ORS

(*Carta*, 1)

10

A JOAN MARAGALL

11 bis, Rue Jasmin, París. 30 mayo 1907

Estimat Maragall: Figuri's que ahir, al migdia, rebo un telegrama, datat a Lió, ab la firma de V., anunciant-me la seva vinguda a casa, per a les vuit del vespre. Ja em té més content que un gínjol, i a la dona i a mi preparant-li sopar, procurant entreveure les seves desconegudes aficions culinàries, a través de les *Visions i Cants*, i de l'*Elogi de la Paraula*. A les set, la dona va anar a comprar roses i peònies per a guarnir tot el menjador, i la criada es va mudar el davantal, per un d'immaculat amb força tabelles i entredossos. Al tocar les vuit ens

batia el cor... Però al ser un quart de nou ens vegem
comparèixer, enlloc de l'eixerida figura desitjada, les
llordes i sinistres dels Srs. Permanyer i Calvet.[12] Els Srs.
Permanyer i Calvet no havien tingut escrúpol en valerse del nom de V. per a assegurar-se de trobar-me a casa
a l'hora volguda.

No els vaig enviar a pendre la fresca per consideració
a V., que tant m'havia recomanat l'un d'ells, i atenent
també que aquest, el Sr. Permanyer, semblava anar tot
entoutit, com aixafat pel succés de sa família, i en poder
de l'altre, que és un vulgaríssim i insolentíssim trapella.
Les indelicadeses d'aquest senyor no havien començat
ahir. Figuri's que abans d'ahir rebo un telegrama del tal
Calvet en què em diu que ha sapigut la detenció del seu
fill, a poc d'arribat a París, i em prega que gestioni la
seva llibertat immediata. Jo, és clar, vaig pensar-me que
al xicot, sorprès indocumentat a la vetlla d'arribar el Rei
de Noruega, me l'havien agafat per sospitós, o alguna
cosa de semblant; i encara que no coneixia de res el Sr.
Calvet, i el seu fill tan sols d'una visita que m'havia fet
dos dies abans, jo que per servir-los me poso a fer passos.
Averiguacions fetes, va resultar que el nois no estaven
detinguts. I que si haguessin estat, hauria sigut per virtut
d'una súplica dels pares, seguida d'una contraordre, i
que per si aquesta ordre es retrassava, per a evitar als
nois unes hores més de molèstia, el Sr. Calvet, que no em
coneix ni sols de lectura, s'havia cregut autorisat a fer-

12. Los visitantes eran Joan Josep Permanyer i Ayats (1848), catedrático de la Universidad de Barcelona y figura central de la Unió Catalanista, y el padre de Agustí Calvet i Pascual (1887), el futuro *Gaziel*, director
de *La Vanguardia* entre 1920 y 1936.

me perdre un dia en averiguacions i passos sense contar els gastos i molèsties conseqüents... És deliciós!... Hi ha per altra part en el telegrama del Calvet pare detalls sense preu: com el de dir-me que vagi a la *poste restante* a recollir la correspondència del seu fill; que és una cosa que si jo hagués fet, i el noi hagués estat detingut de veres, m'hauria costat an a mi mateix anar a l'ombra; i un altre detall, el de no posar direcció al remitent, per a la contesta, per allò, sens dubte, que *només anomenar-se el senyor Calvet...* Déu meu! Que n'estem de lluny de civiltat.

Pels demés, en aquestes qüestions, els fills valen als pares. Quan el noi Permanyer va sapiguer que potser vindria el seu, i voldria veure'l de seguida, va enviar-me a dir que, si demanava per ell, jo li podia indicar que el noi li esperaria fins a les onze al cafè del Panteon... El cafè del Panteon és un cafè de *baraquins*, un dels dos o tres puestos de París que poden confirmar al Sr. Permanyer la idea de corrupció que ell porta! La idea del fill de citar allí el seu pare no té preu. Quan jo vaig veure el senyor Permanyer tan afectat, encara que m'havia proposat a mi mateix complir l'encàrrec del fill i prou, vaig témer que si el trobava dins el cafè del Panteon se'm feriria, i vaig aconsellar-li que anés a un altre cafè i que d'allí estant enviés un *chausseur* a cercar el seu fill.

A l'hora en què l'escric, no sé en què ha parat l'entrevista. Suposo que els nois Permanyer i Calvet tornaran amb els seus pares a Barcelona, cometent pares i fills la vilesa de deixar penjat aquí l'altre, del qui ningú de sa família s'ha ocupat. En resum, tota aquesta genteta és mediocrement interessant. Més interesants són les lliçons de psicologia catalana actual que de tot aquest embull resulten. Estic temptat de recollir-les en una Novela exemplar, partida en gloses.

És clar que aquesta novela no seria tan ideal com la de Novalis, de qui li remercio l'envio;[13] però potser se li acostaria en aspiració d'educació. És curiós, aquest aspecte del llibre, que vostè ha traduït d'una manera tan graciosament ungida, i de la que jo estimo sobremanera el magnífic balancejar dels paràgrafs!

Ves, quina llàstima, quina llàstima que no fos de veres V. qui vingués ahir. Tenia el pap ple de coses que demanar-li i que contar-li. Fins volia atrevir-me a demanar-li que tornés a escriure en pro de la Galeria de catalanes, ara en que el projecte està si cau o no cau, i en que un grapat de covardes hostilitats s'han conjurat per a tombar-lo (consulti's Pijoan)... Per ara, lluny de V., jo en goso esperar-ho això...

En canvi, volia contar-li la meva història casolana del passat hivern... Ara no recordo si últimament li he escrit una carta contant-li alguns passos d'aquella, especialment els relatius a una frustrada paternitat... Me penso que sí, que li he escrit. Si no, de totes maneres deu saber-ho per en Pijoan o per altres... Vaig passar dies ben dolents. En fi, així és acabat, i ara estic, estem, en bona salut i alegres.

Vostè, vostès, també, me penso ... Escrigui'm, de totes maneres, sobre això. I sobre força coses més, totes les

13. Friedrich Novalis, *Enric d'Ofterdingen*, traducción de Joan Maragall, Biblioteca Popular L'Avenç, Barcelona, 1907.

que pugui. I sobre les impressions que li vagi fent la meva quotidiana literatura, que és cosa que sempre friso de sentir de boca de V.. I sobre l'amor, que és, en definitiva, l'únic tema de què havíem conversat i ens havíem escrit fins avui, fins que, ab això del pobre Sr. Permanyer, ha sorgit entre nosaltres, per primer cop, l'Encàrrec.

Amorosament,

EUGENI D'ORS.

(*Carta*, 7)

11

A JOAN MARAGALL

11 bis, Rue Jasmin, París. 5 junio 1907

Estimat Maragall: Deixi'm contar-li l'últim pas del sainet d'aquells trinxeraires amb levita (¿tenen tan sols levita?) que em van arribar de Barcelona ... Abans: perdoni'm que li parli aixís d'un *recomanat*, però prou sé que, en la realitat de les coses, tan poc té que veure vostè ab ell com jo, afortunadament per a nosaltres.

Doncs, els pares van trobar els nois al Barr[i]o Llatí: no sé el que degué passar, però el cas és que es reconciliaren, com era natural, dat que l'única idealitat dels nois era el no examinar-se ara a Barcelona. Això de la reconciliació ho sé indirectament. Els senyors no han judicat oportú, en els cinc dies que han continuat a París, tornar a visitar-me, ni venir a donar-me les gràcies, ni a dir-me adéu abans de marxar. De l'anomenat Calvet no n'he rebut cap més notícia. En quant a l'altre, al tou Rei Lear de la Portaferrissa, l'únic que ha fet és posar-me des de Narbona una postal dient que havent sortit precipitadament no se'm podia despedir i que dant gràcies, que s. s. s... Ni tan sols se li ha ocorregut oferir-me el seu domicili de Barcelona.

Lo més graciós del cas és que els nois, per a dar-se-la de valents, tinc entès que ara diuen que ells no volien veure els seus pares i que vaig ser jo qui els vaig facilitar l'adreça... Tots a l'altura, tots a l'altura!·

Ja sé que Nietzsche exigia set generacions per a produir una elegància. Però nosaltres les haurem de menester per a produir una mica d'urbanitat!

Cregui'm, estimat Maragall, cregui'm: cada dia comprenc més *el cas Sert*!...[14]

He llegit un vaqüíssim article d'en Montoliu,[15] relacionant el vostre Comte l'Arnau amb Novalis. És difícil portar la incomprensió més lluny!

Ja veieu, estimat Maragall: us escric una carta agra. Això demostra que estic bé de salut.

Us en desitjo força, i als vostres, i veure'm aviat.

Adéu-siau.

XÈNIUS

14. Alude al pintor barcelonés Josep Maria Sert (1876), que triunfaba en París desde 1900.

15. Manuel de Montoliu (1877) colaboraba por entonces en *El Poble Català*, antes de ser becario en Alemania del Institut d'Estudis Catalans.

Escolteu: ¿és que an en Gili, editor (que crec amic vostre), li convindria per atzar una traducció de la germana Emmerich?

x.

(*Carta*, 8)

12

A JOAN MARAGALL

París. 6 junio 1907

Maragall estimat: Esquinço el sobre en què es tancava ma carta adjunta, per haver rebut l'última seva.

Ja em dirà l'últim mot sobre l'assumpte dels «Tres nois que fugen a París», tan apte per a les cristalisacions futures de la poesia popular:

Si el seu pare me l'atrapa / i al cafè del Panteyon, / les cucotes que se'l miren / diuen: Qui és aquest senyor? / El meu pare n'és notari / a la vila d'aon jo en sóc. / A cent llegues de rodona / me'l coneixen pel seu nom. / Ai quin nom! / De ministre a catredràtic, / de notari a *maquereau*!...

No em calli, li prego, amic Maragall, tot lo que en vagi sapiguent sobre la continuació de la rondalla. Sap com m'interesa son valor de document ètnic.

A una altra cosa! Que se'm fa dur acceptar, amic, mestre meu, padrí meu, una mena de censura per la falta de *localitat* en mon Glosari! Jo que justament n'estava alegre, de que representés en les columnes del nostre diari, plenes, del principi a la fi, de *localitat*, una nota lliure en què resonessin les palpitacions del món! Jo que n'estava tan orgullós, d'haver sigut l'únic pel qual els lectors d'un diari podien informar-se de que es feia una conferència a l'Haia, de que hi havia a Alemanya un *Jugendstil*, de com certes pràctiques de socialisme comprometen la moral del treball, de mil altres coses semblants!... Jo que volia ser aixís com una finestra!... Resulta que se m'exigeix que sigui una lupa o, a lo més, un quinqué. Resulta que els barcelonins s'estimen més l'aire que surt dels seus propis pulmons que el que ve de fora... ¿Però esteu segur, mestre, de que interpreteu en això bé el voler, o, per a millor dir, *la conveniència* dels barcelonins?

Per altra part, ¿esteu segur de que *la ressò de l'estrèpit* de Barcelona, com vós dieu, dongui cada dia una nota espiritual? No trobeu que la vera, la fidel traducció de l'estrèpit de Barcelona, se troba—molts dies—en un *Al dia* o en un *Tot passant*?[16] Quan vós, setmanalment, parlàveu al poble de Barcelona, ¿crèieu que és el seu brogit lo que traduíeu, o bé el vostre brogit interior? ¿Creieu que sou vós el qui, en 1893, vau baixar a la Ciutat, o bé la Ciutat la que, més a la vora de 1903 que de 1893, va pujar a vós?

Jo també crec que el Glosari se faria millor de Barcelona estant. Però això alguns dies, un parell de dies al

16. Los títulos responden a dos secciones habituales en *La Veu de Catalunya*.

mes, en què el moment dramàtic que la Ciutat viu no permet cap atenció a lo exterior. Dies de capella ardent, per exemple, en què és una irreverència obrir finestres. En aquests dies sí que la llunyania del Glosador me sembla un mal... Però, en compensació d'aquests, en quants altres l'extraterritorialitat del viure li és una ventatja! Hi ha palpitacions dels temps, creieu-me, que, per curiós que es sigui, per alerta que s'estigui, no es poden sentir a través de llibres i revistes. Les coses apreses en els llibres i revistes són bones per a repetides a l'Ateneu. Mes per a parlar de coses no locals fora de l'Ateneu, no és completament inútil haver passat el primer de maig a la Borsa del Treball de París...

Però teniu raó, de tot això n'hauríem de parlar en conversa... Si ara estiguéssim junts us repeteria una vegada més, amb més calor que mai, que aquelles concrecions que vós, aristotèlic, crèieu en mi concepcions abstractes són per a mi, platònic, *coses vives*, *Mitologia*! I que crec precisament necessari crear-la, crear-la de cap i de nou, per a afranquir-nos dels restes de velles mitologies que, per lo que són consuetudinàries en nosaltres, judiquem naturals en nosaltres! I que rau en ella un *magnífic poder instrumental*. I que pensar que en ella s'ha d'ofegar cap energia és com creure que la creència a son Olimp va ofegar el geni grec, o que l'Escolàstica—una altra mitologia de formes lògiques—va ofegar el pensament de l'Edat Mitja.

No. Deixeu-me crear cada dia noves formes. Deixeu-me teixir-les, organisar-les. Ja veureu la seva fecunditat en la vida!

Justament ara una formidable fermentació espiritual

està preparant en mi el part d'un nou déu, d'un nou déu que jo batejaré amb el nom d'un déu vell i desacreditat: la Ciència—la Ciència amb maiúscula... Ja veureu quan jo el llenci al món, al costat de sos germans que retraieu (Imperialisme, Arbitrarisme...); ja veureu de quin gegant estic prenyat... I me l'ha fet París, aquest infant. Fa un quant temps que el sento dins de mi. Estic de cinc mesos. Cinc mesos d'interior descomposició i recomposició, traduïda algun cop al defora. Pariré a l'octubre. Ja veureu, ja veureu! ...

I és clar que, un cop corri pel món, me l'estimaré com a fill propi, ab una mena de gelosia, a la que feu tort motejant-la de *propietat literària*, perquè és lo menos *literària* que pugui haver-hi...

Però abans ja ens veurem, Maragall estimat; i discutirem encara, amb el nostre discutir de sempre, tan inútil per al convenciment com útil per a l'estimació.

Encara el veure-vos tardarà massa. Abans, aviat, escrigui'm.

ORS

(*Carta*, 9)

13

A JOAN MARAGALL

París, 22 junio 1907 (matasellos, Paris Poussin, 22 junio)

Una felicíssima diada de St. Joan, gaia i lluminosa com
una tela de Renoir, us desitgen els vostres fillols.
   Eugeni i Maria d'Ors.
   Vegéssiu, mestre, com està ple de sol, aquest quadro!

XÈNIUS

(Tarjeta postal: «Renoir:
"Torse de Jeune Femme au Soleil",
Musée du Luxembourg», 10)

14

A JOAN MARAGALL

París, sin fecha (junio 1908)

Maragall, estimat Maragall, us desitja un Sant amb tots
els vostres.
   Maria i Eugeni d'Ors.
   Cela va mieux. Demà us enviaré els quaderns apare-

guts d'una edició econòmica del *Memorial de Santa Helena*.

(Tarjeta postal: «Versailles, Vue à vol d'Oiseau, le Palais et la Ville», 11)

15

A JOAN MARAGALL

9, rue de l'Association, Bruselas, 25 agosto 1908
(matasellos, Bruxelles Depart, 26 agosto)

¿Rebut Napoleon? Jo he estat a Waterloo, a Waterloo, a Waterloo!
Salut dels meus per als seus. I tot l'afecte de

XÈNIUS

(Tarjeta postal: «Bruxelles, la Place Anneessens», 12)

16

A JOAN MARAGALL

11 bis, Rue Jasmin, París. 9 enero 1909

Padrí meu, estic voltat de mil angúnies. En una d'elles hi teniu que veure quelcosa, i fa temps que cerco a explicar-vos-la, i no sé com, perquè al fer-ho haig de passar pel més desagraït i pel més insustancial dels homes!... Ni avui tampoc en sé, i, demanant-vos tots els perdons, ho deixo per a un altre dia. Avui no sé sinó desitjar-vos un bon any, a vós i als vostres. I encara d'això no en sabria prou, perquè estic fondament torbat per aquests horrors de l'Itàlia, que em deturen a la boca els bons auguris. Jo tinc amics al migdia d'Itàlia que m'escriuen unes lletres, plenes de napolitanes ponderacions, que m'ensorren amb una sensació extranya... aixís, com d'un fracàs personal! Una Ciutat empassada per un terratrèmol[17] és per a mi un fracàs personal!

Cercant visions més grates, he girat els ulls un xic enrere i m'he trobat amb la cançó que us acompanyo, feta en sortint de Heidelberg,[18] feta de memòria al compàs del sotrac del tren, que és una de les coses que, si jo fes versos, me donarien més moments ditxosos d'inspiració de ritmes. Permetiu, padrinet meu, que us els endreci com a *décime* de cap d'any.

17. Se refiere al terremoto que acababa de asolar Mesina, en Sicilia, el 28 de diciembre de 1908.

18. Al término del Congreso Internacional de Filosofia, el dia 6 de septiembre de 1908.

He vist aquests dies el meu fillet malalt per primera volta.[19] No ha estat més que un dia, i el dia següent ja estava bo, i avui ja n'està del tot, però aquell dia va tenir una febre alta, i vaig conèixer el terror de les negres perspectives i del aparts plens de reticències del metge. De tanta embranzida que vaig pendre per a sofrir, doncs, de veure-me'l bo i ben bo, encara no he començat a estar-ne content.

Ho espero però ben aviat. I ben aviat tornaré a escriure-vos, explicant-vos serenament aquella cosa que cal explicar.

Rebeu, ab la vostra senyora i els onze, el record i amor de la Maria i d'en

XÈNIUS

(*Carta*, 13)

CANÇÓ AL VELL HEIDELBERG

Per al cap d'any de mon
padrinet Maragall

Vell Heidelberg, que ets més jove que jo!
Tu ets com jo quan tenia quinze anys.
Tu ets bondadós, tant com jo era ignoscent.
Tu ets erudit tant com jo era pedant.

19. Víctor, el primogénito, había nacido el 14 de enero de 1908.

Vell Heidelberg, ja he guanyat més malícia.
Vivor llatina m'he tot instigat.
El meu Migjorn no coneix primavera,
Vell Heidelberg, primavera constant.

¿El Temps s'és mort en ton Neckar d'ensomni?
¿Els Accidents no et torben ni els Guanys?...
Pacientament, desgusten els teus homes
tot l'infinit en el llibre o el vas...

Pacientament, senten batre les hores
cervesseria i universitat.
Pacientament, persegueixen ses dèries
el boig Perkeo y el doctor Windelband.

Quan s'alça el front del dessobre les dèries,
és pur i llis com el front d'un infant;
els ulls se neguen en aigua i en calma;
salta el ventre al bon riure frescal.
Vet aquí el Príncep que estudia Farmàcia:
d'una serventa se n'és emprendat.
Quan ella arriba a vessar-li cervessa,
ell la reté pel davantal blanc.

I li besa els ulls i els cabells
i ella an ell li besa la mà ...
que ell és Príncep i ella serventa,
i l'amor troba sempre a on besar.

D'eterna amor han canviat jurament
avui, de cara a un bust d'en Bismarck...

El bon Degà els ha passat per la vora…
Polidament, els ha saludat.

I també jo, i els he dit l'adéu,
amb el bastó dels camins a la mà…
Hi ha els Accidents i els Guanys, que m'esperen.
Adéu, goig meu, conegut massa tard!

Adéu!… La lluna s'espilla en el riu,
i hi ha, en l'ombra del riu, estudiants…
Sento ses veus ab les veus de les noies.
Vell Heidelberg, me faries plorar!

No ploro, no, que sóc home dur:
tu ets el qui plores, tu, el sentimental.
Avi amb perruca i amb galtes de rosa,
Vell Heidelberg, oh cor meu dels quinze anys!

XÈNIUS

Cal llegir els noms alemanys a la catalana, ¿oi?

17

A JOAN MARAGALL

París. 1 marzo 1909

Estimat Padrí: En Pijoan devia ja complir el meu encàrrec de demanar-vos perdó en nom meu. He estat fins fa poc escrivint a tota màquina la primera de les Memòries semestrals a què m'obliga la meva Pensió de la Diputació, i que ja venia retardada d'ençà de l'any nou. Feina trista, aquesta, perquè hom coloca—malgrat totes les precaucions!—esforç, esperit i amor en una cosa que no ha de llegir ningú... I no hi ha remei. Jo he provat de fer-ho d'altra manera: he provat d'omplir d'esma un centenar de pàgines que ha de podrir-se en els arxius provincials, i no he pogut. Un extrany imperatiu d'escrúpol m'obliga a tot instant a fer les coses més odioses, ab tant conte com si d'elles dependís la salvació de la meva ànima o la sort de la Ciutat. Només la pressió del temps pot donar-me algunes toleràncies.

A més d'això, i d'alguns vents de *grippe* que han vorcejat alguns dies per casa, altres feines m'han abrumat. Per diverses causes, m'ha calgut tornar a les traduccions. Menos mal que ara tinc més bo ab la casa editorial, i em dóna encàrrecs més conexes amb els meus estudis; i aixís com abans traduïa a Eugeni Sue, ara tradueixo Pascal o Descartes.

Ara preparo ja les conferències que haig de donar a Barcelona per compte dels Estudis Universitaris Catalans. Si tot va com penso, podré donar-les d'aquí a un mes, cap als primers dies d'abril.[20] De manera que d'aquí algunes setmanes espero poder abraçar-lo a Barcelona, i més d'una vegada, encara que hi passaré poc temps.

Allavores parlarem, si V. vol, de lo del pròleg, que decididament és cosa difícil d'explicar per escrit, com a cosa de matís i d'oportunitat que és. En Pijoan no em devia prou entendre; an a mi el pròleg me sembla molt bell i molt bo per a mi. I les torbacions me venien d'altra part, venien de que el segon volum del Glosari ha de ser publicat per Editor, que l'ha admès i se n'encarrega, però—naturalment!—, ab tan poc entusiasme, amb un equilibri tan fi del pro i el contra, que el motiu més lleu el pot rompre en mon disfavor... Però, en fi, ja en reparlarem, de totes aquestes coses. Una vull avençar-vos des d'ara, sobre lo que em dieu de que puc sortir sense el pròleg; i és que jo, ab editor o sense editor, ab el pròleg a gust o no a gust de les gents, editorial o antieditorial, o com sigui, *no surto, no vull sortir al carrer sense vostè*. Un imperatiu sentimental m'hi obliga. V. em diu que això no és necessari. M'és igual: tampoc era absolutament necessari, ¿oi?, que V. fos mon padrí de casament. També hauria estat ben casat sense que V. hi fos... Però allavores el vaig voler de totes passades i de totes passades el vull ara. Quan sigui a Barcelona, li diré això *a la cara*, i V., de sentir-m'ho a dir, només que per la manera com li diré, ja coneixerà que tinc raó.

(És particular lo que em passa amb V. Jo sóc, d'habi-

---

20. Las conferencias, sobre *La lògica com a fenomen diastàsic*, tuvieron lugar los días 20, 23 y 26 de abril de 1909.

tual, un home tímid en la presència material, i en canvi, ploma en mà, una audacíssima. Però ab V. és lo contrari).

I quan jo vingui a Barcelona, segons lo que V. em va dir, V. ja serà un xic més pare. Jo li'n felicito des d'avui. Maragall, la vida de V. és d'una envejable bellesa... Ja tots els qui l'estimem hem arribat a una mena de seguretat misteriosa de que a V. no li pot ocórrer res de mal.

Des d'aquest seu Empiri, vulga pregar per mi, que m'agito en el Purgatori. Estimi'm força, que el seu amor pot escurçar-me sense dubte molts anys de purgació. Adéu, adéu. Mes salutacions ab les de la Maria als de casa de V. Vostra generosa senyora ja deu ser prou valenta, davant el pas que ella coneix prou. Però la Maria no sap estar-se de cridar-li des de lluny «ànim!» i d'enviar-li l'enhorabona. Jo ab vós, i ab ella, una abraçada alegre per l'esperança de veure-us aviat.

XÈNIUS

(*Carta*, 14)

18

A JOAN MARAGALL

París. 12 abril 1909

Estimat Padrí: De tot cor els felicitem pel nou arribat a la casa ... I vegi quina curiosa cosa haig de confessar-li: en realitat, jo no en sabia res encara de que l'aconteixement ja hagués tingut lloc ni de que hagués estat totalment feliç. Però fins ara, al rebre la carta de V., no me n'he adonat de la indiscreció que hi havia en referir-me'n abans de saber aquelles coses. Mes ni un instant me va ocórrer el pensament de dubtar-lo. Tanta és la interior, la viva fe que tinc de que a V., que es troba en estat de gràcia, res pot ocórrer-li de mal.

Efectivament ja pensava ser a Barcelona per aquestes dates, però m'ha calgut ajornar el viatge un poc. Me proposo arribar a Barcelona a mitjats d'aquesta setmana. De seguida aniré a saludar-lo.

Vaig aquesta vegada amb una gran emoció. Figuri's que porto en braços, per a que a la meva terra me li bategin, alguna cosa que em sembla un descobriment o una cosa aixís, i a on en tot cas hi tinc tanta sang de meditació, tant suc de la meva vida, tant sacrifici i silenci imposat a altres aficions i tentacions del meu esperit, que em fa terror pensar en la sort que li puga cabre entre les gents.

Adéu, adéu, mon Padrinet estimat. Saludi, de part de la Maria i meva a la mare generosa, el tendre Gabriel.[21] No us pongo aquí cap abraçada, perquè penso en la que aviat us podré donar de debò.

XÈNIUS

(*Carta*, 15)

---

21. Gabriel Maragall, nacido en marzo de 1909, y décimosegundo hijo del poeta.

19

A JOAN MARAGALL

11 bis, Rue Jasmin, París. 1 junio 1909

Estimat Padrí: He rebut la carta de V., i la picor me pren de contestar-la de seguida.

Vostè és un autor de nota bibliogràfica difícil. S'ha escrit ja tant sobre V. Vulgui excusar-me, doncs, aquella glosa desgarbada,[22] acabada d'esguerrar per errades d'impremta i per correccions de corrector d'impremta, encara pitjors. Els que corregeixen el català són terribles: els de *La Veu*, pitjors que els demés; molts escrúpols per posar «duel» o «menos», molt suprimir les *o* que els semblen castellanes; però en canvi mai els he pogut donar a entendre que «un[a] munió de persones», per exemple, necessita el verb en singular i no en plural. Hi hauria aquí una curiosa psicologia a fer, relacionada amb les nostres eternes qüestions sobre aristotelisme i platonisme. És curiós veure com, al sentir o llegir aquestes paraules: «una munió de persones», uns subjectes *veuen* les persones, i els altres *veuen* la munió; i naturalment, els primers són portats a cometre l'*idiotisme* gramatical... En Vossler[23] diu que l'*idiotisme* és la verdadera matèria dels estudis fi-

22. Se trata del comentario hecho por d'Ors a *Tria*, aparecida a principios de 1909: *Glosari. La setmana dels poetes. Maragall,* «La Veu de Catalunya», 29 mayo 1909.

23. Karl Vossler (1872), destacado filólogo romanista, era por entonces profesor en Würzburg y lo fue después en Munich, universidad de la que llegó a ser rector.

lològics... Però, en fi, si jo veig més aviat la munió i obro en conseqüència, i aquest obrar se troba conforme ab lleis de la gramàtica, no sé per quins cinc sous els correctors d'impremta m'han d'esmenar... Però a Catalunya la pedanteria és ambient, i els qui, en alta veu o en baixa, me n'acusen an a mi, o a altres, ab justícia, sens dubte, no han fet bon examen de consciència. De vegades arribo a pensar si el Catalanisme no ha estat més que *un acte de pedanteria colectiva.* Hi ha molt d'això, no m'ho negui.

No opino com V. respecte al valor d'una restitució dels textes dels Capmany, Balmes, Víctor Balaguer, etc., almenys de les de certes pàgines d'ells, o d'altres (que en els exemples no m'hi faria fort, i estaria disposat a canviar-los)... Jo ja ho crec, també, que les pàgines escrites ab sang i vida, o simplement ab fidelitat al propi pensar i *puresa,* per un català, perden al passar al castellà i guanyarien al ser retraduïts per son mateix autor ab amor i art. Naturalment que ho crec! Prou la seva *Tria* ho [ha] demostrat, i, després de tot, ¿no és aquesta la raó de que escrivim tots en català, malgrat els perjudicis d'isolament i escasa difusió que això ens porta? ... Però això que pot dir-se sempre de les pàgines que, per a no entretenir-nos més, anomenarem amb un mot vulgar, *sentides,* no ho és d'aquelles altres *fabricades,* fetes en insinceritat i esperit d'engany, com segurament és el cas de la major part dels Balaguer, Balmes, etc. (ja V. m'entén i sap a quin *engany* me refereixo)... Ara mateix, vora nostre, ¿no havem vist alguna cosa de semblant ab ocasió de la Solidaritat i d'alguns dels seus curiosos episodis? Els discursos de l'Hurtado,[24] per exemple, ¿no eren menos dolents quan els feia en castęllà?

Tot això sense contar que ab tot això de la psicologia del llenguatge i qüestions conexes hi ha encara molt per a dir, per a discutir i per a estudiar. Els catalanistes, en benefici al nostre ideal, no havem mirat prim; i hem decretat una solució radical, fàcil, còmoda, que ens ha servit d'instrument i d'arma. Però, ¿no li sembla que en això de les traduccions, retraduccions, etc., hi caben molts cassos, i que alguns cassos no són gaire còmodes d'explicar? Hi ha traduccions millors que els originals, i no solament millors sinó que semblen ser *més fidels* a l'emoció matriu de l'original. «Hi ha més coses en el cel i en la terra de les que caben en la nostra filosofia», sobretot d'una filosofia tan prematurament categòrica com la dels dogmes filològics oficials del Catalanisme.

De totes maneres, estic content d'haver lograt fer passar sobre *La Veu* la distinció, de sabor tan heterodoxe, que vaig fer, en aquest punt, ab motiu de *Tria*.

Una altra cosa que no puc admetre és que l'editor d'aquest llibre ha fet lo que ha pogut, artísticament; coses senzilles sempre es poden fer, i també podia deixar l'elecció del dibuixant al gust de V., etc. En fi, deixem-ho, això. Déu ens perdoni a tots.

Deixem també, jo li demano, lo del pròleg, si no és per a que jo li digui una vegada més el meu agraïment sense límits. Ja ho pugui veure V. com jo n'estava avergonyit del geste de *cabotinatge* que m'ha tocat fer en aquest as-

---

24. Amadeu Hurtado (1875) fue diputado de Solidaridad Catalana, en la legislatura 1907-1910.

sumpte... Però aquell home, el meu pobre editor, que hi perdrà els diners, i no solament això, sinó que em penso que ja ho sap, que els perdrà, i fins la cosa, tanmateix!

Anem a una cosa més bonica: a l'eterna qüestió de doctrina entre V. i jo! ¿Per què se'm defensa? Jo l'entenc prou, i la defensa no calia. Ja vaig escriure que el seu exemple *aclarava* la seva doctrina. V. mateix me n'ha parlat prou, de com entén l'espontaneïtat; me n'ha parlat sovint en aquests últims dies, ¿se'n recorda? I aquestes explicacions dites, publicats aquells exemples, ja sento jo que podria adherir-me a tot lo que vós haveu dit i propagat, en la vostra funció de Mestre en Gai Saber, malgrat les diferències de terminologia... Perquè allavores sí, que hi ha molt poc més que diferències de terminologia. Si vós admeteu el valor d'un moment crític en l'artista de la paraula, moment que li diu quines coses cal deixar estar, perquè estan bé, i en quines altres cal treballar per a obtenir-les més aproximadament pures, ja coloqueu, i jo us segueixo completament, el valor del poeta-artista per damunt del valor del poeta-infant... Ara, és clar que el poeta-artista ha de començar per ser poeta!

I és clar també que parlem d'ideals a què cal acostar-se, no de doctrines tancades! Jo no vaig parlar d'inconseqüència, com vós dieu, i hauria estat torpíssim retraient-vos això; jo vaig parlar d'una alta (el text deia *altra*) lliçó a seguir. ¿Qui seria anomenat inconseqüent, perquè no assoleix son ideal, sempre i de seguida? *Les línies de conducta són «línies»*, i, per consegüent, tenen gruix, i, per consegüent, no són línies.—Si tinc temps l'any que ve, en el curs dels Estudis Catalans, procuraré demostrar, en un capítol curiós de Lògica, que les línies, no solament no poden ser dibuixades com a tal línies, és a dir com a extensions d'una sola dimensió; no solament no poden ser *imaginades* aixís, *sinó que ni tampoc poden ser pensades* amb una sola dimensió. *Fins la idea de línia té dues dimensions, té algun gruix,* i solament s'arriba a la dimensió única *en el càlcul,* és a dir, prenent la línia en funció d'altra noció, no en ella mateixa. En ella mateixa, la línia, *àdhuc pensada,* no és pròpiament línia, perquè necessita dues dimensions: gruix ...—Això és per a dir-li que, encara que V. m'anomeni *intelectualista,* mai faré jo un retret per un *residuu* en l'assoliment d'un ideal. Si he subratllat el fet de les correccions en els seus versos, és perquè això no em sembla un residuu, sinó, al contrari, una exemplaritat important.

Potser V. no llegiu una glosa dedicada a un amic italià que se m'ha mort, Giovanni Vailati.[25] En Vailati era de V., malgrat coneixe'l molt incompletament, i en va ser més, des de que vam haver parlat. Últimament, li havia enviat el seu *Enllà,* i ell ha mort abans de contestar-me, potser perquè ja estava malalt (no sé res de com ha mort). He vist només una nota necrològica a un diari d'Itàlia... Quin magnífic exemplar d'home, aquest Vailati! Li hauria entusiasmat a V... Aquests italians estan plens de simpatia per nosaltres i no demanen sinó que volguéssim sortir del nostre isolament. V., si volgués, podria fer molt bé, en això de les nostres relacions amb

25. Giovanni Vailati (1863) era un filósofo pragmatista, colaborador de la revista *Leonardo.*

el italians. És una llàstima que de la gent nostra útil, no hagin passat per allí més que en Pijoan, qui va tractar ab gent massa important, per a que es poguessin establir vínculs de germania, i en Diego Ruiz, qui deixà arreu, segons he pogut deduir, impresions equívoques d'honorablitat.

Ara, adéu, mon Padrí. Salut a V. i als seus de part de la Maria i del seu mal cap de fillol.

XÈNIUS

(*Carta*, 16)

20

A JOAN MARAGALL

París, 22 junio 1909 (matasellos, Paris Danton, 22 junio)

Que d'avui en molts anys les pugui lograr felices, en companyia de totes aquelles persones de la seva esssstimassssió [*sic*]. ¿No és aixís com se diu? Li escrivim a Barcelona, a tot atzar. ¿Potser sou a Tona encara?[26] Si ha tornat, ¿ha trobat una carta meva? Conversava en ella ab V. de moltes coses, i he seguit conversant, a través de vàries Gloses, sobre l'affaire Mistral...[27] No l'he con-

26. Maragall seguía, efectivamente, en Tona, desde donde contestó a sus postales el 28 junio (*Obres completes* de Maragall, Selecta, Barcelona, 1960, tom. I, págs. 968-969).

27. *Glosari. Una altra raó, La Veu de Catalunya*, 7 junio 1909.

vençut, jo m'ho penso. Però no volia convence'l tampoc... Els tornen a felicitar, a tots.

MME. & M. XÈNIUS

Una altra cosa: És molt probable que a la tardor pròxima comenci jo a dirigir una colecció de filosofia, etc., en castellà, publicada en petits i freqüents volums. Hi haurà traduccions i extractes de lo més fort del pensament contemporani: de Eucken, Bergson, Brandès, James, Royce, Vossler, etc. Aniran per sèries de dotze, i jo voldria que ja en la primera sèrie hi hagués alguna cosa de V. i alguna de l'Unamuno. Si altra cosa no, ¿voldria deixar-me V. reproduir *La paraula viva* i els articles de *La Lectura* formant recull? De *La paraula viva* existeix ja la traducció castellana d'en Ferrer i Roda. ¿S'està ja bé o més s'estimaria refer-la?—Salut i Arbitrarietat.

X

(*Dos tarjetas postales correlativas:*
«*Paris-Auteuil, Rue Mozart et Rue Jasmin*
[*señalada su vivienda con una flecha: "Hic"*]»,
y «*Paris-Auteuil, Entrée de la Villa Montmorency*
[*señalada con una cruz: "Hic habitat Bergson"*]»*, 17*)

21

A FRANCISCO GINER DE LOS RÍOS

27, rue Jasmin, París XVI. 3 junio 1909

Muy querido maestro:

Perdone V. la impertinencia… Ya sé lo ocupado que está V. Sea V. indulgente al juzgar estos asomos de coquetería sentimental. No le pregunto de sus cosas. Su vida de V. está asentada en roca de eternidad. Del trabajo, de la *intervención* constante de V. ya vemos de cuando en cuando algún producto, y adivinamos otros. De su perenne juventud me hablan cuantos amigos de Madrid vienen. Guárdela V., porque es preciosa para todos.

¿Qué es de mí, me pregunta? Como en Madrid, escribo y estudio. Estoy casado, tengo un hijo y espero otro. Vivo habitualmente en París, y hago de cuando en cuando algún viaje por esos mundos; dos veces al año, a Barcelona, para continuar un cursillo de Lógica que se prosigue lentamente en medio de esas interrupciones. Colaboro cotidianamente en *La Veu*, de Barcelona, y periódicamente en algunas revistas, de filosofía sobre todo. Traduzco, por gusto alguna vez, otras, muchas, demasiadas aún, sin tanto gusto… Me preparo despacio a otras empresas, pensando mucho en mi país, pero con una gran cobardía de cerrar la preparación que la estancia en el extranjero representa. Voy para los veinte y ocho años y gozo de excelente salud y estoy contento.

No soy pragmatista, en el rigor de la palabra, como me

parece temer V., aunque como todo hombre que trabaja hoy en cosas de entendimiento, tenga que entendérmelas constantemente con el Pragmatismo. En una comunicación al C[ongreso] de Heidelberg, que creo que ya habrá salido en el Boletín,[28] intento demostrar la insuficiencia de la medida de la acción para los productos científicos.

En *Religio est libertas*[29] quisiera subrayar la incapacidad del psicologismo empirista a lo James, para explicar la religión, en su esencia. Los sentimientos religiosos me parecen no menos simbólicos (ya se entiende que no quiere decirse *irreales*, ¡al contrario!) que los elementos intelectuales de la Religión. La esencia de la religión me parece consistir en la irreductible conciencia que tenemos de una libertad personal. Y, en este caso, ninguna *materia científica*, y, por lo tanto, sujeta a determinismo, ni siquiera la *materia psicológica*, ni siquiera lo sentimental, puede darnos la definición completa de lo religioso.

No tengo en mucha estima «al buen Schinz».[30] Veo que tampoco por ahí le quieren mucho. Como para echarse mutuamente el muerto, los norteamericanos dicen que se trata de un alemán, y los alemanes que se tra-

---

28. *El residuo en la medida de la ciencia por la acción*, «Boletín de la Institución Libre de Enseñanza», 33, n° 591 (30 junio 1909), 187-191. D'Ors es presentado como «profesor de los Estudis Universitaris Catalans».

29. D'Ors le enviaría la versión francesa de *Religio est libertas*, recogida en las Actas del Congreso (*Bericht über den III Intenationalen Kongress für Philosophie zu Heidelberg 1 bis 5 september 1908*, edición de Theodor Elsenhans, págs. 1125-1136), o bien su traducción italiana, aparecida en la «Rivista di Filosofia» [Bolonia], 1, n° 2 (febrero 1909), 28-37.

30. D. Francisco, en la carta a la que d'Ors contesta, se había referido a Albert Schinz (1870), un suizo afincado en universidades norteamericanas, quien había publicado, ese mismo año, su *Anti-Pragmatism*.

ta de un norteamericano. Tal vez, desde el punto de vista de la resistencia al pragmatismo, sea algo más fuerte que Schinz un escritor de raza española, un profesor de Montevideo, excelente entendimiento, aunque un poco pintoresco en la forma de sus producciones literarias, el señor Vaz Ferreira.[31]

Pero V., mi querido maestro, no puede ser un antipragmatista. El armonismo español podría reclamar triunfalmente la prioridad en alguno de los puntos de vista que hoy desenvuelve el Pragmatismo. Habría por este lado algo muy importante que vindicar.

¡Y adiós! Sea V. siempre para nosotros esta lección no interrumpida de serenidad y de juventud. Muchas gracias, otra vez, por la bondadosa tarjeta. Es muy suyo,

EUGENIO D'ORS

(*Carta*)

22

A JOAN MARAGALL

11 bis, Rue Jasmin, París. 4 julio 1909

Poeta meu: Passy, Auteuil són una mateixa cosa. Primer Auteuil va ser agregat a Passy. Després, tots dos a París, a

31. Carlos Vaz Ferreira (1872), profesor y futuro rector de la Universidad de Montevideo, publicó un primer libro sobre *El pragmatismo* en 1900.

on formen, plegats, el XVIè. arrondissement. Dir Passy fa
més senyor que dir Auteuil. Quan a un veí del XVIè. un
ciutadà vol demanar-hi un favor, li diu: «Passy est si élé-
gant!»; quan vol negar-li un favor, diu: «Auteuil est si
loin!»... Altrament, la demora de Xènius està situada vora
els antics límits entre Passy i Auteuil; però dintre d'aquest
últim, lo qual permet al paperer editor de les targetes pos-
tals, i home arcaic, que és dels que diuen «baixar a París»,
imprimir damunt les seves cartolines: «Auteuil.»

Vet aquí la nostra discussió estètica duta a una qüestió
de psicologia: la de sapiguer si l'acte de creació artística,
pròpiament dit, se xifra en un moment únic o en moments successius. I també duta, per això mateix, anallà a
on venim a parar sempre! A que V. se desentén de tota
estètica que no sia la de la poesia, i m'atreveré a dir de la
poesia lírica, mentres que jo penso que tot reflexionar filosòfic sobre la bellesa ha de pendre-la tal com ella es manifesta en totes les arts: poesia i pintura, arquitectura—i
decoració, i art dels jardins... I en això som, penso que
d'ençà de la primera carta que ens escriguérem! I potser
no sortirem d'aquí ni en totes les nostres cartes, ni en tota
la nostra vida! V. diu, parlant de Vailati, que bé ens tro-
barem al cel. Tingui per segur que V. i jo hi prosseguirem
la discussió nostra eterna! Esperem que allavores podrem disposar l'un i l'altre d'una millor informació.

No m'aplaci lo del seu volum per la Biblioteca filosòfica. Encara que jo a l'octubre baixés a Barcelona (que
no és segur)[32] tinc compromís de tenir llest per a aquesta

32. D'Ors no vino a Barcelona hasta diciembre de 1909, cuando el
nacimiento de su segundo hijo, Juan Pablo.

època l'original de sis volums, per a poguer començar de seguida la publicació amb feina avançada. Els altres autors que amb V. figuraran en la primera sèrie de 12 volums seran: E. Boutroux, Josiah Royce, W. James, G. Brandès, B. Croce, Unamuno, Myers, Pauloff (el fisiòleg), Federigo Enriquez, Bergson i Lévy.

Se tracta de volums petits. Pot contar per a l'extensió de l'original alguna cosa aixís com un volumet de la Biblioteca popular de L'Avenç, dels impressos en lletra més xica. Li donc aquest tipo, perquè em penso que el tindrà a mà. Altrament, el format serà molt més gran, perquè la lletra ho serà també.

Potser no sigui *La hazaña* lo que més convingui, donat el caràcter de la Biblioteca. Jo voldria i faré respectar sempre per a ella una estètica llibertat d'esperit en son fons, vull dir una preferència fins per les formes menys sistemàtiques de la filosofia, per les formes poètiques, per l'intuïció i endevinació… Però, en compensació, voldria aguantar sempre la forma dels llibres que publicarem en certa austeritat didàctica, fugint de l'equívoc de literatura (més perillós en mi que en un professor-tipo de Filosofia, per exemple!). Sobretot al principi, quan la definició de la Biblioteca ha de fer-se, me faria por una apariència de novela, per cantitat de doctrina que tanqués sobre coses eternes, encara que fos tanta com la seva *Hazaña* bellíssima.

V. ja m'entén. Pensi's, doncs, sobre la meva petició. Però escrigui-me'n alguna cosa aviat.

Hi ha novetats a casa. Me sembla que lo de l'exemplar mestratge de V. jo m'ho [he] pres massa íntegrament, massa al peu de la lletra… Vull dir que ja esperem un altre petit.

L'altre em dóna enutjos. Treu les dents amb fúria i el tinc malicós. Es sovint una criatura difícil i que em treu moltes hores de serenitat.

Bon estiu a V. i als seus!

Nosaltres, és probable, si tot va bé, que fem cap a la Suïssa, enguany. M'he inscrit per al Congrés de Filosofia que es fa a Ginebra els primers dies d'agost.

Estimi'm.

XÈNIUS

(*Carta*, 18)

23

A JOAN MARAGALL

11 bis, Rue Jasmin, París. 14 julio 1909

Molt bé, Padrí, l'article sobre la Lliga del Bon Mot.[33] Molt bé i molt malament. Vol dir que jo, com és natural, protesto del sentit *lliberal* de l'article. Però V. és, vital i mentalment, d'una coherència magnífica. Sent *lliberal* en poesia, ho havia de ser en política també. V. és un dels dos homes coherents de Catalunya. Jo sóc l'altre, ¿oi?

L'austeritat de forma en què ha de restar, segons pro-

33. Maragall, *La Lliga del Bon Mot*, «La Veu de Catalunya», 10 julio 1909. En *O.C.*, tom. 1, págs. 785-786.

grama, la Biblioteca, és un pretexte per a ficar-hi més Poesia al dins. Tot lo que V. m'anomena me sembla excelent, i si he fet més reserves sobre *La hazaña* és exclusivament per la seva aparièencia novelesca. Lo altre me sembla encaixar perfectament. Encara que no encaixés, jo sempre insistiria en fer una excepció al programa per a que V. hi fos.

Si calgués completar per a arribar a la volguda extensió, ¿no tindria V. alguna cosa d'*inèdit*? Vaja, Padrí, no sigui ranci, i deixi'n tastar de la bóta del racó. Jo m'he deixat dir que V. tenia i tot una llei d'Estètica ben avançada en redacció, i llarga, i quasi completa, i tenia entès que, un instant, quan l'Institut d'Estu[dis] Cat[alans] no estava encara prou fixat en l'exclusivitat de les publicacions històriques, s'havia parlat de l'edició de l'Estètica de vostè.

En fi, vostè mateix triarà. Li dono fins a l'últim d'agost, per a conjuminar-me V. mateix, pensant-s'hi en la calma de Caldetes, el volum demanat i desitjat... Una idea! ¿Per què no faria V. lo següent? Ab el títol genèric de *Confesions de Poesia*, o, potser millor, ab un altre títol inèdit, reunir els fragments més essencials de l'obra teòrica de V., extraient-los d'aquí i d'enllà, de tots els articles que anomena, i d'altres, i fins de cartes, i fins de quaderns de notes, reunint-los com en una sèrie de reflexions, no rotulades, en ordre lliure i vagabond tal vegada, però seguint tanmateix un cert ritme? Ne resultaria una bella cosa, i se salvarien totes les dificultats en què V. ha insistit. Lo més filosòfic de l'obra de V. seria separat d'alguns acompanyaments circumstancials amb què s'ha produït per primera volta; però, en canvi, de veure's lligats els diversos fragments més filosòfics, ne vindria encara una major llum que s'extendria sobre tots.

Prengui la idea per lo que valgui. Però consti que el volum s'ha de fer.

Aquest dematí he passat tres hores de conversa ab en Bergson, a casa seva, i ell i jo tots sols per primera volta. Quin home! M'ha dit que, després de *L'evolució creatriu,* duia ara sobretot ses meditacions al problema moral, en què no hi veu gens clar. Perquè diu que preceptuar *no robaràs* no significa res. La dificultat està en respondre an aquesta pregunta: *¿Què és robo?* El comunista dirà que el capital és un robo, i l'altre dirà que no. ¿Com resoldre?... I lo mateix és inútil l'imperatiu de Kant: ¿com resol l'imperatiu el cas concret d'an *això* és un robo?

La meva concepció de la Lògica com una defensa contra la toxicitat del misteri ha interessat a M. Bergson. Ell m'ho ha dit, i jo n'estic tot orgullós, i li conto a V., content com una criatura.

No em tenen tan content la meva gent, que segueix mitjana... Quines fadigues, Déu meu! —Espero que Vs. estaran tots ben bons. Saludi a tots. L'estima el seu

FILLOL

(*Carta*, 19)

24

A JOAN MARAGALL

Les Marécottes, Valais. 3 septiembre 1909
(matasellos, Martigny—Chatelard Poste Amb., 4 septiembre)

Que de temps, ara, sense escriure'ns! I quantes coses en-tremig! *La mort de l'Isidre Nonell*, que jo no havia colo-cat enlloc, a nostra Barcelona![34]

I vet aquí que som al dia de demanar-li els *Elogis*, si és que continua el seu llibre esperat dient-se aixís. (Potser convindria, hipòcritament, un títol més… tècnic, ¿oi?)

Sóc per una quinzena als Alps, reposant-me… relativa-ment. L'hivern de París, el Congrés de seguida, m'havien afadigat molt…—Per cert que ara estem pensant en que la naixença del nen que esperem tingui lloc a Catalunya, però no a Barcelona, sinó en lloc a on la Maria, que em deixaria a París, pogués fer una hivernada, que li convé, darrere les meses de fadigues (embaràs, darrere lactància, etc.). ¿Què em diria V. del seu Caldetes? No sabria per at-zar alguna torre amb mobles que es llogués per l'hivern?

Salut a tots.

XÈNIUS

(*Tarjeta postal:* «*La mer de glace,
vue du Montenvers*», 20)

---

34. Se refiere, un tanto elusivamente, a los acontecimientos de la llama-da *Setmana tràgica*, que tuvieron lugar entre los días 26 y 31 de julio de 1909.

25

A UNAMUNO

Les Marécottes (Valais). 3 septiembre 1909

Mon cher Maître:

Le pongo en francés esto de «querido Maestro» un poco en broma, recordando sus antipatías, pero también un poco en serio para encerrar, en un par de palabras, dos cosas: lo muy contrario que me siento de V. y lo mucho que le admiro, quiero y debo... A veces imagino que toda mi moral personal y toda la moral que predico a las gentes de mi raza consiste, y ha de consistir, en no avergonzarse de los defectos que V. ha señalado en nosotros, con tanta lucidez, y en exagerarlos, hasta convertirlos en cualidades; y así me parece que el profeta de mis gentes, si llegan a tenerlo, será, por definición, «el Anti-Unamuno». De este Anti-Unamuno, si el caso llega, no me disgustaría yo de ser el Bautista.

El Bautista del Anti-Unamuno tiene, mientras tanto, del Unamuno ciertos motivos de queja. Piensa aquél que éste, que tan bellas cartas escribe, bien podía haberle mandado algunas letras, ya en 1907, cuando aquél publicó un volumen de *Glosari*[35] y se lo mandó a Salamanca, ya en 1908, cuando le envió algunas notas, escritas en *La Veu de Catalunya*[36] con motivo de la publicación y re-

35. En el *Glosari 1906* hay diversas referencias a Unamuno (págs 129-130, 412-414 y 481-483).

36. *Glosari. Quarta glossa capellística*, 11 junio 1908.

galo de los *Recuerdos de niñez y de mocedad*... Pero hoy no le escribe para estas quejas; sino, judío de él, para cosas de negocio.

El negocio es esta vez, a la verdad, un poco romántico. Lo comprenderá V. enseguida cuando le diga que se trata de la publicación, en español, de una colección filosófica. Mejor dicho, de dos colecciones filosóficas: una, grande, en gordos volúmenes, que tardará aún un poco en publicarse; otra, en pequeños volúmenes, como de un centenar de páginas en 8° (y en tipo de letra parecido al de los *Tres ensayos*)[37] que aparecerá enseguida, porque he encontrado un editor en París, que correrá con los gastos, y parece resignado a las posibles pérdidas.

El fondo de esta colección está constituido por los filósofos extranjeros contemporáneos. Para los primeros volúmenes, que ya estoy preparando, cuento con los textos y las autorizaciones de W. James, de Höffding, de Boutroux, de Bergson, de Benedetto Croce, de Karl Vossler, de la hija de Spir (hoy Mme Claparède), etc. Pero, aunque me propongo dar en la biblioteca muy pocas cosas españolas, pienso que algo español ha de haber sin embargo. Y quiero empezar por V.

Ahora bien, en las condiciones de romanticismo de esta biblioteca, no me atrevo a pedir a V. nada inédito. Pero me parece que sería interesantísimo que alguien, V. mismo si pudiese ser, tomase, de entre los artículos que V. ha publicado en estos últimos años, en *La España Mo-*

---

37. Se refiere al folleto de Unamuno *Tres ensayos*, Bernardo Rodríguez Serra, Madrid, 1900, 70 págs.

derna y en otros lugares mal afamados, el material suficiente para las 100 páginas necesarias. Muchos de estos artículos tratan, con pretexto de cualquier actualidad, de cosas eternas y muy filosóficas. Con el título de *Nuevos ensayos* u otro semejante, podrían formar un volumen interesantísimo.

Escríbame V. sobre eso una palabra, así que pueda; y si el propósito le parece simpático, y quiere hacerlo, déme V. consejos, que le agradeceré en el alma, para los restantes volúmenes de mi colección, indicaciones generales, nombres, etc.... Ya está dicho que es V. «mon cher maître».

¡Y no me olvide demasiado!

EUGENIO D'ORS

(*Carta*, 2)

26

A JOAN MARAGALL

Martigny-Châtelard, 21 septiembre 1909
(matasellos, Martigny- Chatelard Poste Amb., 21 septiembre)

Visquen els *Elogios*! (¿Potser, per títol, *Poesia i Teoria*? Pensi-s'hi) Enviï-me'ls, si li plau, a París, del 8 al 10 d'octubre. Jo ja hi seré aleshores. Demà deixarem el nostre villatge alpí per a tornar a Ginebra, a on serem encara (jo més o menys fixo) 15 dies. Adreça: *Poste restante*.

Lo de Caldetes li deia sobre per si, per atzar, coneixia alguna ocasió, com, per exemple, una família llogatera a l'estiu que sobrellogués a l'hivern, etc. Nosaltres necessitaríem unes 4 cambres i annexes.

He terminat el meu Pascal. Hi he treballat durant 6 mesos. Ja n'estava cansat. N'he guanyat, a part dels quartos, una coneixença d'aquest home, fins a ses entranyes. Ara m'embarcaré en la company[i]a del cavaller de La Rochefoucauld, predilecte de Nietzsche, i a on aquest trobà el model de l'estil aforístic.

També he traduït per a la nova Bib. un fascicle de Boutroux.

Aquesta última setmana he fet excursions. He estat a Chamonix, i he vist la França-Suïssa de joguina, la de les bromes de Daudet. La meva, la de Marécottes, Salvan, etc., és romàntica i meyerbeeriana. És la Suïssa d'aquells cromos antics, ¿sap?, aquells cromos tan toscos, en què s'hi veuen cascades, ponts rústics, vaques, etc. X.

(*Carta postal*, 21)

27

A UNAMUNO

Les Marécottes (Valais). 27 septiembre 1909

Recibo su carta. Gracias infinitas por el volumen prometido. Mándemelo V., a primeros de octubre, a París:

Rue Jasmin, 27 (XVIe).—Todos sus artículos serán buenos; los más propios de la colección (sobre todo teniendo en cuenta que es muy posible, y ello anda en tratos, que los volúmenes españoles de la colección sean inmediatamente traducidos) serán aquellos que, *a lo menos en el título*, se refieran menos a cuestiones españolas o a actualidades. Pero siempre a su gusto. También quisiera que me mandase V. su retrato; he visto en casa de Maragall uno muy hermoso. Mándeme V. ése u otro que se pueda reproducir bien, porque quiero dar en la c[olección] las cabezas de los autores, en retratos grabados al boj, o a algo que lo parezca, para que los estudiantes y los obreros febriles puedan recortarlos y fijarlos con chinches a las paredes de su alcoba. La iconolatría, que es mi religión esencial de mediterráneo, se gozará en esto.

No le dije más que los nombres de los autores de la 1ª serie de mi colección. Le Roy va a la cabeza de la 2ª serie. Es verdaderamente una de las 6 figuras únicas de la F[ilosofía] francesa de hoy (Bergson, Boutroux, Le Roy, Blondel, Sorel, Laberthonnière). —No olvidaré tampoco a los sajones, mis favoritos. Traduzco yo mismo la *Filosofía de la lealtad* de Royce, y daré además Bradley, James, Peirce, Schiller, etc. También cosas de filosofía religiosa. V. me ayudará, al menos, con consejos. A Kierkegaard no lo conozco más que por Höffding. Precisamente el libro de éste, anunciado en la colección, es la monografía sobre Kierkegaard. Höffding mismo me ha aconsejado ahora, en Ginebra, que leyese a Kierkegaard en una traducción completa alemana que parece que ha salido o va a salir ahora.—Me dice V. cosas muy buenas. Yo diré a mis gentes absolutamente las contrarias. V. debe de conocer muy bien la literatura francesa, porque ha escogido realmente, para la lista que me manda, los únicos que pueden lógicamente gustar a V., es decir, únicos franceses que no lo son. Pascal es español. Yo lo he estado ahora traduciendo durante seis meses y lo conozco hasta las entrañas. Antiespañolas no hay más, en todo Pascal, que ocho líneas, aquellas de la carta sobre la muerte de su padre en que reproduce la doctrina de San Agustín sobre la resurrección de los cuerpos... ¡Ah! el único que V. olvida en la lista es Corneille, que también es español. Comprendo que le estorbará a V. el alejandrino, pero salvado esto, pronto encontrará V. allí la sombra de Séneca. Si Pascal es español es porque es un corneliano.

Yo creo que mi gente, la catalana, debe andar por otro camino que la de V. La de V. es más fuerte y más original y puede llegar a ser el primer pueblo del mundo si cambia radicalmente, de polo a polo, el centro de la vida universal. En una España triunfante—por española—, nosotros seríamos menos: los segundos. Segundos por segundos, vale más serlo respecto de las condiciones actuales de vida universal. Este pueblo mío, que tiene menos originalidad y menos potencia, tal vez no tenga condiciones para ser un gran pueblo; pero puede ser el segundo dentro de las condiciones actuales en que se mueven los de Occidente: dentro de la ciencia, de la civilidad, del neoclasicismo, de *todas* estas cosas que predico a mi gente y que no me canso de predicar contra lo «gótico», injerto en «rousseoniano» que ha predominado hasta hoy en el catalanismo. Aparte de eso, yo escribo a veces, como puedo y sé, en castellano, en francés, en italiano. Por poco que sepa, ahí va ello y ya lo corrigen los demás, si quieren. Mucho me gustaría que V. hubiese leído un artículo que he publicado últimamente en la *Rivista filosofica.* Trata, precisamente, algo de religión.

Muy, muy, muy suyo.

EL ANTI-UNAMUNO

(*Dos cartas postales
correlativas,* 3)

28

A JOAN MARAGALL

Ginebra, 12 octubre 1909
(matasellos, Genève Exp. Lettr., 12 octubre)

Padrí meu: Rebo *Teorías*, encara a Genève. Molt bé! Farem un volum magnífic. Demà me l'emporto a París.

Hi torno jo sol. Baixaré fins a Tarascó, i d'allí la Maria continuarà sola el seu viatge cap a Barcelona.

Jo hi passaré al Novembre.

Salut a tots i l'abraça.

XÈNIUS

«*De part du Roy, défense à Dieu de faire miracles en ce lieu.*»

Posant, en lloc del Rei, la Ciència, en lloc de Déu, la realitat, aquesta seria la meva fórmula epistemològica.

La Ciència no pot *negar* el miracle, però deu *prohibir* el miracle

¿Què és un silogisme? Un silogisme és un ritme fora del temps. (Definició provisional.)

¿Haveu llegit res de o sobre Jacobus Bœhme?

(*Carta postal*, 22)

29

A UNAMUNO

Rue Jasmin, 27, París. 20 octubre 1909

Espero, mon cher Maître, la llegada de su original. He de entregar al Editor 6 volúmenes a la vez, para que se decida a empezar (porque, habiendo un español de por medio, estas gentes desconfían de su capacidad de «*continuación*», *kierkegaardiano sensu*)… Y querría que entre los seis primeros volúmenes estuviese el de V.

Queda aguardándole con impaciencia su muy devoto

EL A[NTI]-U[NAMUNO]

(*Carta postal*, 4)

30

A UNAMUNO

París. 27 octubre 1909

Muchas gracias, mon cher Maître, por el original que he recibido. Bastará con lo enviado y todo irá bien. El título: *Nuevos ensayos,* ¿verdad?

Encuentro a faltar el retrato. Tengo empeño en que salga.

Mandaré a V. ya mismo algo de Sorel. Le escribiré más largo.

Siempre devoto.

EL A[NTI]-U[NAMUNO]

(Carta postal, 5)

31

A JOAN MARAGALL

París, 10 abril 1910

Padrinet, fa un qui-sap-lo que no l'escric; però si em llegeix alguna vegada, potser s'ha trobat amb la prova de que no l'oblido pas... He passat una tongada bastant morosa. La prova d'estar-me aquí sol i com retornat a temps de solteria no m'ha alegrat massa. S'arriba, excessivament de pressa, a un punt de la vida en què se coneix una mica d'interior encarcarament en la dificultat quasi insuperable que troba de fer amics nous, lo que se'n diu amics... I l'única flor de la solteria és l'amistat fàcil... He treballat ademés sense gaire ardència, en aquest temps últim; ma pensió es terminava ab l'abril, i l'angúnia de la interinitat no em deixava empendre moltes feines noves... Per últim, cosa rara en mi, m'he trobat malament i tot: he tingut uns dies de *grippe* i unes setmanotes d'abatiment...

Però tot això s'ha acabat. He solicitat una pròrroga de missió i la Diputació me l'ha concedida. Amb això, ja he cobrat desitjos nous, i continuant ab més ànim les feines començades, trafiquejo en altres de noves... La meva gent ve, d'aquí a unes setmanes. M'he restablert completament i la primavera és vinguda. La primavera de París és una cosa tan bella, que fa com una mena de mal deliciós. Per a celebrar totes aquestes coses us escric.

També vull enviar-vos un fullet meu,[38] que ara ha aparegut a París. És molt tècnic, pero ja veureu com la idea és clara. Penso ademés que us en he parlat alguna volta. Nous documents, recollits amb posterioritat a la redacció d'aquest fullet, me confirmen en la interpretació que hi dono del fet de la lògica. Noves idees adquirides, en filosofia i biologia, em fan creure en la seva absoluta veritat, i en el seu poder per a resoldre tot un ordre capital de problemes.

38. D'Ors, *Note sur la formule biologique de la logique*, separata de *Archives de Neurologie*, París, 1910.

Com a continuació d'aquest treball, n'he començat a redactar ara un altre sobre la fórmula biològica de la memòria. Cada dia estic més persuadit de que la memòria psicològica és un cas particular de un fenomen de *persistència rítmica*, general a tots els éssers vius, i que és lo que Richard Semon ha designat ab el nom sintètic de la *Mnéme*. Segons aquesta hipòtesis, verament lluminosa, una part, almenys, dels fenòmens d'herència biològica (qualitats adquirides, atavisme, etc....) s'explicarien com a fenòmens de *Mnéme*. Tot això m'interesa molt. Hi treballo dos cops per setmana, a l'assil de Villejuif, a on tenim ara peixos i flors, en els quals estudiem la persistència de records, inclinacions, moviments, etc.... Hi ha en aquesta matèria molt[s] de treballs, i jo, al redactar el meu article, quasi res hi poso d'original. Però m'és indispensable passar per aquest capítol, per a arribar al tercer, sobre «la fórmula biològica del silogisme» que, naturalment, se deduirà dels dos primers (perquè el silogisme és: raó + memòria), i en el qual tinc moltes coses a dir.

Us dec demanar excusa, amb motiu de lo que ocorre amb la projectada Biblioteca filosòfica. Ha vingut a caure la preparació d'ella en una tongada de crissis de la llibreria espanyola. Sembla que cal deixar passar unes hores de mal temps. Ademés, segons he arribat a sospitar, se combina una modificació del negoci dels editors que fan a París la llibería espanyola, venint a formar un *trust*. Mentres se prepara això, han suspès tota publicació que no fos començada. Però m'asseguren, i tornen a assegurar cada dia, que la nostra Biblioteca se farà, i que justament l'aplaçament de son començ ve de que no volen ja haver-la d'interrompre, perquè els sembla bon afer. Hi ha la garantia de

que han rebut ja formalment sis volums que els vaig entregar pel novembre, i pagar als traductors quatre d'a-
quests volums que eren traduïts. De manera que l'Ollendorff hi té ja despesses fetes... De totes maneres, si, per
qualsevol motiu, fóssiu apressat de publicar-lo, només teniu que dir-m'ho, perquè ja comprenc que no tenim cap
dret per a tenir dormida una cosa com la vostra.

També mon segon volum del Glosari dorm, a ca l'im-
pressor, ab son pròleg. Cal pendre paciència. Viure és
aplaçar, Déu meu!

M'agradaria que renyés una mica el nostre Pijoan, que
es posa extrany amb mi, i m'escriu cartes poc amigues. Si
no podem fer nous amics, i els vells se posen a *nous faire
des misères*, no és gaire divertit!

Aquí en tinc un altre, de bon amic, amb qui vivim plegats. És el poeta castellà Díez-Canedo, amb qui parlem
sovint de vós, i que, avui mateix, al sapiguer que us es-
crivia, m'ha encarregat que us digués de sa part un respectuós salut. Té molt[es] ganes d'anar a Barcelona per
a conèixer-vos.

Tota la seva família està bé, ¿veritat? Un salut per a
tots, un salut per a cada u. Me'n recordo sempre de la
seva nau, tan sòlidament ancrada, Padrí i Mestre meu,
mentres la meva dansa per aquests mars.

Adéu, adéu!

Sempre ben seu.

XÈNIUS

(*Carta*, 23)

32

A JOAN MARAGALL

París. 20 junio 1910 (matasellos, París, 20 junio)

Padrinet, bon Sant ab la família i demés persones del seu particular agrado. Deixi'm que li envïï un altre opúscul, en italià aquest,[39] i que va a part. Va sortir l'any passat; però penso que encara se n'hi [ha] adonat menos gent que *La fórmula biològica*. Val a dir que jo no ho he enviat a ningú de casa. Pero V. m'ha parlat amb tanta benevolència de l'altre[40] que m'atreveixo a enviar-li aquest.

He vist a París a en Pijoan, camí d'Anglaterra.[41] No estava enfadat amb ell. Només volia que es deixés de fer-me petites sorruderies que en feia; ara vull lo mateix. I tinc esperances que, si se m'encalma, complirà. Aixís sia.

Un d'aquests dies vull tenir una entrevista definitiva a ca l'Ollendorff. Si no en dóna formal asegurança de fer aparèixer la col·lecció en lo que resta d'any, trencaré el tracte. Ja li escriuré.

A mitjats de juny marxem a Alemanya. Segurament a Munic. I el propòsit és de fer-hi una estada d'uns quants messos, segurament mig any.

39. Id., *Religio est libertas*.

40. Véase la carta de Maragall a d'Ors, 15 abril 1910. En *O.C.*, tom. 1, pág. 970.

41. Pijoan salió de Paris hacia Londres el 6 de junio de 1910.

La Maria em pregui que els presenti ses excuses. Abans de sortir de Barcelona, volia passar a despedir-se de V.V. Però els seus últims dies foren d'agitació massa gran: aixecar casa, preparar el viatge, ella sola, dues criatures... En fi, ja se'n fa càrrec.

Ara ella ab mi els saluda a tots.

XÈNIUS

(Carta postal, 24)

33

A JOAN MARAGALL

Türkenstrasse, 15, III, Munich. 3 octubre 1910

Car Padrinet: Li agraeixo en l'ànima la seva felicitació. La gasetilla de *La Veu* no era exacta en tots els seus punts. El pròxim Congrés de Bolonya no és el [de] Psicologia, sinó el de Filosofia; i lo de la tesis de Zuric no és encara presentada sinó que treballa en ella el seu autor que és una tal M. Diether, llicenciat en Filosofia i metge. De totes maneres, estic content; i n'estic més d'una felicitació com la seva.

Tinc por de que V. no haurà rebut un estudi en italià sobre la Religió, que vaig adreçar-li el mes de juliol a la seva adreça de Barcelona. N'hi havia parlat abans, quan la meva felicitació per Sant Joan: però els destorbs de la muda que vaig haver de fer els últims dies de la meva estada a París van distreure'm de portar-la a Correus. Més tard, ja a Munic, vaig fer l'envio. Si no li ha arribat, digui-m'ho, si li plau, que el repetiré.

No m'oblido del seu original. Dels editors de París, no sé res; i ara sí que temo que caldrà renunciar definitivament a la bella empresa. De totes maneres, si V. m'ho permet, esperarem un mes encara. Pel novembre, jo haig d'anar a París. I aleshores presentaré als editors la qüestió en el sentit de publicar de seguida els volums que de tant temps són preparats, o de tornar els originals. Ja ho havia fet pel juny, i ells van demanar-me que tingués encara un xic de paciència. Però d'aquest cop no vull passar. Estic avergonyit sobretot respecte a V. i a l'Unamuno, que tan graciosament m'enviaren els seus escrits. No sé com demanar-li perdó.

Encara no sap prou com me sento antigermanista! No vull dir-ho, però m'he convençut de que l'Alemanya no és, en realitat, un poble civil. Tres esforços gegantins s'han fet en el temps per a *civilisar* la gent alemanya: Carlemany, Luther, Goethe. Tots tres fracassaren. La Maria, i fins penso que els menuts i les minyones, m'acompanyen en aquest antigermanisme. Una gran enyorança ens ha agafat a tots, de París.

Naturalment, jo m'he agravat en mon fonamental francesisme. Ara dic: «*Hors de la tradition française, point de salut!*»

¿Que a Catalunya no hi ha estudiosos? Però n'hi ha d'haver. ¿Que no som gent estudiosa? Doncs n'havem de ser. La qüestió de sempre: Naturalisme-Arbitrarisme.

Adéu, car Padrinet. Penso que ens veurem a Barcelona abans de fi d'any. Els millors respectes i records per a tots els seus, de part nostra. L'afecte i devoció de

XÈNIUS

Les coses de Barcelona són admirables. M'han enviat un article prodigiós a on en P[ere] Corominas exerceix d'Auto-Mateu.[42] Hi ha entorn aquestes coses i les cases d'en Gaudí més relació de la que sembla a primera vista. *«Hors de la tradition française, point de salut!»* Lo francès és la Mesura, la santa Mesura.

(*Carta*, 25)

---

42. D'Ors parece aludir al artículo de Pere Corominas, *Les ombres del claustre*, «El Poble Català», 7 agosto 1910, al que había replicado Z., *Un «meló» d'en P. Corominas*, «La Veu», 12 agosto 1910.

VIAJE A ITALIA

34

A MARÍA PÉREZ-PEIX

Tarascón, 3 abril 1911 (matasellos, Gare de Tarascon, 4 abril)

En Tarascon, donde hace año y medio nos separamos, cuando Totó no había venido aún al mundo.[43] —Buen viaje, mucho sueño. Salgo para Marsella y Ventimiglia. Acabo de comer. —Voy a dormir. Muchos kisses.

GE [EU-NI]

(*Tarjeta postal «En Provence»*, 1)

43. De vuelta a Suiza, a mediados de octubre de 1909, María siguió viaje con el pequeño Titín—Víctor—hacia Barcelona, donde el 5 de diciembre nacería Totó—Juan Pablo.

35

A MARÍA PÉREZ-PEIX

Turin, 4 abril 1911 (matasellos, Bologna Centro, 6 abril)

Torino, martes noche. Nenina mía: La última parte del viaje ha sido muy desagradable. Malos trenes, comidas frías, trenes que no enlazan y, sobre todo, pésimo tiempo. Desde que estoy en tierra de Italia no he visto el cielo azul, y ahora mismo está diluviando como si nunca hubiese llovido. Afortunadamente la acogida del Sr. Farinelli[44] y su señora ha disipado todos mis males. Me ha costado mucho encontrar la casa, que es muy lejos y muy escondida en el más extraño barrio que puedas imaginar y en medio de verdaderos lagos de barro. Pero la acogida ha sido magnífica. Me han recibido con los brazos abiertos y ya no me han dejado marchar. La noche está tan infame que no hemos salido a ver nada de la ciudad, sinó que me quedo a dormir en esta hospitalaria casa. Mañana a las 11 1/2 saldré para Bolonia. Serán 8 horas de viaje, después de las 34 de ayer y hoy. Llegaré por la noche hacia las 7.—He visto el programa del Congreso y he notado en él con satisfacción que mi comunicación sigue anunciada, a pesar de no haberla mandado a tiempo. Estoy, pues, contento.—Ya tengo ganas, vida, de saber noticias vuestras. Espero encontrarlas mañana en la P[oste] R[estante] de Bolonia. Me he acordado mucho

44. Arturo Farinelli, hispanista muy conocido en los ambientes intelectuales de Madrid y Barcelona, era catedrático en Turín desde 1904.

de vosotros durante el viaje y mando mil besos a mamá, a Titín y Totó, y me voy a hacer dodó.

G[EU-ENI]

Mi paraguas perdido tal vez está en casa de mi padre. Ya se lo preguntaré.

(*Carta postal*, 2)

36

A MARÍA PÉREZ-PEIX

Bolonia, 5 abril 1911 (matasellos, Bologna Centro, 6 abril)

Miércoles mañana. ¡Qué horror! Me levanto y está nevando, y ya está todo nevado, pero de qué manera, chica, ¡de qué manera! ¡No hemos visto nunca cosa semejante ni en París! ¡Esto es Italia! Éste el país «*wo die Citrone blühen*».[45] La noche[46] ha sido deliciosa, muy abrigadito en la cama dulce, después de la buena cena, que parecía hecha a mi gusto (carne rebozada, patatas hervidas, pollo asado, ensalada, peras en dulce, gilletes «petit beurre») y que me vino de perilla, pues desde el lunes a las 11 que no había podido comer nada caliente.

¡Condenado tiempo!—Supongo que también lo hace

45. «donde florece el limonero»: *Oda a Italia*, de Goethe.
46. En casa de los Farinelli, en Turín.

malo en Barcelona. Cuidaros, por Dios, y que no vayáis a estar enfermos estando yo fuera. Tan mala suerte acostumbramos a tener en esto que estoy temblando.

Adiós, ricos.

PAPI

(*Carta postal*, 3)

37

A MARÍA PÉREZ-PEIX

Hotel Stelle di Italia, Via Rizzoli, Bolonia. 6 abril 1911

Nena querida: Qué admirable ciudad esta Bolonia. Hoy ya hemos tenido buen tiempo y hemos podido disfrutar de ella. Todo es noble, señor, antiguo. Todo pórticos y palacios. Y, a pesar de esto, nada de ciudad muerta. Vida y alegría. Las calles tienen el aspecto de las de Barcelona cuando ha de pasar la procesión del Corpus. Jamás he visto tanta animación con tanta dignidad a la vez. Es distinto de la animación belga, por ejemplo, que es siempre muy gruesa y ordinaria. Ésta tiene siempre una nobleza extraordinaria.

El Congreso, muy animado. Se cuentan cerca de 500 congresistas. Hay porción de los amigos de París, los Boutroux, Xavier Léon, Mr. & Mme. Winter, etc. A Boutroux no le he hablado aún, pero le [he] visto cuando pronunciaba su discurso. Ha envejecido terriblemente en estos últimos meses. Se decía que éste sería el último discurso que haría. Las polémicas contra Croce que se han desarrollado en estos últimos meses en Italia, ha hecho abstenerse de los Congresos muchos elementos, de los que yo quiero más. Croce mismo ha venido, para cumplir, pero no toma parte en él, y los crocianos no han comparecido siquiera. No están aquí los Vossler, ni Borgese. Farinelli no vendrá hasta el fin del Congreso. Es una lástima.

A última hora de la tarde, terminadas las sesiones, he ido a dar una vuelta vagabunda por la ciudad, muy solo y perdiéndome en ella, como a mí me gusta. De paso, en librerías, etc., he hecho algunos pasos en favor del Instituto de Ciencias, a quien dejaré con una fuerte propaganda en Bolonia.

También he estado en la *Poste Restante* a ver si había carta tuya, pero no había nada para mí.

Estoy instalado en el Hotel Stelle di Italia-via Rizzoli, donde puedes escribirme. No estoy mal. El cuarto me cuesta 2 pesetas y se come en el restaurant del mismo Hotel por unos dos francos.

Mi comunicación no se lee hasta el lunes; pero como mañana he de hacerla cambiar de sección, porque había sido incluida erróneamente en otra que no le pertenecía, también se cambia tal vez la fecha de lectura.

Adiós, amor. Espero con ansia tener noticias vuestras. ¡Cuatro días sin saber nada! ¡Tengo una añoranza, si supieses!

Besos, besos, para Titín y para Totó y para Mamá, de

PAPI

(*Carta postal,* 4)

38

A MARÍA PÉREZ-PEIX

Bolonia, 7 abril 1911 (matasellos, Bologna Ferrovia, 8 abril)

Viernes

Amor: Efectivamente, por el cambio de sección, he tenido que cambiar el día de mi lectura. Y como éste es mañana, y como aún no tengo terminado el trabajillo, hoy hay algo que hacer.

Dos cartas, dos buenas, dos dulces cartas tuyas a la *Poste Restante*... Como dices que desde la frontera a Torino pasó cinco horas. Un día entero, ¡un buen día entero!

Sí, yo creo que cada día estamos más juntos unos con otros. No sé vivir sin ti. Una soledad espantosa me envuelve cuando tú no estás. No me pasaba lo mismo antes.

Anoche hubo una recepción magnífica en el Ayuntamiento. Hay ciertos interiores de palacios que sólo se ven en Italia. A uno le parece que sueña y que uno mismo es un personaje de sueño.

De los dos delegados de Madrid, sólo ha comparecido uno. Al otro, después de haberme privado a mí de tener la delegación, no le ha dado la gana de venir.[47]

47. Los dos delegados españoles, nombrados por R. O. 31 marzo 1911, eran José Ortega y Gasset, catedrático de Metafísica de la Universidad Central, y Luis Simarro, catedrático de Psicología Superior también en Madrid, que no acudió al fin.

Muchos kisses para Cadro de Genin.

FILÓSOFO, PITUSA

(Ya que no me pones pituso, ¡no me pongas tampoco filósofo!)

(*Carta postal:*
«IVº CONGRESSO INTERNAZIONALE
DI FILOSOFIA. BOLOGNA
6-11 APRILE 1911», 5)

39

A MARÍA PÉREZ-PEIX

Bolonia, 10 abril 1911 (matasellos, Bologna Ferrovia, 11 abril)

Lunes

Nenísima: He comprado esta serie de postales de las *loggie* de Rafael, pensando en ti y en tus trabajos decorativos para los cuales pueden servirte. Te las iré mandando.

He leído esta mañana mi *Note sur la curiosité* con gran ensopiment, como todo el mundo, por otra parte. No ha habido discusión de nota, por otra parte, es una cosa de tres cuartillas.

No deja de inquietarme lo que en la última me cuentas de Totó. Tenme al corriente.

229

Sí que quiero la bebida extraña, sí, vida. Házmela y desde lejos me refrescaré.

Adiós.

ORS

(*Tarjeta postal: «Loggie di Rafaello Sanzio nel Vaticano»*, 6)

40

A MARÍA PÉREZ-PEIX

Bolonia, 12 abril 1911

Miércoles

Pequeñísima mía: He encontrado hoy en la *Poste Restante* 2 cartas y dos postales tuyas, todo junto. ¡Bravo por mi Nena! Rica, eres más salada que un sol. ¡Te quiero mucho, mucho, mucho!

Que es esta *sale* historia del pobrecito Totó ¡Que siempre hayan de pasar cosas mientras yo esté fuera!

Vamos por lo de tu traje pituso. A mí también de las muestras mandadas la que me parece más bonita es la más oscura, que te devuelvo. Ahora lo que hay que hacer es mirarlo un poco, antes de decidirse, no vaya a pasar como con la bata que luego no gusta de color, a lo menos a mí. Los grises tienen a veces muchas sorpresas.

La clase de tela, ¿te gusta así? A mí me hace el efecto como si no fuese tan buena como las que tú te acostumbrabas a hacer ¡Qué lástima que no podamos ir juntos a París, a escoger para ti una cosa bien maja!

Las formas.—Tampoco la forma que me envías me vuelve loco. Me parece que es una cosa muy vista. Además temo que esta forma con esta tela resulte de un efecto un poco pobre. Si te has esperado hasta ahora ¿quieres esperarte dos o tres días más? Lo digo porque puedo, ahora que ya el Congreso ha terminado, dedicarme a buscar en ilustraciones francesas y alemanas algo que tal vez convenga mejor a tu cuerpo sandunguero, que ahora está tan lejitos y que me hace inspirar tanto.

Sí, el Congreso ha terminado, y ya era hora, porque creo que nos ha llegado a aburrir a todos. Además, ha sido el Congreso de los piques, de los rozamientos, de las antipatías. Si llega a durar unas semanas más, creo que nos pegamos todos.

Yo me encuentro hoy muy cansado. Llevo una porción de días durmiendo poco. Ayer por la noche estuve con dos jóvenes del Colegio de España a comer en el campo, en la villa (estas villas italianas del campo, ¡qué cosa tan magnífica son!) de una señora, para la cual llevaba una presentación de aquel antiguo Colegial, que me la dió en Barcelona. Es una señora muy amable y acogedora, pero tan enfática y tan terriblemente charlatana que al fin ya yo no podía más con su italiano, y al volver en el coche, entre su charla insulsa y unas ganas atroces de hacer pipí rico que yo tenía, me pareció que el viaje duraba una eternidad. Suerte que estaba oscuro y no se debió de ver la atroz cara que yo debía poner, que sería una de aquellas antipáticas que yo sé hacer a veces.

También esta mañana he estado en el campo a ver un manicomio con laboratorio de Psicología, para lo cual me he tenido que levantar a las 6 y media, habiéndome ayer ido a la cama a las 2. Por lo demás llevo toda la semana levantándome antes de las 8 para las necesidades del Congreso. Esta tarde he empezado a hacer el turista y a ver los monumentos de Bolonia. Ahora, ahora es cuando es lástima que tú no estés conmigo. Ahora es cuando empezarías a disfrutar.

Me daré el día de mañana de descanso aquí en Bolonia, que bien lo necesito, y al mismo tiempo combinaré mi itinerario para ver un poco de Italia. Seguramente pasado mañana saldré de aquí, pero como será para recorrer algunas ciudades muy aprisa, valdrá más que continúes dirigiéndome las cartas a la *Poste Restante* de Bologna, y yo pondré indicaciones para que me sigan.

Ya hace diez días, viditas, que estoy lejos de vosotros, y si no fuese el *penoso deber de la cultura*, ahora mismo volaba a vosotros. Me gustaría hacer volar a Titín, me gustaría hacer sonreir a Totó, me gustaría hacer volver loca a mamá...

Escribo hoy a los del Hotel St. Michel. Prefiero no pagarle hasta que se acuerde de lo de los 50 francos entregados. Una pregunta: ¿rebajó el amo lo del gas del precio del alquiler?

Díme un poco qué vida haces, y si vas alguna vez al teatro.

Quiero que estés muy contenta y que pienses que yo voy pronto, pronto, pronto.

Besos mi vida de tu hombre que te adora.

GENIN

(*Carta*, 7)

41

A MARÍA PÉREZ-PEIX

Bolonia, 13 abril 1911 (matasellos, Bologna Ferrovia, 14 abril)

Jueves

Nena pequeña: Esta tarde ha estado tu G. [Eu-eni] de excursión a una cumbre de los alrededores de Bolonia. Se ve desde allí un país que recuerda los fondos de ciertos antiguos cuadros italianos del Louvre, que tú conoces bien. Por la noche he comido en el Colegio de España donde, por virtud de una bula-privilegio del papa Benedicto XIV, se puede comer carne aun el jueves santo. Mañana por la mañana salgo para Venecia; el domingo iré a Florencia; tengo muy poco dinero, pero mi pasión por este viaje es tanta que lo he de hacer, aunque sea a pie. Pero tú no hables, te lo pido, de si estoy o no en Bolonia, de si el Congreso se ha terminado o no.

Totó, ¿hace ji o no? No lo veo claro por lo que me dices ¡qué fastidio!

Hoy, Jueves Santo, cuánto me gustaría estar contigo.

Vale más que la carta de tu padre a Canalejas, ¡no fuese leída!

(Tarjeta postal: «Bologna,
Collegio di Spagna», 8)

42

A JOAN MARAGALL

Bolonia, 14 abril 1911 (matasellos, Bologna Ferrovia, 14 abril)

Estimat Padrinet ¿No em sabia a Bolonya? Excusi que no anés a dir-li adéu; però tot va arreglar-se en tres dies... Ja ho crec que V. té dret al manuscrit de *Teoría.* En cap llei del món pot detener-se una obra per a no publicar-la. No faltaria més!... La setmana vinenta, tornant a Barcelona, penso passar per París. Si no li han enviat encara el manuscrit, ja em sentiran. He intervengut al Congrés de Filosofia llegint una nota sobre la Curiositat.

ADÉU

(Tarjeta postal: «Bologna, Collegio
di Spagna, facciata prospettante
sul primo cortile», 26)

234

43

A MARÍA PÉREZ-PEIX

Venecia, 14 abril 1911 (matasellos, Venezia Centro,15 abril)

Viernes

Desde Venecia, desde Venecia te escribo, y ahora sí que siento que tú no estés conmigo, ¡porque disfrutarías locamente! No sé cómo decirte lo hermoso que es esto; aun más hermoso de lo que *imaginábamos* nosotros. Venecia es una cosa *seria*, y nada *opéra comique*, y esto es lo que no todos los turistas ven, pero es también lo que hace el mérito de la ciudad.

Yo estoy contentísimo, porque, gracias a un pintor húngaro, conocido en el viaje, he podido tener un cuartito que me sale baratísimo, comer en una tabernita, etc. Ya me conviene, porque el pico que había de llegar de la Diputación no llega. Pero yo he sido un económico de primera fuerza y podré hacer, aunque aquello no viniere, mucho de lo puesto en programa. Con el billete de Exposición [Internacional, que estaba celebrándose en Roma], los viajes salen maravillosamente económicos. Será una lástima todo lo que se deje por ver en esta gran ocasión. Qué lástima, qué lástima que no vengas tú.

Grandes kisses de

PAPÁ

(Dos tarjetas postales correlativas:
«Venezia, Ponte dei Sospiri», y «Venezia,
Canal Grande, Palazzo Franchetti», 9)

44

A MARÍA PÉREZ-PEIX

Venecia, 15 abril 1911 (matasellos, Venezia Centro,16 abril)

15 abril

Soy el hombre más atormentado del mundo. Por una parte me devora la fiebre de verlo todo, de aprovechar la ocasión que tal vez no vuelva a presentarse (figúrate, puedo ir de aquí a Roma por 15 liras). De otra parte, me atosiga pensar que no estás aquí, que, en rigor, ya podría estar en casa, etc… Para colmo, hoy me ha dado por pensar que, tal vez hoy mismo, Totó, por ejemplo, estaba malo, y que yo no podría saber nada en unos días. Esto hace en mí una lucha y un malestar de mil demonios. Afortunadamente, pasado mañana a primera hora llegaré ya a Florencia y podré recoger las cartas tuyas que me habrán mandado de la *poste restante* de Bolonia. Puedes mandarme las cartas que sigan: *Poste restante. Firenze.* Cuidaros mucho, y darme buenas noticias. Yo ando por ahí medio muerto de fatigas y de entusiasmos. Adiós, adiós, vida. Muchos besos de

PAPI

(*Dos tarjetas postales correlativas:*
«*Venezia, la Piazzetta e il Molo*», *y*
«*Venezia, Palazzo Ducale*», 10)

45

A MARÍA PÉREZ-PEIX

Florencia, 17 abril 1911

Qué rica eres, nena de mi vida y qué alegría me has dado con tu telegrama de hoy.

Figúrate, pasé el día de ayer en Verona. Y todo el día con el mismo tormento. Una[s] visiones admirables, pero siempre el pensar: «Hoy es Pascua; podría estar en Barcelona; podría ser una alegre Pascua... rac, rac... rac, rac...» Por la noche (en tercera, porque no sobra dinero), gran viaje de doce horas, desde Verona a Florencia. Por la mañana ya había hecho otro viaje de 3 y media [desde Venecia]; y en el intermedio, andar y ver, andar y ver... No sé *cómo* no reviento. Pero voy de entusiasmo en entusiasmo.

Pero esta mañana llego a Florencia a las 6 1/2. Me informo de la hora que se abre la *Poste restante*. Y así que acudo a ella, ¡me encuentro con tu carta del viernes, y con nada más que tu carta del viernes, participándome por primera vez el sarampión y que me ha llenado de intranquilidad.... Entonces he telegrafiado. Luego he vuelto por la tarde a la *Poste* y me han dado tu carta siguiente, tranquilizadora ya. Por último, a las 8 1/2 he hecho otro viaje a la *Poste restante* y me han dado el telegrama, completamente confortador.

Ahora pues ya estoy contento y gozando de estas bellezas formidables, porque gozar es, aunque otro que yo no gozaría, dada la vida arrastrada que estoy llevando estos días. Pero yo me siento nutrir el espíritu cada día con luces nuevas y fuerzas nuevas. Me siento como las [h]ojas de estos árboles de primavera, que parecen por minutos crecer.

El sentido de la arquitectura, sobre todo, puedo decir que no lo he tenido hasta ahora. Hay que venir a Italia, para saber lo que es la arquitectura.

Hasta ahora, y como reacción contra el *gaudi*[ni]*smo* barcelonés, me parecía lo mejor las cosas francesas, discretas y elegantes, sin duda, pero nada más. Ahora sé lo que es la gran simplicidad unida a la gran pasión, en este arte colosal que es la arquitectura.

Hay sobre todo un cierto arquitecto Palladio, del siglo XVI, cuya existencia desconocía casi antes de este viaje, y que ahora me vuelve loco. Quisiera que todo el mundo lo llegara a conocer en Barcelona ¡Qué lección! Tenemos que hacer lo posible para que Titín la reciba pronto, antes de que la mellen los malos maestros, en sus estudios de arquitectura.

Mientras tanto, lo que conviene por ahora es que no coja el sarampión; y que Totó acabe de curarse enseguida y que tú estés bien, y comas y te pongas gordita, para que yo pueda apreciarlo, a mi vuelta, al acariciarte.

Ya lo hago ahora y con toda el alma, desde lejos, pero pensando en volverte a ver muy pronto.

Cierro los ojos, y ya te veo muy cerca de mí. Adiós, vida. Adiós, viditas. Poneos todos muy bien y quered a quien tanto os quiere, a

PAPI

(*Carta*, 11)

238

46

A MARÍA PÉREZ-PEIX

Florencia, 19 abril 1911
(matasellos, Firenze—Bologna—Venezia, 19 abril)

Miércoles

Nena mía: Aunque ayer no me llegó carta tuya, ya tranquilo por tu carta y telegrama de anteayer, he continuado visitando Florencia. Mañana saldré de aquí para Roma a donde llegaré pasado mañana, viernes, a primera hora de la mañana. Puedes, pues, escribirme las cartas siguientes a la *Poste restante* de Roma. Pienso pasar en Roma unos cuatro días y luego con tres días más llegaré a abrazarte muy estrecho. El viaje a París me parece que tendrá que dejarse ahora. Estoy perfectamente y del todo invulnerable a la fatiga. Yo mismo me asombro.

Tú no me dices nada de ti, no de cómo estás, de todas estas cosas que yo querría saber tanto. Quiéreme y da kisses a los niños y dátelos a tí misma de parte de Papá

(Tarjeta postal: «Venezia, Basilica di S. Marco», 12)

239

47

A MARÍA PÉREZ-PEIX

Florencia, 20 abril 1911 (matasellos, Firenze Ferrovia, 20 abril)

Jueves

Nena, amor: Esta noche salgo para Roma. Si me quejaba del Congreso de Bologna, era más bien por su pesadez; por lo demás, ya sabes que en estos Congresos, para las pequeñas comunicaciones, no hay éxito ni deja de haberlo. Cada cual lee lo suyo, a cada cual le dan un aplauso de compromiso, y a otro. En este Congreso, además, lo incoloro de esta labor ha sido además acentuado por la organización, que ha sacrificado las comunicaciones, negándoles tiempo para la discusión, a las sesiones generales, a que hable sólo la media docena de primates. Por eso ya para mi trabajo yo no me metí mucho. Lo había anunciado como una simple nota y es una simple nota; pero a mí me parece, y a algunos de los que lo escucharon también les pareció, que estaba muy bien: son cosas que he dicho varias veces en el «Glosari», pero que siempre tienen valor.

Boutroux cariñoso y distante como siempre—ni más ni menos que siempre... Yo continuo ahora el viaje como un forzado, y ya empiezo a sentir algo así como una especie de náusea de la belleza. En Roma, como hay tanto, no me creeré obligado a verlo todo, y así me asquearé menos; pero en Florencia ha sido terrible. No he

recibido aún el dinero que falta, y si no lo recibo en
Roma, me veré apurado para el regreso. Pero todo se
arreglará. No puedes figurarte qué respiro me dan las
buenas noticias sobre los nenes. Tengo ansias feroces de
veros a todos. ¿Te dije ya que el Congreso me había hecho presidir una de las sesiones de Sección? Como ves,
no se portaron mal conmigo, pero eso no impidió que
me aburriese.

(*Dos tarjetas postales correlativas:*
«Venezia, Canal Grande dal Campo S. Vio»,
y «Firenze, la Cattedrale», 13)

48

A MARÍA PÉREZ-PEIX

Caffè Nazionale, Peroni Aragno, Roma. 22 abril 1911

Nenísima pequeña: Ayer llegué a Roma; pero estaba tan
fatigado que no tuve *esma* para escribir nada. Figúrate
que pasé toda la noche en un vagón de tercera. Se necesita toda mi sed de ver con mis ojos estas grandes lecciones de la cultura que se guardan en Italia para hacer el
viaje en las condiciones en que lo hago.

Anteayer jueves, en la *Poste Restante* de Bologna no
hubo carta tuya. Y ahora lo más próximo que reciba será
ya mañana o pasado. Pero tus últimas cartas y el telegrama me han tranquilizado completamente.

CARTAS DE EUGENIO D'ORS

También en Roma me he dedicado a cansarme. Me doy nada más que tres días para estar aquí y la ciudad es inmensa. Además, como ahora con motivo de la Exposición y de las fiestas hay afluencia de forasteros, es difícil encontrar cuartos baratos, y he tenido que contentarme con uno malísimo, casi en el terrado, y pequeño como un nido. A pesar de lo cual, me cuesta ya 2,50 liras por día.

No creo que Roma te gustase mucho. No es la ciudad alegre que yo me figuraba. En conjunto, es mucho más agradable Florencia. Pero sólo ver el Colosseo o Circo romano paga el viaje. ¡Qué emoción solemne y tremenda!

El *sale* Pijoan, así que supo que yo venía, se fue de Roma, me parece que exprofeso. En cambio, los muchachos que están en la Escuela que el Institut tiene aquí se portan conmigo admirablemente, me han buscado el cuarto, me acompañan a todas partes y tienen para mí todas las atenciones.[48]

También ha estado muy amable Borgese, con el cual y con su señora y su hijo he cenado hoy, en mi Pensión, porque la casa que han de construirse no ha comenzado todavía. Hemos quedado en vernos todas las noches.

Los Vossler había[n] estado aquí hasta hace una se-

48. D'Ors se refiere a los primeros becarios catalanes—Ramon d'Alòs, Francesc Martorell, Joan Bordàs—de la recién creada Escuela Española de Arqueología e Historia, dependiente de la Junta para Ampliación de Estudios e instalada en Via Giulia, de la que Pijoan era secretario y donde residía, aunque en periodos de vacaciones hiciera frecuentes escapadas a Suiza por razones sentimentales.

mana, pero ahora están en Munich. Como tampoco fueron a Bolonia, resulta que los he visto.

He recibido de *La Veu* el billete para París, pero me parece que por esta vez renunciaré al viaje a París, porque mi ausencia se prolongaría demasiado.

El proyecto pues es salir el martes de Roma. Del martes al viernes ver Orvieto, Pisa, Genova. Después por Torino regresar a casita, llegando seguramente hacia el domingo.

Y entonces ¡qué abrazo para mi nenísima pequeña, para mi nenísima querida, para mis pequeños, para mi pequeña! Papá.

(*Carta*, 14)

49

A MARÍA PÉREZ-PEIX

Roma, 23 abril 1911 (matasellos, Roma Centro, 24 abril)

Domingo

Sí, nena, ¡sí que te gustaría a ti Roma! Hoy he visto el Foro Romano, las ruinas de la Roma de los Emperadores, y he sentido una de las emociones más fuertes de mi vida. No hay palabras para describir eso. Es una hermosura, es una locura, es un asombro. Esto solo ya paga el viaje y todas sus fatigas. Después de haberlo visto ya se es otro hombre que antes. Éste es un momento solemne de mi vida. En el cual, como siempre te quiere

XÈNIUS

(Tarjeta postal: «Firenze, Chiesa de S. Croce», 15)

50

A MARÍA PÉREZ-PEIX

Roma, 24 abril 1911 (matasellos, Roma Centro, 25 abril)

Lunes: Hoy esperaba ya encontrar correo en la *Poste restante* de Roma, pero no ha sido así; se conoce que de la de Florencia no me lo han mandado enseguida, y esto ya me tiene inquieto. ¡Qué viaje! ¡Qué viaje de sensaciones fuertes, de angustias y de goces, de tormentos y de adquisiciones! ¡Cómo deseo terminarlo, pero cómo deseo también ver lo más posible!

XÈNIUS

He comprado, en lugar de postales, un librito del Foro Romano, que te enseñaré en casita.

(Tarjeta postal: «Firenze, Loggia de Bigallo», 16)

51

A MARÍA PÉREZ-PEIX

Grande Birreria Ristorante «Antonino»,
Padiglione Piazza Colonna, Roma. 25 abril 1911

Nena querida, pequeña rica mía: No he salido hoy de Roma porque esta mañana aún no había carta tuya en la *Poste restante*; y yo no me sentía con valor para continuar otros cuatros días sin saber de vosotros. Afortunadamente, esta tarde he encontrado tu postal doble del jueves último y me [falta: trae?] la buena noticia de que todo el mundo continúa bueno ¿No habrán sido nada estos «días sin apetito» de Titín, eh? Aunque recuerdo que Totó también empezó así; y esto hace que no esté completamente libre de aprensión.

He andado también acertado en quedarme porque esta tarde junto con tu postal ha venido también el dinero del Institut, las 300 pesetas que faltaban y que están mandadas desde el día 18 pero que me han estado persiguiendo a través de las varias *Postes restantes*. Este dinero viene en un cheque dirigido a la Banca Comercial Italiana; ésta creo tiene despacho en Roma; pero el cheque va dirigido a Bologna. De manera que, para cobrar, no me quedaban más que dos caminos: o regresar otra vez a Bolonia, o hacer negociar el cheque por la sucursal de aquí. Pero esto exige tres días más de permanencia en Roma. He optado por esta última solución, que es más barata, menos larga y menos cansada. Y esto me permitirá ver algunas cosas más aquí y dedicar el día de mañana a escribir ya alguna crónica del Congreso. Y a descansar, y a descansar, que ya me conviene.

Además así, cobrado ya el dinero, podré continuar mi viaje de una manera un poco menos miserable que hasta ahora. Y también eso me conviene, porque, si seguía chupándome noches enteras en vagones de tercera, creo que llegaría a casa medio muerto.

Y no conviene. Conviene que llegue vivito y coleando. Conviene que te pueda dar muchos kisses y todo el cariñito que te guardo y que nos divirtamos mucho juntos, y que vayamos a ver a Garavaglia,[49] etc. ¿No te parece un buen programa?

Y tú, Titín mío, dice mamá que te has acordado un poco de papi? Y tú Totó, ¿ya te has vuelto a poner gordito? Papá os ha comprado en Florencia unas cosas que os van a gustar mucho, ya veréis.

Y para mamá otras cosas, porque también ha sido rica y se ha acordado mucho de su

GENIN [EU——]

que le besa, y rebesa, y rebesa.

El *sale* Pijoan ha aparecido por fin. Afirma que hasta esta mañana no ha recibido la postal.

(*Carta*, 17)

49. El actor italiano Ferruccio Garavaglia (1870) actuaba en Barcelona con su compañía Gamma, triunfando en las representaciones de Sudermann y de Shakespeare, singularmente con *Hamlet*.

52

A MARÍA PÉREZ-PEIX

Roma, 27 abril 1911 (matasellos, Roma Centro, 27 abril)

No deja de inquietarme lo que me dices de que Titín no escapa del sarampión. Ya me lo temía. Tenme al corriente, (tontería: [tachado: aunque]) de aquí a un par de días, después del recibo de esta carta llegaré yo mismo. Hoy he estado en Tívoli, un sitio delicioso de los alrededores de Roma; seguramente mañana por la noche saldré; el sábado será destinado a Pisa, el domingo a Torino, el martes seguramente llegaré a Barcelona. Ya está impaciente tu

[EU—] GENI

(Tarjeta postal: «Tivoli,
Tempio della Sibilla», 18)

53

A MARÍA PÉREZ-PEIX

Roma, 28 abril 1911 (matasellos, Roma Ferrovia, 28 abril)

Nenina de amor: Estoy en este momento en la estación de Roma. Parto para Pisa. Son las 10 de la noche del viernes. Mañana estaré en Pisa. Pasado mañana en Torino.

El martes en Barcelona y a tu lado. Hoy he recibido la carta con la postal de Croce, en que me dices lo del sarampión de Titín. Vaya con Dios. Suerte que parece que no es nada. Antes de salir de Roma he comprado para ti una cosa muy rica y otras muy graciosas para los nenes. Ya verás. Todo será que no se quede en alguna aduana. Sabré noticias vuestras en Torino. Quererme mucho. Papá.

(*Tarjeta postal: «Bologna,
Collegio di Spagna, il Cortile»*, 19)

54

A JOAN MARAGALL

Barcelona. Sin fecha (24 mayo 1911)

Dimecres

Car Padrinet:
Acabo d'esbrinar, a l'últim, a on se poden trobar a Barcelona boixos per a gravar. M'han dit que en té de varis tamanys, la casa.

J. F. Gunadsack, Diputació 253.

Ho aviso a la gentil artista per si té ganes de treballar.[50]

Els faig a tots bons. Espero veure'l divendres, al dinar dels Clarà.

L'amistat.

XÈNIUS

(*Carta postal*, 27)

---

50. Helena, primogénita del poeta, se iniciaba por entonces en el arte del grabado.

55

A UNAMUNO

Institut d'Estudis Catalans, Secció de Ciències,
Palau de la Diputació, Barcelona. Sin fecha [febrero 1912]

Mon cher Maître:

He pasado mucho tiempo sin escribirle, por vergüenza, y hoy le escribo en ánimo de propia utilidad. Estoy pues en las peores condiciones para obtener su consideración. No importa. Usted es uno de esos hombres ante los cuales se respira.

La vergüenza que digo venía del fracaso de mi intento de biblioteca en París, con los Ollendorf. Fracaso, no definitivo, y que espero que aún pueda arreglarse con un próximo viaje a París. Esta esperanza de arreglo retardaba la confesión de mi fracaso. Mientras tanto hubiera podido enseñarle cachos de mi veneración y amistad, enviándole simplemente recortes de cosas escritas casi semanalmente, sobre usted y sus ideas—o mejor, sobre su pensar, y que a usted le han debido de pasar por alto (porque veo que, de Barcelona, se informa por *La Publicidad*, lo cual le debe de dar una flaca idea de nuestra literatura y costumbres literarias).

Últimamente me divertí mucho escribiendo un artículo llamado a la manera filosófica tudesca *De Unamuno, considerado como hombre que tiene razón.*[51] En él me re-

---

51. *Glosari. De l'Unamuno considerat com un home que té raó*, 28 julio 1911.

volvía contra eso de llamar *paradojas* a las cosas en las cuales se siente la razón, pero que no queremos que nos obliguen a juicios o conducta que no nos convienen... Sí, yo hubiera debido mandarle todo eso. Pero está visto que me falta cualquier especie de amabilidad.

Déjeme venir a lo de hoy. Unos amigos han recogido unas glosas publicadas el verano pasado y que forman como una especie de novela. Usted la ha recibido seguramente. Hay en ella, en predicación de doctrina y en predicación de ejemplo, todas las cosas que usted odia más. Es tal vez el evangelio del Anti-Unamuno. Pero estoy seguro de que V. aprecia esto y, a su manera, lo ama y sabe del alma qué hay dentro...

Pues bien, todo esto ha sido despreciado y calumniado de la manera más triste y baja, en el último número de *La Lectura*, por un majaderillo *de la Institución*...[52] Y éste ha sido el único juicio que en castellano ha salido sobre el libro.

Ahora yo, con todo el descaro y empezando por declarar mis culpas grandes para con usted, vengo a suplicarle una cosa: *que me defienda*.

Usted es el único que puede hacerlo. Mis cien amigos, mis cincuenta *admiradores* de Madrid (*admiradores* en la dedicatoria de sus libros), no lo harán. Además usted es el único que lo puede hacer bien. Hay en el libro antiespañolismos flagrantes, estetismos, etc. Y siempre, dentro de él, Apolo, como en el cuento ático, pulsa la lira y rompe, despectivo, la flauta... Pero de nada se puede de-

---

52. Ramón María Tenreiro, *La Ben Plantada, por Xenius*, «La Lectura», 12, 1 (febrero 1912), 159-161.

cir tan altamente el valor, como de lo que es contrario. Que le digan a usted algunos europeos, como Robin, como los de la *Revue de Métaphysique*, como los de Florencia, de qué manera hablo yo de mi adversario esencial, el Doctor de Unamuno... Usted, por su parte, hace algo parecido, con más generosidad, es claro, cuando le dice a Robin que Maragall y yo somos lo que significa en Cataluña o cuando me escribe cartas como aquella sobre el sermón de Gerona,[53] que yo, aunque no lo parezca, agradecí en el fondo del alma, y que me muestran cómo V. sabe superar admirablemente con su pensar sus ideas.

¡Ya ve V., este majaderillo encuentra que a la Bien Plantada le falta espiritualidad! A ver si se la querrá dar, mandándola, con un par de pensiones acumuladas, a Marburgo, a ver si este judío de Cohen, incestuoso por alianza con la familia de los Cassirer, le enseña el *contenido* de la beneficencia!

¡Sí, defiéndame V., don Miguel, noble caballero! La Bien Plantada pide venganza a don Quijote del felloncico que la insultó. ¿Qué importa que la Bien Plantada sea una infiel?

Hágame V. la merced de una palabra para saber si puedo contar con eso (que es contrario, ya lo sé, a todas las reglas del escalafón literario de Madrid; pero a V. ¿qué le importa?). Yo le volveré a escribir enseguida. Mientras tanto le mando algunos folletos que ya debí de mandarle hace tiempo, y otras cosas. Voy a reparar mis faltas de dos años.

53. D'Ors, *Discurs presidencial a la festa dels Jocs Florals de Girona*, noviembre 1911. Edición del *Diario de Gerona*, Girona, 1911.

¡Formidable, su filosofía en *España moderna*![54] He hablado últimamente con Robin de lo interesante que sería publicar eso en francés. Serán los castigos de su perversidad, don Miguel; serán las venganzas de Europa; tres: ser tratado por mí de «cher Maître», elogiar la *Ben Plantada* y *ser editado por el Mercure de France*, ¡¡¡volverse un autor *del Mercure*!!!

Así nos humilla Dios.

Escríbame. Le beso las manos, de veras.

EL ANTI-UNAMUNO.

(*Carta*, 6)

56

A UNAMUNO

Ateneo Barcelonés. Particular, Barcelona. 21 marzo 1912

Gracias de corazón, mon cher Maître, y gracias a Don Quijote, que sabrá devolver su honra a la Ben Plantada, aun echándole un sermón. Ya ve usted, ella no parece tener en toda la tierra castellana otro amigo que este nobilísimo adversario. Ella escuchará, no con sonrisa, sino

54. Miguel de Unamuno, *Del sentimiento trágico de la vida en los hombres y en los pueblos*, «La España Moderna», diciembre 1911 (*El hombre de carne y hueso*); y enero (*El punto de partida*) y febrero (*El hambre de inmortalidad*) 1912. La publicación de los sucesivos capítulos se continuó hasta diciembre de 1912.

con la admiración de siempre, la invitación a la peniten-
cia: pero creo que se guardará muy bien de seguirla. Si
en ella era la alegría un pecado, la flagelación sería pecado y medio. Convendríale la túnica; con un traje blanco,
a la moda de 1911, puede aún estar decente: vestida del
hábito del Carmen, ella, con sus caderas fuertes, estaría
francamente obscena.

Tiene V. mil veces razón: la Teresa no es el símbolo
del pueblo catalán, ni quiere serlo tampoco. Eso lo han
dicho por ahí; pero en realidad la Teresa es... la Teresa,
o, si quiere V. su nombre auténtico, que no hay inconveniente en declarar—puesto que aquí vivimos en un
pueblo y todo se sabe y tampoco hay en haber servido a
una inspiración ningún desdoro para una muchacha—,
la señorita Úrsula Matas, veraneante el año pasado en
Argentona, cerca de Mataró, y en quien concurren muchas de las condiciones que, mudado lo mudadero, de
la Ben Plantada se explican, y que si no tiene 1'85 como
yo dije con ligero error de cálculo, tiene, según me ha
declarado después su hermana, 1'79.—Y el sentido de
lo que en ella ve el platónico comentarista que escribe
la novela, ni aun del que alcanza en el momento de su
transfiguración, no es tampoco el de símbolo de un
pueblo, ni tampoco de una parte o gente de él, sino de
un elemento de Cultura que dormía—tan pequeño y
tan dormido como se quiera, pero vivo—en el seno de
este pueblo, y que es el que ha de salvarle y restaurarle.
La Bien Plantada es, si usted quiere, una manera de platónico cochero, que debería guiar los potros de nuestro
iberismo. Que aún es muy fuerte, ya lo creo, y se nos
encabrita a cada instante; como que a los mismos esco-

lares de la Bien Plantada les bastó con que a ésta le sa-
liera anecdóticamente un novio para perder, en un mi-
nuto, la lenta ganancia... Y a mí mismo, según dice V.,
me basta con un reporter de *La Publicidad* o de *La Lectura*...

¡Sí, mas por Dios, no diga V. que tengo la piel fina!
Más gorda que un rinoceronte me la han hecho criar.
¡Viése V. las judiadas que me hacen por ahí los de la derecha y los de la izquierda, y los míos, y los demócratas y
el obispo y los demás! En fin, ¿qué le contaría a usted?
Por esas y por peores ha pasado, porque era más fuerte—y todavía más orgulloso.

La que me dió el redactor de *La Publicidad* a quien V.
alude era ocasión demasiado buena. ¡Una acusación
concreta, *por fin*, algo en materia discutida demostrable!
Si usted me hubiese leído en aquellos días me daría la razón, en varias medidas colmadas... En lo de *La Lectura*
la amargura viene de otro lado. Viene de la soledad de la
indefensión, de que si no es usted ni Xènius ni la Bien
Plantada pueden contar con nadie que les defienda de
esas cosas o al menos les compense—ni siquiera podría
hacerlo uno mismo—, porque yo, si en París o en Florencia tengo interés en aclarar algo, encontraré tribuna,
más o menos escuchada, más o menos brillante—pero en
Madrid, no.

Eso es lo que me hace desear, que si a usted le es
igual, lo que haya de decir lo diga en Madrid mismo,
mejor que en América, en *El Imparcial* tal vez, a menos
que en la misma *Lectura*. Hágame usted todo el bien que
pueda, que será siempre mucho. Me duele eso de no tener amigos en España, ¡tanto! Diga V. que hay escondi-

do aquí alguien que piensa—impíamente, según su religión de V.—, pero *las mismas cosas* en que tal vez no piense nadie más en España. ¿Recibió V. los folletos, verdad? También encargué a este admirable Rucabado, director, secretario y redactor único de la revista *Cataluña*, el envío de algunos números en que se reproducen fragmentos míos. Estoy orgullosamente seguro de que alguna cosa ha de interesar a Usted.

¿Sabe V. también otro dolor que cosas como esta de *La Lectura* enconan? A V. le duelen en las coyunturas del alma los veinte años de explicar griego y literatura griega, y a mí duele el tener ya cerca de treinta años[55] en mi persona sin poder explicar aún esa filosofía que es mi vocación, explicarla de una manera que me diese la seguridad personal y económica para redimirme del trabajo forzado de traducciones y otras faenas así. Pero en Madrid, que es donde se hacen estas cosas, ¿quién tomaría en serio al autor de una novelita cursi, y antipatriótica por añadidura?

Quisiera, si no es robarle demasiado tiempo, que de los *Arxius de l'Institut de Ciències* no le pasara por alto una nota breve sobre *La curiosidad;* también diré que le manden un n° de la *Revista de Educación*, en que hay otra nota sobre *La memoria.*

Ya he visto, ya, el valor de *economía* de las notas de su maravilloso estudio de *La España Moderna.*[56] Déjeme decirle que esta cuestión de las notas que siempre se nos

55. Había cumplido ya los 30 años, el 29 de septiembre de 1911. Sobre la fecha de su nacimiento: Jardí, 1990, pág. 23.

56. Se refiere de nuevo a las sucesivas entregas de *Del sentimiento trágico de la vida en los hombres y en los pueblos.*

presenta cuando ponemos mano a trabajos serios, la ha sabido resolver V. de una manera que, por lo elegante, moderada y clásica, llamaría francesa. Aquella lluvia de notas que parecía de rigor hace algunos años, es manía superada ya por los mismos alemanes. Pero nosotros, al producir en países sin tradición científica, se nos presenta la cuestión: ¿no sería ésta una de tantas cosas, de que se debe ya prescindir, pero por las cuales conviene que una cultura haya pasado? Si las lluvias de notas se prestan a una fácil pedantería, la supresión de notas, ¿no da armas al perpetuamiento del diletantismo? Le envidio, mon cher Maître, la elegante solución media que ha sabido adoptar. Así las citas que hay en su trabajo son todas de oro.

Yo sostengo y sostendré contra todos, y aun tal vez contra usted mismo, que *El sentimiento trágico de la vida* es un estudio *científico*, y ya verá V. pronto como no soy mal profeta si digo que, por gracia de esta obra, vendrá la reconciliación entre usted y Europa... Hay una manera mejor de entenderse que el defender la misma cosa: y es defender cosas contrarias, completando y salvando en el espíritu lo que haya de exclusivo en la tesis que se defiende. Cuando V. ataca a la Ciencia lo hace con ciencia; cuando yo combato el romanticismo lo hago con una inquietud de romanticismo por dentro. Así V. defenderá a la Bien Plantada, y así yo soy tan admirador y tan amigo de V.

Mi reconocimiento otra vez, y mi afecto de siempre.

EL ANTI-UNAMUNO.

Creo que, para mayor castigo de usted, *El sentimiento trágico de la vida* será traducido pronto, si se lo decimos a Farinelli, a lengua italiana. Yo mismo tengo alguna amistad con la gente de la «Biblioteca de cultura moderna» de Laterza, en Bari. A Farinelli, ¿le conoce usted personalmente? Es un hombre admirable que ha dado en querer que nos tuteemos y que llora cada vez que lee el nombre de España, llora de emoción y de cariño.

¿Lee usted las cosas de Simmel? Qué judío de talento, ¿verdad? ¡Y qué repugnante! Él debe figurarse que, con eso de prescindir *del sentimiento trágico de la vida* (¡y hasta que punto! Ningún filósofo tanto como él), es ya un griego o un francés. Y no es más que un berlinés, tan infecto de *Wienertum* como si fuese de Viena.

(*Carta*, 7)

57

A UNAMUNO

Ateneo Barcelonés. Particular, Barcelona. 5 julio 1912

Sigo pensando mucho en usted, cher Maître, y en su amistad, que me importa como un capital espiritual importante. Vivamente agradecido a sus atenciones, cuyo recuerdo va siempre ligado para mí al recuerdo de Salamanca, me importa todavía más que todas ellas, en sus episodios, el otro episodio subterráneo de la reconquista de su afecto.

También he pensado en usted en relación con otra cosa. Se encuentra aquí desde unas semanas mi hermano, que reside habitualmente en el Cairo.[57] Ha venido por unas semanas de vacaciones y se propone regresar a Egipto a mediados de agosto. ¡Qué tentación, verdad, acompañarle en su regreso y llegarse a saludar aquella tarde [por: tierra?], que, después de todo, es un poco patria de todos! ¡Claro que de usted mucho más que de mí! Parece que ya doblado el cabo del verano la temperatura en el Cairo y en Alejandría vuelve ya a ser soportable; y mi hermano me ha trazado un presupuesto, para una estancia de dos meses, cuyas cifras no asustan demasiado: el cálculo era de *unas* mil doscientas cincuenta pesetas para el viaje, y setecientas cincuenta pesetas para dos meses de estancia en la pensión en que vive mi hermano. Así el costé total podría calcularse en unos cuatrocientos o quinientos duros. Yo estoy aún dudando, pero confieso que me atrae mucho la aventura. ¿Y usted? ¿No le atraería a usted? He aquí algo que rimaría muy bien, que tendría una fuerte significación: Unamuno en Egipto. Si usted se decidiese a esto, seguramente quedaría vencida mi vacilación y me haría una fiesta de la perspectiva de realizar este viaje juntos.

Creo que éste me serviría para curarme del *dégoût* de las cosas de aquí. El «halalí» regionalista contra mí continúa y me hace sufrir, entre otras cosas, un atroz sitio

---

57. Josep Enric Ors, nacido el 1883 en Barcelona, y que trabaja en El Cairo para el Comptoir d'Escompte.

por hambre... Pero no quiero hablar a usted de esas cosas, por el temor de no poderle proporcionar información suficiente a decidir su juicio.

Ya me sabe usted su amigo y con mucho mejor y más afecto que lo que en Madrid se llama «admirador».

EUG. D'ORS

(*Carta*, 8)

58

A UNAMUNO

Institut d'Estudis Catalans, Secció de Ciències,
Palau de la Diputació, Barcelona. 4 agosto 1912

Mon cher Maître:

Me ha colmado usted, con sus tres magníficos artículos sobre *La B. P.* He leído estos días el tercero en *Cataluña*, pues me había pasado por alto en *El Imparcial* y me figuraba que no había salido aún.[58] Sus consideraciones sobre el librillo son simplemente maravillosas de lucidez. Es un placer que a uno le sepan leer así. Sólo con quien nos lea y penetre así podemos entendernos... o bien tener desde el principio la preciosa seguridad de no

---

58. Unamuno, *Sobre la Bien Plantada. I: Su inconmensurabilidad; II: Estética y economía; III: Del matrimonio de Teresa,* «El Imparcial», 29 abril, y 13 y 20 mayo 1912. En: *Obras completas*, Escelicer, Madrid, 1968, tom. 3, págs. 1314-1324.

entendernos nunca: lo cual también es una manera de paz, y aun una manera de colaboración.

Porque es claro que yo y los míos continuaremos con Platón y no nos iremos con Alejandro, y que admiraremos su predicación de usted, sin dejarnos cambiar por ello. Porque ya sabemos que, en el fondo, usted tampoco lo dice a manera de orador, para persuadirnos a nosotros, sino a manera de poeta para persuadirse a sí mismo y embriagarse, y para persuadir y embriagar a los suyos, en unas ideas que para la Bien Plantada serían veneno y para ustedes son pan y vino y tal vez sangre ya.

Leía yo uno de estos días cierto estudio de Henri Poincaré sobre la especie de geometría que ellos, los matemáticos, llaman *Analysis Situs*, para distinguirla de la geometría métrica y de la de proyección. Según el *Analysis Situs*, dos figuras son equivalentes, no cuando tienen la misma forma, ni el mismo valor cuantitativo, sino cuando ambos presentan la propiedad de ser igualmente cerradas. Así nuestras ideas se valen, y podemos hacer con ellas cambio y dulce comercio *cuando son igualmente cerradas*, es decir, cuando presentan precisamente la cualidad contraria a aquella que cree el vulgo, y con el vulgo los eclécticos, que ha de ser base de inteligencia recíproca... Y ya conoce usted aquel magnífico párrafo de *El espíritu de la filosofía moderna* en que Royce saca luz del hecho de que, en la realidad vida, un filósofo determinista tenga en mucho mayor aprecio y entienda con mayor facilidad a un filósofo partidario del libre albedrío que a un patán que sea determinista como él.

Esto es lo que muchos críticos no saben aplicar, sin duda porque no son filósofos, como debieran. Estoy seguro de que sus artículos, con la autoridad de usted y con haber salido en un diario tan leído, me habrán valido algún crédito en el público español. Pero todavía este crédito será equívoco, allí donde haya nacido, tanto porque la gente está acostumbrada a una manera menos sutil de adjetivar, como porque de ver que usted combatía las ideas de la B. P. se habrán los más figurado que usted combatía el libro o su autor. No sé si está usted enterado de que, después de la publicación del primer artículo, *El Progreso* de Barcelona lo reprodujo con un titulazo a tres columnas y un delantal en que se refocilaban los redactores con la idea de que usted me había dado un palo. Lo de *Su inconmensurabilidad* lo interpretaron como una tomadura de pelo; porque todos los necios de España dan a la palabra «inconmensurable», como es sabido, un sentido muy cómico.

Aun gentes más leídas deben de pensar así, y la prueba es que mi amigo Rafael Marquina, que ha traducido al castellano *La B. P.*, entusiasmado con los artículos de usted, y animado por su final, apresuróse a proponer el libro a los de la Biblioteca Renacimiento, y no se lo han querido. Luego viene usted diciéndonos lo de que el Evangelio tuvo que ser conocido y divulgado en latín. Imagine usted a San Jerónimo proponiendo la Vulgata a Martínez Sierra.

Quien ha publicado también sobre el librillo un artículo generoso es Gabriel Miró. Usted debe de conocer a Gabriel Miró y sus libros. Aunque nunca he leído nada de usted acerca de él. ¿Qué le parece a usted ese escritor? A mí me interesa enormemente, y también interesaba y entusiasmaba a nuestro padre Maragall.

El día en que se estrenó la *Nausica* de Maragall, publiqué las nótulas del recorte que le adjunto[59] y que, desde hace meses, guardo en la cartera para mandárselo a usted, para que vea como voy adentrándome en ideas—*equivalentes* a las de usted—equivalentes según *Analysis Situs*. Escribí esas nótulas para ponerme en paz con mi propio pensamiento, después de haberme forzado a escribir una especie de prólogo, que precedió a la representación de *Nausica* y en que, movido por las circunstancias, tuve que hablar de la inmortalidad y de cosas así, en un tono muy poco griego y que no me gusta.[60]

Fue de todas maneras una hermosa noche aquélla, y ejemplar, de ésas que demuestran que, en nuestros días, los que escriben peor teatro son los que se llaman hombres de teatro.

Yo pensé mucho y he continuado pensando mucho después en su *Fedra*. ¿Qué hay de ella? ¿Continúa no pudiendo salir al teatro? No tome usted como una venganza de catalanista lo que voy a decirle, pero creo que, si en Madrid continuaban no queriendo dar sus obras teatrales, debería usted darlas a que las estrenasen en Barcelona. En castellano o traducidas aquí serían aceptadas con júbilo. Si tenía que verterse al catalán, los escritores de aquí nos disputaríamos el honor de hacerlo. Y el público, estoy seguro de ello, las acogería con un puro y fuerte en-

---

59. *Glosari. Libació a Hermes*, 8 abril 1912.
60. *La victòria de la paraula sobre la mort*, «La Veu de Catalunya», 7 abril 1912.

tusiasmo, uno de esos entusiasmos a la mediterránea, que tienen algún aspecto de ridículo, pero que calientan hasta las raíces del alma al que es objeto de ellos.

Con uno de esos entusiasmos seguimos algunos desde aquí la publicación en *La España Moderna* de los capítulos de su *Sentimiento trágico de la vida*. A mí cada artículo me despierta mundos de ideas y me deja al acabar en un extraño estado de espíritu, *con el alma en un hilo*, como si dijésemos, porque la impresión *es así*, *como de que aquello no puede continuar*, como de que no le ha de ser posible al autor seguir el estudio en la misma tesitura serena, y que ya, en el artículo siguiente, es fuerza que rompa violentamente lo dionisíaco, y ¡adiós obra científica!... Pero no: llega el capítulo siguiente, lo que parecía imposible se ha realizado, lo científico continúa, y este soberbio espectáculo, como la visión de un ejercicio peligroso y sublime, pesa deliciosamente sobre el corazón ... Ya entenderá usted en qué noble sentido propongo la comparación, si le digo que, para los avezados a lecturas filosóficas, la de sus artículos trae una sensación análoga a la que debe de producir la fiesta de los toros en sus clientes, sensación que yo me imagino perfectamente, aunque no la conozca. Por otro lado, acude la imagen de uno de aquellos cirujanos que han querido hacer ellos mismos, en sus propias carnes, operaciones cruentas. *La lucidez activa en medio del tumulto del dolor* es la misma, en usted y en el cirujano. Al espectador le parece a cada punto que van ustedes *a perder el conocimiento*. Es angustioso y magnífico.

Cuando quiera escribirme usted, no deje de decirme

algo sobre su salud, que tanto nos importa a todos. Recuerdo que el año pasado, por ese tiempo, tenía usted algunas aprensiones, que espero que ya se habrán desvanecido. También me atrevo a recordarle su promesa de darme algún consejo sobre mis trabajos de filosofía. Vi ya, en uno de los artículos de *La España Moderna*, una alusión a la *entropía*.[61]

Adiós, mon cher Maître, y puesto que ha comenzado usted a ampararme, no me desampare usted. Se lo agradece con toda el alma su muy devoto y amigo.

EUGENIO D'ORS

(*Carta*, 9)

59

A UNAMUNO

Barcelona, 9 agosto 1912

Mon cher Maître:
De un fragmento de la carta que le escribí salió esta Glosa.[62]

Lo de Miquel d'Unamuno es, naturalmente, una bro-

---

61. D'Ors parece referirse a: Unamuno, *Del sentimiento trágico de la vida en los hombres y en los pueblos. VII: Amor, dolor, compasión y personalidad*, «La España Moderna», junio 1912. En: *O.C.*, 1969, tom 7, págs. 187-201.

62. *Glosari. Ciència i tragèdia*, 6 agosto 1912.

ma, para contestar a la suya del «Eugenio de Ors» (No-saltres, ferms!).

De corazón, y del resto, suyo.

ORS

(*Carta*, 10)

60

A ENRIC PRAT DE LA RIBA

Diagonal, 416, Barcelona. 5 enero 1913

Benvolgut Director i amic:

Acabo de llegir damunt *La Veu* d'aquest matí la res-senya d'una conferència que se'm refereix, i cuito a de-manar-li, com a director que m'és i bon amic, una aten-ció nova, sobre les moltes que tinc de vostè rebudes: que aquesta ressenya sia retirada, que no aparegui en les edi-cions de la nit, i que, si, com sembla, altres conferències han de seguir a l'Ateneu sobre el mateix assunte, el diari s'abstengui de tota ressenya o comentari.[63]

63. La reseña se refería a una conferencia de Diego Ruiz en el Ateneu Barcelonès sobre *Els grans lemes orsians. La Ben Plantada considerada com encarnació d'una idea platònica més aviat que com un símbol de la raça*, a la que siguieron otras dos, que ponían fin a un ciclo sobre «Las be-llas mentes de aquí» iniciado en diciembre con sesiones dedicadas a Ver-daguer y Maragall: Alexandre Plana, *L'Eugeni d'Ors estudiat per En Die-go Ruiz*, «El Poble Català», 16 enero 1913.

Li'n sentiré grat, com d'un especial favor.—I vostè té massa bon gust per a exigir-me que en detalli el perquè.

Remerciant-lo per endavant, li renovo el respecte i la ferma estimació de sempre.

XÈNIUS

(*Carta*, 2)

61

A ENRIC PRAT DE LA RIBA

Institut d'Estudis Catalans, Palau de la Diputació,
Barcelona. Sin fecha [25 enero 1913]

Benvolgut Sr. Prat:

Aquest matí m'he equivocat al dir-li que nosaltres teníem sessió. Distret, m'he pensat ens trobàvem a divendres. D'altra banda, els de la filològica no crec que vinguin pas. Hi havia convinguda una reunió d'en Segalà, Fabra i Carner, però en Segalà ha vingut només, ha esperat una estona i ha marxat.

No sé què fer amb les normes que tinc a la butxaca. A l'Institut no he trobat cap prova d'impremta, no crec que en Segalà n'hagi vist tampoc. Si vostè té alguna ordre a donar-me, faci el favor d'avisar-me per medi de Pasqual, qui s'espera i vindrà. Si no em mana res de nou, no faré res i conservaré a la butxaca el document d'ahir.[64]

Seu.

ORS

(*Carta*, 3)

62

A UNAMUNO

Institut d'Estudis Catalans, Secció de Ciències,
Palau de la Diputació, Barcelona. 11 marzo 1913

¿Que quién le quiere a usted, dice?

Maragall le quería mucho, mon cher Maître, y mucho le quiero también yo, aunque le llame mon cher Maître. —No hay manera ni palabras para decir estas cosas cordiales sin faltar al pudor (ya sabe usted qué pudor). Pero ese grito de usted merece una caricia, y yo quisiera que con esta carta le llegase a usted una caricia de un hombre que le quiere de veras. Un poco de «aquell tocar-se els homes a les galtes!» como si estuviésemos juntos, juntos y solos entre los demás. Y eso con algún temblor de veneración y de agradecimiento…—En fin, no hay manera

---

64. Se trata de las normas ortográficas firmadas el 24 de enero de 1913 por la totalidad de los miembros del Institut d'Estudis Catalans, y de obligado cumplimiento en adelante para las publicaciones en catalán emanadas de la Diputación de Barcelona.

de escribir bien de esas cosas. Ni a mi novia ni a mi mujer he sabido perfilárselas nunca.

¡Ya sé, ya sé, de esa *tragedia del respeto*! ¿Me dejará que le diga que también siento personalmente ese dolor, ya a los treinta años? Sí, que también a los treinta años usted lo debía de sentir ya, y aun antes, que esas cosas ya le vienen a uno de niño, y criatura hay a quien la nodriza da el pecho respetuosamente—Pero creo que hay medio de fabricar para sí con ese respeto de los otros una manera de aristocracia de amor. Y creo que ocurre más frecuentemente de lo que nos figuramos, que esa fibria o industria de uno no está demasiado lejos de la verdad. Somos más queridos de lo que sospechamos. Quiero citarle una sentencia de Octavio de Romeu (que, como tal vez sabe usted, es una alias de Xenius):

«Voldria—deia l'Octavi de Romeu—morir, l'hora de la mort vinguda, en els dolços brassos d'un tal amic que, coneixent-nos de tota la vida i estimant-nos amb tota l'ànima, mai ens haguéssim [de] dir de tu.»

Al día siguiente que eso salió, Maragall, que entonces vivía, me dijo: «Vea, Xènius, ¿quants li sembla que a Barcelona ho hauran entès això?» Yo le dije: «Ho ha entès vostè».

Luego, tiene usted razón: a los menos aristocráticos y menos valerosos aún nos quedan, fuera de azar maligno, las suaves mujeres y su amor.

Estos últimos meses he estado muy con usted. Primero fue una amable carta de Navidad y la visita del Sr. Granizo, que fue lástima se quedara tan poco ahí. Después vinieron, con el Orfeón bilbaíno, algunos muchachos periodistas de Bilbao, con quienes hablamos contínuamente de «Don Miguel». Luego vino a verme el Sr. Sánchez Rojas (y éste tal vez es lástima que se quedara más que el Sr. Granizo). Más tarde la visita espiritual ha sido Mogrobejo, acompañado de su magnífico sermón funeral.—A Tallaví no le he visto. Casi no voy nunca al teatro. Veo que se ha marchado de aquí sin haber dado lo de usted.

Tanto Granizo como S. R. como los bilbaínos me trajeron excelentes noticias de su salud de usted; por eso me ha sorprendido y dado pena ver apuntar en alguna parte de su última carta temores y aprensiones, que yo creía olvidados por usted desde hace un año. ¿Qué es esa historia de cardias? No hay cardias que valgan, y quien escribe las cosas que usted escribe no está a la edad de las lágrimas, sino en la de las fibrias, y lo que hace no es llorar, sino gritar, cosa mucho mejor, aunque descanse menos.

Yo sí, que he estado bien malo, durante el otoño. Hice un viaje demasiado rápido y con demasiado trabajo y curiosidades por Holanda y luego a Madrid y eso me fatigó muchísimo. Pero he querido ponerme bueno y ya lo estoy, aunque ha costado. Por cierto que el primer día de salir de casa—era a mediados de diciembre—, como había pasado bastantes días sin saber del mundo, se me antojó comprar periódicos ilustrados, y di con un *Mundo Gráfico* en que había un art. de usted, titulado *Contra la guerra*,[65] que la verdad me desplugo. Me atreveré a de-

---

65. Unamuno, *¡Guerra a la guerra!,* «Mundo Gráfico», 11 noviembre 1912. En: *O.C.,* 1971, tom 9, págs. 940-942.

cirle ahora, ya que sabe usted ahora cuanto le quiero, que bromas así no me gusta que las haga usted... Aunque, en medio de la misma farsa estallase un magnífico grito («¿Para qué sirve un hombre muerto?») que me conmovió—aunque no pudiera asentir a su *aristotelismo*, a su *anti-platonismo*, que es, naturalmente, algo muy adverso y muy repugnante a mí.

Sí, a Madrid fui a doctorarme, como le dijera a usted. Antes de marchar al extranjero la carrera de filosofía no existía en España. A mi regreso la he encontrado establecida y algunos amigos me aconsejaron que no dejase de tenerla, diciendo que aquí podrán venir cosas y nuevas organizaciones en que me conviniera. Me he examinado ahora, en este último año, en junio y septiembre del doctorado, y me ha alegrado por el griego, que no conocía antes sino muy mal. Ahora me falta volver a Madrid para leer una tesis que he escrito sobre *Los argumentos de Zenón de Elea y la noción moderna del espacio-tiempo*. Veremos si estos exámenes y demás me sirven. Si se me presentase ocasión de entrar en la enseñanza oficial sin salir de Barcelona, no la rechazaría tampoco. Pero quiero que la ocasión se presente e ir un poco sobre seguro, porque me parece que no tengo derecho a gastar años en preparaciones de oposiciones, ahora una, luego la otra, cambiando de asunto, de ciudad, etc. Bastante tiempo ha perdido uno en tener, al salir de la Universidad de aquí, que irse fuera, para volver a empezar como estudiante, empezar y seguir largamente. Lo de moverme de Barcelona, lo digo más que por sentimentalismo territorial, por el Institut. No me quite usted la ilusión del Institut, mon cher Maître. A eso sí que doy yo corazón y

vida, y no soy el único. En medio de defectos atroces...
pero convenientes—ya sabe usted: ¡*oportet haereses
esse!*—, si viese usted qué cosas buenas hacemos. De mi
viaje a Holanda y a Francia traje vagones enteros de libros de ciencia comprados de ocasión y ¡qué libros!
Newton en latín, Bayle, Huygens, ediciones renacentis-
tas de Galileo y de Leonardo, las obras del matemático
Abel, cosas que acaso no han entrado nunca en España.
No se puede calcular el fruto de todo eso. Un manual
moderno de Física contiene todo lo de Newton, y mucho
más, y corregidos todos los errores y disparates: pero los
niños o adolescentes jamás encontrarán en un manual de
física la llamada ardiente, la vocación, y en las obras ori-
ginales de Newton, sí. Todos los matemáticos que en el
mundo han sido lo han sido porque en su infancia les cayeron en las manos Euclides o Lagrange; aquí en cambio
llega uno a la Universidad y sale de ella sin saber que las
primeras páginas de la geometría son obra de Euclides:
nos enseñan como si se las hubiese sacado de la cabeza el
miserable profesor, autor del manual, o como si fuese
aquello *la verdad*, la verdad objetiva, revelada, sin autor,
sin haber pasado por espíritu de hombre. Y así nos que-
damos de fríos.

Si eso pudiera continuar durante algunos años, creo
que hasta podría retirarme con derecho a componer
acrósticos, porque ya habría *servido*, y servido bien mi
juventud. Ahora que no sé si lo podré sostener mucho
tiempo, porque esas cosas hay que hacerlas aquí violenta
y despóticamente, y no hay manera de decirle la cantidad
de odios que se han despertado a mi alrededor, en los
dos años que llevo desde mi vuelta del extranjero. Mo-

mentos hay en que, *literalmente,* siento toda la ciudad contra mí; y estos momentos no son los peores, sino los otros, los de aparente calma y lucha sorda, realizada sin ruido a la salud. En la primavera pasada, después de la publicación en libro de *La Ben Plantada* que (no sé porqué, dada la inocencia del libro) excitó a todo el mundo contra mí, creí de veras ser vencido y tener que dejarlo todo. En otras temporadas la batalla tiene aspecto más favorable para mí. Pero parece, para acabar de empeorarlo todo, que yo soy antipático exteriormente y que soy orgulloso y amo el deber y la gloria.

Pero yo creo que esto se acabará y que las buenas obras llegarán a poderse hacer aquí normal y automáticamente que es como me parece—a mí que no soy maragalliano, a mí que soy el Anti-Unamuno—que se han de hacer.

Luego me ciñe a Barcelona, *la santidad de la noción de límite,* que es uno de mis principios fundamentales.— Creo haberle mandado a usted una *Libación a Hermes,* publicada al día siguiente de la noche de *Nausica*—¿No? Allí ofrecen al dios una libación pura, considerándole como «patrón de los límites»—«que los pone a mi pobre fortuna y los pondrá a mi corta vida». Luego decía que «hay que amar la patria, pero hay que amar también sus fronteras», etc. Sí: creo que hay que aspirar a lo universal, a lo aristocrático, a lo eterno. Pero a lo eterno, dentro y no fuera de nuestro tiempo, y así juego a llamarme «nuevecentista»; y a lo universal, dentro y no fuera de la patria, y así soy catalanista; y a lo aristocrático, dentro y no fuera de la propia *clase social*—y así procuro saber bien mi oficio, y no ser diletante en nada, y no dejarme seducir por la tentación de componer versos o de escribir de historia, etc. Hasta el «Glosari» quisiera que se considerase como un trabajo de especialidad: como la obra de un especialista en ideas generales.

Todo esto es para decirle mi adhesión a Barcelona y al Institut, que además me da de qué comer hoy, en que [he] de comer de mi trabajo (y para el mañana, por condiciones especiales de familia, no tengo demasiadas inquietudes). Mis necesidades son muy escasas, mi mujer también se ha acomodado bien a vivir a lo estudiante, y mis dos hijos no creo (no estoy muy seguro, pero no lo creo) que tengan que temer el porvenir. Esto me da bastante ligereza, por ahora, y me parece que haré bien aprovechando el tiempo para empresas de espíritu y no gastando demasiado de él, como las cosas no vengan rodadas, para lo que usted llama «forzar la entrada de la enseñanza oficial».

A lo de escribir en castellano para fuera de aquí, no repugno, y cuando he encontrado ocasión cómoda, lo he hecho. Mi madre era cubana y, aunque el hábito de escribir en catalán cada día y de dar mi espíritu a él me haya hoy desavezado, aún me cuesta menos esfuerzos que a los demás compatriotas míos escribir en castellano. No me disgustaría eso que benévolamente me promete usted de tener influencia ideológica en toda España y—América, etc. Y si sabe usted de alguien de América o de España que quiera de mí, me dará gran contento. Lo que no me siento con ninguna gana es de ponerme, fuera de Cataluña, a lo que llaman por ahí *luchar*, a *conquistar un nombre*, a ir a Madrid y solicitar y *moverse* y *darme a conocer*, etc. Lo de la influencia, por vía directa o indirecta, lo deseo sinceramente, y ya llegará. Pero—no sé si conoció usted la letra con que en Madrid cantaban la «Machicha»: «¿Quiere usted que bailemos / una machicha? /—Y dijo don Procopio: / "No tengo prisa"».

A mí me pasa lo que a don Procopio, y no tengo prisa. Con la agravante de que tengo mucho que hacer dentro de mis límites—*de mis santos límites.*

Eso mismo del culto a los límites, culto clásico, hace que, aunque me conmueva mucho lo que usted hace ahora por los labriegos y su pobreza,[66] no me sienta inclinado a entrar en acciones así. En tales cuestiones Sorel me ha convencido y me parece que la emancipación de los trabajadores manuales, son los trabajadores manuales quienes la lograrán, y no nosotros. Creo, se lo digo otra vez, en las *clases sociales*, y quiero trabajar por la emancipación *no de otra, sino de mi clase social.* Mi clase social no es la de los labriegos, sino la de otros pobres hombres como yo, hombres flojos, hombres encorvados y a veces miopes, hombres que van con una *serviette* debajo del brazo y que traen un traje negro un poco lustroso y un sombrero de copa, que en Francia se ponen y aquí, no, y que escriben, o traducen, o enseñan ciencia y letras o enseñan lenguas o componen diccionarios enciclopédicos y dan lecciones. Para estos hombres, que, a más de tener hambre y sed de justicia en todas partes, tienen aquí *en mi país, dentro de los límites de mi poder social*, otras hambres y otras ansias, que en los países civiles ya están

---

66. Se refiere a la campaña agraria que Unamuno había empezado el 6 de octubre de 1912 en Fuente de San Esteban, por tierras de Salamanca.

satisfechas, he trabajado yo y trabajo y trabajaré; y para ellos he comprado Huygens y Abel, y para ellos—y para mí, que soy uno de ellos y no quiero ser otra cosa—he logrado que por fin se puedan editar aquí trabajos de matemática pura o de abstracta filosofía o de filología románica, y se dé alguna gloria a ellos y se paguen a razón de ocho pesetas la página.

Perdone usted que le haya hablado tanto de mí. Puesto que le dije al principio mi sincero, mi profundo afecto, eso ya casi era tanto un derecho como un deber. Pero aún quisiera más: quisiera que fuera usted también quien me hablase de cosas mías. Le mandé algunos ensayos de filosofía y ciencia, después de lo de la *B. P.*—¿Le interesaron algo, mon cher Maître? En el magno *Sentimiento trágico de la vida*, encontré alguna alusión a *la entropía*—Luego me prometió usted hablarme del ensayo de los *Arxius* y de lo demás. Usted puede hacerme mucho bien—de muchas maneras.

...Sí: me parece también que lo de llorar ha de ser *prius*. Y asentiría, yo, amigo del arbitrarismo, a la *Paradoxe du comédien*. Vaya otra máxima de Octavio de Romeu: «El primer dever del paisatgista és no formar part del paisatge.»

Adiós, mon cher Maître lejano. Conste que, respetándole, se le quiere a usted mucho también.

Suyo siempre.

XÈNIUS

(*Carta*, ii)

63

A UNAMUNO

Barcelona. 17 marzo 1913

Mon cher Maître: Me dicen de Bilbao que ha comenzado a producirse un movimiento a favor del rescate del «Orfeo» de Mogrobejo,[67] para evitar su desaparición, y que se cuenta con usted. También en Barcelona la cuestión ha interesado. Y para ayudar y no con la esperanza de que alguien de aquí suelte algún cuarto para mandar a Bilbao, he inducido al redactor de la «Página artística de la Veu» a que dedique a Mogrobejo un nuevo n° con nuevas reproducciones y entablando campaña. Ahora bien, tanto él como yo creemos que lo que daría mayor fuerza y eficacia al n° sería abrirse con un art. de usted. Este art. sería insertado en castellano; la paradoja de verse usted de colaborador en *La Veu* no creo que asuste demasiado a su imperialismo de usted... La pena es que esta «Página», que vive autónoma dentro de *La Veu*, y sólo alimentada por sus propios anuncios, es pobre. No puede pagar a sus colaboradores más allá de quince pesetas. Su redactor me ha pedido que le excuse con usted de la mezquindad de la oferta económica que puede hacer y que invoque su generosi-

67. Se trataba del relieve «La muerte de Orfeo», última gran obra de Nemesio Mogrobejo (Bilbao, 1875), modelada en Florencia, antes de su temprana muerte en Gratz, en 1910.

dad de usted y el interés de la buena causa. Yo le pido perdón además por entrar, al hacer mía su petición, en estos detalles: ya sabe usted que considero el escribir como un oficio y que creo que no podemos avergonzarnos de las *condiciones* de nuestra *clase social...* Dénos usted el art°. magnánimamente, como da sus cartas, siempre tan llenas. Todo sea por el alma del amigo que quiso esculpir su frente febril. Respetuosamente le quiere.

XENIUS

(*Tarjeta postal*, 12)

64

A UNAMUNO

Barcelona. 5 abril 1913

Mon cher Maître:

He recibido el billete y el artículo. Gracias por él, gracias por todo. Folch,[68] el redactor de la Pª Artística de *La Veu*, está también agradecidísimo de su liberalidad de usted.

El nuevo n° dedicado a Mogrobejo aparecerá del jue-

---

68. Joaquim Folch i Torres (Barcelona, 1886) dirigía desde 1910 la «Pàgina artística» semanal en «La Veu de Catalunya».

ves en quince, pues los dos n^{os} inmediatos están ya ocupados de antemano y por cosas urgentes que han de coincidir con inauguraciones de exposición, etc.

Se incluirán en aquél nuevas reproducciones de obras de nuestro escultor y reproducción de algo de lo que ha dicho la prensa de Bilbao, etc.

No estoy ya tan animado respecto lo de hacer suscripción pública, etc. Se ha interpuesto lo de Van der Goes;[69] y lo peor es que aquí para eso último han venido o vendrán mensajeros, y parece que ya acudían con cierto aire de reclamación, con lo que la gente aquí se ha puesto a recordar la falta de reciprocidad con que se ha respondido a algún esfuerzo hecho aquí anteriormente, el abandono por el Estado de todos nuestros Museos, las subvenciones para exposiciones de aquí, prometidas y no concedidas después, etc. Y el momento parece muy adverso a aquellos deseos míos.

De Bilbao tampoco tengo buenas noticias, mejor dicho, no las tengo de ninguna clase, pues a una última carta mía, pidiendo detalles concretos, sobre precio aproximado de la obra, estado actual de ella, etc., no me han contestado todavía.

… No hablemos de manía persecutoria, no ¿Quién de nosotros no la tiene? Y lo peor es que corresponde a la verdad.

No. Lo peor es que lo perseguido es, en suma, el Espíritu.

69. «La Adoración de los Reyes», del antiguo Colegio de la Compañía en Monforte de Lemos, fue vendida, al fin, al Museo de Berlín en 1.180.000 ptas.

Mon cher Maître, adiós. No me olvide.
Suyo.

XÈNIUS

(*Carta*, 13)

65

A UNAMUNO

Barcelona. 29 abril 1913

Cher Maître:

Una actualidad urgente obligó a aplazar el n° Mogrobejo del jueves pasado al de esa semana. Definitivamente el n° será el de pasado mañana, en las dos ediciones de la mañana y noche.[70]

Por otro lado, estoy desalentado de toda campaña para la salvación del relieve. Los de Bilbao, desde una carta que les mandé hace 2 meses rogándoles que precisaran el precio, condiciones actuales de la obra, etc., se han encerrado en un completo mutismo.

70. El artículo de Unamuno *La escultura honrada* (*O.C.*, 1969, tom 7, págs. 742-744), se publicó en la «Página artística» de «La Veu», 1 mayo 1913, con la siguiente entradilla de la redacción: «Avui s'ajunta a aquesta empresa de salvació d'una gran obra d'art l'il·lustre pensador basc Miguel d'Unamuno, amb l'article que a continuació publiquem, i el publiquem en castellà per a conservar intacte l'original amb què ens honora.»

He sabido por el poeta Montaner[71] que había estado usted malo. Espero que la salud se habrá afirmado ya.

Un escritor austriaco que está traduciendo *La Ben Plantada* me ha hablado de su *Vida de Don Quijote*. ¿Tiene V. ya compromiso para la traducción alemana de su obra?

Efectivamente, las *Obras* de Maragall que se han publicado[72] distan algo de ser *completas*. Aparte de lo de Gabriel y Galán, falta algo leído en una fiesta (y que tiene Iglesias), falta el prólogo, escrito por nuestro don Juan para el 2º volumen del *Glosari* (prólogo que no ha salido en libro, pero sí en revista), faltan varias poesías, etc.

En rigor, la publicación de la obra completa se ha hecho sin una dirección literaria. Además, cuando había 2 o más versiones de una composición, no se ha escogido. Suyo, y muy obligado siempre

EUG. D'ORS.

(*Tarjeta postal*, 14)

---

71. Joaquín Montaner (Villanueva de la Serena, 1892), traductor al castellano de poemas de Maragall.

72. Joan Maragall, *Obres completes*, Gustau Gili, Barcelona, 1912-1913, serie catalana (5 vols.), y serie castellana (6 vols.).

66

A UNAMUNO

Institut d'Estudis Catalans, Palau de la Diputació,
Barcelona. 10 julio 1913

Mon cher Maître:

Le incluyo el recorte de una glosa, publicada hace pocos días.[73] Llegue hasta usted ese *Xenio*, con mi gratitud.

Me han asegurado los dependientes del Institut que el volumen de Auzias March[74] le fue enviado. Vea usted si sale buenamente con alguna reclamación. Si no sale, le agradeceré que me lo diga, para mandarle otro.

Adiós. Con el cariño, con la admiración de siempre, pero ahora con mayor pasto de imágenes.

XÈNIUS

(*Carta*, 15)

---

73. *Glosari. Xeni*, 1 julio 1913. D'Ors hacía referencia a su reciente visita a Unamuno, en Salamanca, después de haber leído en Madrid su tesis doctoral en Filosofía.

74. *Les obres d'Auzias March*, edición crítica de Amadeu Pagès, Institut d'Estudis Catalans, Barcelona, 1912, tomo 1.

67

A ENRIC PRAT DE LA RIBA

Hotel-Pension des Bains de L'Étivaz,
Alpes Vaudoises, Suiza. 4 septiembre 1913

Estimat Director:

Deixi'm donar-li excuses per la setmana que ha passat sense complir ma tasca. Els primers dies d'ésser aquí m'he trobat una mica malalt i sense diaris ni llibres ni cap estímul d'imaginació: aquesta se m'havia declarat en vaga.

De tota manera, no tots els originals enviats per mi deuen haver arribat. No he vist publicades, per ex., unes gloses titulades *Buffalo Bill*,[75] *L'amic Nicolai* i altres. Dic només que no les he vistes, perquè crec a mi també m'han mancat diaris.

Sóc aquí per tres setmanes, amb la família. A tots ens convenia una mica això, perquè l'hivern havia estat mitjà. Del 15 al 20 compto tornar a Barcelona.

He rebut carta d'en Zulueta i sembla que el tribunal de les oposicions a Psicologia no serà massa dolent. Jo ara estic decidit a firmar-les, i, si no veig res de nou, concórrer-hi.

M'he enterat de la mort del Sr. Nadal i he pensat en els problemes sobre els Estudis [Universitaris Catalans]. A Lausanne he vist ara de pas alguna cosa que ja corres-

---

75. *Glosari. Bufalo Bill*, «La Veu de Catalunya», 27 agosto 1913.

pon al nou tipo aleman de desdoblament entre els centres d'ensenyança, pròpiament dits i els centres d'investigació i aprenentatge especialisat, que el Kàiser iniciava en 1910.

Ademés, he parlat, aquí a l'hotel, d'aquestes coses amb un alemany ben informat. Ja li parlaré a mon retorn, alguna estona, de quin me sembla ésser ara l'estel de la qüestió.

Ja sap com l'estimo i respecto.

EUG D'ORS

(*Carta*, 4)

68

A UNAMUNO

Barcelona, 3 enero 1914

Mon cher Maître:

He pasado tres días en Madrid y allí me han dicho que iba usted pronto a leer versos[76] y que permanecería allí una semana ¡Cuánto he sentido no poder esperarme! No pierdo, sin embargo, esperanza de encontrarle aún, pues es muy probable que uno de estos días me llamen para unas oposiciones.

He de tener en éstas por jueces, entre otros, al obispo de Madrid y al P. Arnaiz, agustino.[77] Como usted, mon cher Maître, tiene un poco la culpa, por sus consejos, de que yo me haya metido en esta galera de las oposiciones, con lo que ellas traen consigo, y como que el mar está un

76. El 4 de enero leyó, en el Ateneo, un anticipo de *El Cristo de Velázquez*, acto al que asistió Antonio Machado; e, invitado por la Escuela Superior del Magisterio, dio una conferencia, el día 9, sobre *La enseñanza laica*.

77. José María Salvador Barrera (1851), obispo de Madrid entre 1906 y 1916, presidía el tribunal. Marceloni Arnaiz (1867) era un agustino, profesor del Real Colegio Maria Cristina en El Escorial.

poco enemigo en torno de esta galera, me parece que querrá hacer algo por mí, si puede; con lo cual me obligará mucho. Me atrevo a pedírselo así, claro y sin ambajes. El Conde de Romanones parece ser excelente conducto para el obispo y al P. Arnaiz seguramente le conoce usted, que tan inútiles e imprevistas ramificaciones tiene en almas ibéricas.

Esta aventura en que ando me ha idiotizado desde hace algún tiempo. No he leído por entero aún *El sentimiento trágico de la vida*, por cuyo envío le doy gracias de corazón. Pero aún pude publicar, hará cosa de un mes y medio, en otro periódico de Barcelona, en que ahora colaboro, además de *La Veu*, algunas líneas de comento a los primeros capítulos del libro.[78] Los he puesto en boca de Octavio de Romeu, un fingido Goethe, a quien Eckermaneo en esta serie; serie que forma una unidad como de un libro que fuese apareciendo en folletines. Sale traducida con precipitación y plagada de erratas, porque todo el diario está muy mal hecho. No lo lea usted ahora, aunque se le pusiese el periódico al alcance, sino más tarde, cuando salga en volumen y con un poco más de correción.[79]

De todos modos, le incluyo el recorte de lo referente al *Sentimiento trágico*, sólo como acuse de recibo y felicitación de año nuevo.

78. *Conversaciones con Octavio de Romeu. XV,* «El Día Gráfico», 17 diciembre 1913.

79. La serie, comenzada el 10 de octubre de 1913, quedó interrumpida en la entrega XVIII, «El Día Gráfico», 6 enero 1914, al trasladarse d'Ors a Madrid, para tomar parte en unas perdidas oposiciones a cátedras.

Que deseo para usted lleno de venturas y de pujanza

EL ANTI-UNAMUNO

(*Carta*, 16)

69

A ENRIC PRAT DE LA RIBA

Residencia de Estudiantes, Fortuny, 8, Madrid.
13 enero 1914

Estimat Director.

Vaig veure ahir a don Buenaventura.[80] Va estar molt amable amb mi, però no sé si en traurem gran cosa. La promesa va ser, vagament, la de «mirar per quin cantó podia arreglar-se la cosa»; però sense dir-me més en concret. Vaig veure també el seu fill, el candidat. Si ells no tenen una impressió de bilateralitat del tracte, no sé si farà gran cosa.

Un amic, bon estratega i avesat a aquestes coses, em deia ahir: «Lo que V. deuria fer és que els seus amics polítics de Barcelona provessin de que una persona de significació científica d'aquí, però afí amb ells ("una perso-

80. Buenaventura Muñoz Rodríguez (1853), presidente de sala del Tribunal Supremo, había sido presidente de la Audiencia y gobernador civil de Barcelona.

na del tipo de Sanz Escartín",[81] me deia el meu amic)
parli al bisbe i al P. Arnaiz, en nom dels amics d'allí, no
precisament recomanant-li a V., sinó dient el seu crèdit,
influència allà baix, interès públic, perquè V. surti,
etc.». ¿Què li sembla a V.?

Sembla, ademés, que el bisbe de Jaca (l'arq[ebisbe] de
Tarragona, vull dir)[82] és bastant bon camí pel bisbe d'a-
quí, que és de la seva mateixa corda.

Cregui que la cosa val la pena d'esforç. S'acosten més
perills encara per a l'interès espiritual de lo nostre en la
Universitat. Ara està en l'aire i és segur que madurarà de
seguida, la idea de crear «inspectors d'Universitats» com
n'hi ha de 1ª ensenyança. ¿Ja ve[u] on va la cosa, oi? Motivada, segurament de bon fi, per la vergonya de l'e-
xistència de catedràtics invàlids, bojos, immorals i mani-
festament incompetents, els quals els Rectors que són
sos companys no fan mai expedient, la reforma serà una
arma terrible de seguida, per a qüestions de llengües,
doctrines, idees, patriotisme, etc. Fins és segur que es
provarà que aquests inspectors fiquin nas en institucions
no de l'Estat—com per ex. i, en primer terme, i de seguida que es pugui, els Seminaris—i molt fàcilment també les coses nostres—i tot així va de pressa, de pressa. Ja
li'n parlaré.

Els meus exercicis comencen el dia 22 i és fàcil que
qued[i]n reduïts els candidats a en Parpal i jo.

81. Eduardo Sanz y Escartín (1855), conde de Lizárraga y publicista
conservador, había sido igualmente gobernador de Barcelona.

82. Antolín López Peláez (1866), obispo de Jaca desde 1905, había
hecho su entrada solemne en Tarragona, como arzobispo, el 30 de noviembre de 1913.

Mercès del seu interès. El Sr. Muñoz va encarregar-me molts saluts per a vostè. Ja em sap bé seu sempre.

EUG D'ORS

(*Carta*, 5)

70

A ENRIC PRAT DE LA RIBA

Madrid. Sin fecha (pasado el 13 enero 1914)

Estimat Director, Director en tot: Vaig veure ahir l'arquebisbe. No massa profit, però res se pot depreciar. Crec que, si això no el molesta massa, convendria refrendar el telegrama amb dos mots d'escrit. No caldria repetir l'objecte; bastaria subratllar l'interès, potser sota la forma (que més psicològicament sembla útil)... «nosaltres», «jo i els meus amics...», «ens interessem»—és a dir, fent que ell cregui millor en interès polític que en el personal. Perdoni, i grans mercès sempre.

(*Tarjeta de visita*, 6)

71

A UNAMUNO

Madrid. 20 enero 1914

Sí, en la ciencia hay juego, y aun en la misma lógica hay juego.—Un entimema es *una coquetería*.

Diré estas cosas y otras, tomando pie, enorgullecido, en la alusión de mon cher Maître,[83] en cuanto *recobre la voz*—El jueves[84] empiezo los ejercicios. (Mal nombre: un ejercicio debería ser juego. Hasta el ejercicio de los soldados es juego. Sólo hay *trabajo*, es decir, inevitable presencia de acomodación a un fin inmediato, en dos clases de ejercicios: los del Circo y los de oposición.)

Gracias, mientras tanto, por la dedicatoria del hermoso artículo. Presente de rey. O de «Rector magníficus».

Veuillez agréer, cher Maître, mes respectueux hommages.

XÈNIUS

(*Carta postal*, 17)

---

83. Unamuno, *Arabesco pedagógico sobre el juego. Al amigo «Xenius»*, «El Imparcial», 19 enero 1914. En: *O.C.*, 1970, tom 8, págs. 309-312.

84. 22 enero 1914.

72

A ENRIC PRAT DE LA RIBA

Residencia de Estudiantes, Fortuny, 8, Madrid. 12 febrero 1914

Estimat Director:

Després de posat el telefonema, volia escriure-li. Però l'enuig d'haver que contar quatre cops, en altres tantes cartes, la mateixa desagradable cosa, va fer-me deixar la lletra per a avui.

La porqueria me la van fer completa. Després de la marxa de vostè, varen fer encara el darrer exercici. El meu va anar magníficament. El de l'altre, vilíssim. No ho dic per dir, li'n dono paraula. És simplement que si qualsevol estudiant va a un examen, i hi diu les coses que en Parpal va dir, simplement, no l'aproven... Al meu, després de dit, amb gran èxit, i fins amb gran sort, bé de paraula, bé de mesura, bé de tot, en Bonilla va presentar-me alguna objecció. Però tan purament doctrinal, tan d'altura, tan plena d'amabilitat i d'alta consideració intel·lectual, que a tothom va donar l'impressió, no solament de que jo en sortiria, sinó de que en Bonilla me volia apoiar. A pesar de tot, va votar l'altre. Més: sé per l'Ortega que en la deliberació secreta qui precedeix la votació, en Bonilla va donar-me a mi la preferència, de manera que l'Ortega va creure que aquell votaria per mi. Arribat el moment, va fer lo contrari.

El frare es va abstenir i el Bisbe, és clar, va votar per en Parpal. Va haver-hi dins l'aula una potejada general del públic, una ovació a l'Ortega quan va sortir, xiulets al bisbe.

Veig que la cosa ha indignat aquí a la gent. Se preparen manifestacions, protestes. Naturalment, ha vingut l'oferiment de l'inevitable banquet, que no he acceptat, és clar. Me sembla més seriós i millor acceptar l'oferiment de l'Ortega, qui ha organisat una reunió a l'Ateneu, en què ell, com a president de la secció de Filosofia, m'haurà invitat a fer-hi una conferència de psicologia. Ell farà al començ la meva presentació, i el catedràtic d'Ètica Sr. Morente llegirà un treball de resum dels meus punts de vista filosòfics.

Tothom considera aquest cas molt pitjor que el de l'Alomar,[85] perquè aquest, que és clar que tenia molt més talent que el seu adversari, no tenia, como jo, una preparació especialisada de la matèria; i per altra banda, el seu adversari no era de tan baix nivell com en Parpal.

Els meus amics esperen que a Barcelona se deixarà sentir alguna sanció d'opinió. La conferència a l'Ateneu tindrà lloc al mitjançar la setmana que ve.

Encara que no he vist en *La Veu* notícies posteriors a la de la seva arribada, suposo que del refredament en M.[adrid?] està ja curat del tot i me'n felicito.

Ja en sap ser de sempre Ors.

(*Carta*, 7)

---

85. Gabriel Alomar (1873) había perdido, en la primera de 1913, unas oposiciones a cátedra de instituto en Barcelona; a raíz de ese suceso, y como desagravio, se le habían rendido sendos homenajes en Madrid y, a su regreso, en Barcelona.

73

A UNAMUNO

Madrid, Residencia de Estudiantes, Fortuny, 8.
Antes del 14 febrero 1914

Mon cher Maître:

Tengo que comunicar la noticia de mi derrota. Como ya preveía, mi triunfador ha sido el Sr. D. Cosme Parpal, ilustre auxiliar de la Facultad de Barcelona. El Sr. Parpal que cree que:—Vico es un filósofo contemporáneo—Humboldt fue precedido por Hegel—los tropismos son una clase de sensaciones—que las sensaciones *atraviesan* los centros corticales del cerebro y *se meten* en la «substancia blanca»—que Kant niega la existencia de la conciencia, etc., etc.

Ya sabe V. que yo venía sin ninguna ilusión, pero los ejercicios marcharon tan bien, incluso en la cosa en que yo confiaba menos, como en la producción oratoria, etc.; tuve tal fortuna al patentizar en las objeciones los disparates de mi adversario, y era tan general la opinión de que a mi adversario no había medio de hacerlo catedrático, pues ni siquiera se le hubiera aprobado en un ligero examen de asignatura, que hacia el fin llegué a cobrar esperanzas... Pero la votación no me dio más voto que el de Ortega. El cobarde del fraile votó por la no provisión. Y el gran canalla de Bonilla, después de haberme dado preferencia en la deliberación, llegado el momento de votar, votó por el otro. Éste ha sido el más sucio. En la conducta de los demás puede haber intervenido cosas como amistad, suspicacia dogmática, etc., inferiores sin duda, pero confesables hasta cierto punto. En la de Bonilla debe de haber mediado algo muy bajo, muy sucio, muy torcido, algo inconfesable en fin.

Claro, es la cadena. Daurella opositor vence un día a Unamuno. Luego es Daurella juez y da una cátedra al analfabeto Parpal contra Ors. Mañana será juez Parpal, para triunfo de los Daurellas y de los Parpales del porvenir.

Ahora, cuando hablemos de la enseñanza oficial, ya no me volverá V. a decir que mi deber es acercarme a ella, ¿verdad?

La cosa ha indignado a la gente aquí. Ortega, como presidente de la sección de Filosofía del Ateneo, me ha invitado a dar una conferencia allí. Él hará mi presentación, creo que Morente leerá algo sobre puntos de vista filosóficos míos, y yo leeré algún trabajo.

Después de eso, a mediados de la semana que viene, podría ir a Salamanca. ¿Qué le parece a V. de que diese el viernes o el sábado—19 o 20—mi lectura *De la amistad y el diálogo*? Espero indicación de usted.

Adiós. Ya sabe cuán suyo es.

XENIUS

(*Carta*, 18)

74

A UNAMUNO

Madrid, Residencia de Estudiantes, Fortuny, 8. 16 febrero 1914

Mon cher Maître:

Gracias por la alusión y el piropo del artículo de hoy.[86] *El cual me ha interesado enormemente.* Le veo con gran alegría (¡qué admirable manera de renovarse, la de usted!) en un orden de preferencias nuevas y aun de reacciones, que me hace más que nunca sentirme cercano a lo que dice. Ayer era la mano alargada a lo levantino, hoy la abolición del metro...

Lo mío del Ateneo es el viernes.[87] Me dice Ortega que no se ha podido tomar otro día. De manera que lo de Salamanca tendría que ser el sábado o el domingo. ¿Qué le parece a usted? ¿Habrá inconveniente? Dígamelo con toda franqueza, para ver si podía encontrarse una nueva solución.

Todos aquí le recuerdan mucho y los amigos agradecen muy cálidamente su recuerdo. Hoy doy también una lectura aquí, en la Residencia.[88]

Muy suyo siempre.

XENIUS

(*Carta*, 19)

86. Unamuno, *La filosofía métrico-decimal del silencio*, «El Imparcial», 16 febrero 1914.

87. 20 febrero 1914.

88. D'Ors, *De la amistad y el diálogo*, lectura en la Residencia de Estudiantes, Madrid, 16 febrero 1914.

75

A UNAMUNO

Madrid, Residencia de Estudiantes,
Fortuny, 8. 19 febrero 1914

Mon cher Maître:

¿Cree usted que la importancia del viaje de Barcelona a Salamanca asustaría a su Ateneo? Lo digo porque la principal razón que yo tenía para querer dar ahora la conferencia era el encontrarme ya a medio camino.

Dicha «importancia», en mi caso, y por razón de «billete de prensa», se reduce a poco más de la mitad de la tarifa ordinaria.

Si la «importancia» asusta, dígame, le ruego, en qué margen de espanto. Que tal vez el margen de espanto del Ateneo y mi margen de dilapidación podrían compensarse.

Dígame usted esas cosas en completa franqueza, como yo se las escribo, y en la seguridad de que yo me hago cargo de todo, como sé que ustedes se hacen cargo de todo.

Si pudiese arreglarse la cosa, yo tendría alegría grande en visitarles dentro de un par de meses, aprovechando la primera coyuntura de tener cuatro días libres.

Esperar más allá del Carnaval, ya no me sería posible. Partiré seguramente para Barcelona el domingo.[89]

La lectura hecha aquí, en la Residencia, el lunes pasa-

89. 22 febrero 1914.

do fue muy bien. Creo que los residentes y los literatos amigos que estuvieron presentes se han cotizado para editar esto.

Mañana es lo del Ateneo.

Todo el mundo aquí le recuerda con veneración. Yo más que nadie.

Suyo, y hermano en el Santo Metro.

XENIUS

(*Carta*, 20)

76

A ENRIC PRAT DE LA RIBA

Barcelona [papel de la Residencia de Estudiantes, Fortuny, 8, Madrid]. 1 marzo 1914

Benvolgut director:

Crec que ma lletra d'avui no li ha de produir massa sorpresa. L'objecte és pregar-li que vulgui considerar finida la meva col·laboració a *La Veu de Catalunya* i prendre comiat de vostè com a director.

[Vostè té massa / tachadas las tres palabras y sustituidas por:] La seva lucidesa i [massa: tachado] bon gust són prou grans per a exigir-me detall dels motius d'aquest determini. Basti indicar, sobre la seva causa i ocasió, que, coronant una sèrie llarga d'experiències desagradables i àdhuc doloroses, l'actitud torta i esquiva

297

darrerament adoptada pel diari al comentar afers que m'importaven i que potser importaven també una mica els furs de l'esperit, ha accentuat ma convicció de que un desacord ideal (que no ve d'ara i que d'una part i l'altra s'ha provat sempre de dissimular en benefici de coses que interessen a l'avenir intel·lectual de Catalunya) era vingut a complicar-se estranyament per una desviació d'ordre afectiu.

D'aquest fet d'ara, d'aquesta anterior sèrie de fets, dues explicacions són possibles. L'una, atribuir-ne la responsabilitat a forces obscures, hostils a l'ampla vida del pensament, [de: tachado] que a vostè mateix, senyor director, [hagi devingut esclau / tachadas las tres palabras y sustituidas por:] li treguin llibertat i que podran ésser les mateixes que m'han causat tort fora d'aquí. L'altra explicació consisteix en carregar-ho tot en compte [de: tachado] a una personal inhabilitat, de que sia jo l'únic culpable, i que m'ha impedit [intercalado] no [solament perquè / tachadas las tres palabras] [tan sols: tachado] solament d'encomanar als meus pròxims mes fervors ideol[òg]iques, sinó de guanyar-me dins el periòdic on he treballat quotidianament vuit anys, dins l'agrupament a què ha consagrat ma joventut amics lleals—ni tan sols companys correctes.

L'instintiva amor que porto a la claretat—la científica aversió a les «causes ocultes», a les «hipòtesis no indispensables»—, me fan triar, avui per avui, la segona explicació... No importa. Sempre en surt la necessitat de posar fi a un estat de coses que en endavant [tachado: ja] no es podria mantenir sense violència.

Sincerament li haig de [declarar: tachado] confessar

que he resistit molt temps, molt temps, a aquestes evidències. Més encara he resistit a l'inevitable traducció d'aquestes evidències a conducta. Dins una consciència un poc delicada, moments com el que ara visc no són possibles sense un profond esquinsament. Però ja, benvolgut director, som vinguts a punt en què la [continuació: tachado] persistir no fóra possible sense una manera de farsa, indigna de cadascú de nosaltres dos.

Com que per res del món voldria donar-me, per petites que fos, a altres lluites que les pures lluites d'esperit, l'autoriso de bon cor a mantenir reservada la nova situació que aquesta carta crea, fins que hagin passat les imminents eleccions.[90] Jo faré per la meva part el mateix, recatant-la àdhuc dels meus amics més íntims.

No vull terminar sense renovar-li el testimoni de ma alta estimació personal [, de: tachado] i una admiració política, i la seguretat que ara i sempre, me trobi on me trobi, m'haig de posar sempre respectuosament al seu costat, en tot esforç concret que s'intenti per Catalunya i per l'empresa magna de la instauració del seu viure científic.

(*Carta, borrador*, 8)

90. Las elecciones a diputados, convocadas para el 8 de marzo.

77

A ENRIC PRAT DE LA RIBA

Barcelona [papel de la Residencia de Estudiantes,
Fortuny, 8, Madrid]. 1 marzo 1914

Benvolgut Director:[91]

Crec que ma lletra d'avui no li ha de produir massa sorpresa. L'objecte és pregar-li que vulgui considerar finida la meva col·laboració a *La Veu de Catalunya*, i prendre comiat de vostè com a director.

La seva lucidesa, el seu bon gust, són prou grans per a no exigir-me detall dels motius d'aquest determini. Basti indicar, sobre la seva causa i ocasió, que, coronant una sèrie llarga d'experiències desagradables i àdhuc doloroses, l'actitud torta i esquiva adoptada darrerament pel diari en l'anunci i comentari d'afers que personalment m'importaven i que potser importaven també una mica els furs de l'esperit, ha accentuat ma convicció que un desacord ideal (que no ve d'ara, i que d'una part i l'altra s'ha provat sempre de dissimular, en benefici de coses que interessen a l'avenir intel·lectual de Catalunya), era vingut a complicar-se estranyament per una desviació d'ordre afectiu.

D'aquest fet d'ara, d'aquesta anterior sèrie de fets, dues explicacions són possibles. L'una, atribuir-ne la responsabilitat a forces obscures, hostils a l'ampla vida

91. El texto definitivo presenta correcciones menores, generalmente de estilo, respecto del borrador ya transcrito.

del pensament, que a vostè mateix, senyor Director, li treguin llibertat, i que bé podrien ésser les mateixes qui m'han causat tort fora d'aquí. L'altra explicació consisteix en carregar-ho tot en compte a una personal inhabilitat, de que sia jo l'únic culpable, i que m'hagi impedit, no solament encomanar als més pròxims en l'acció mes fervors ideològiques, sinó també guanyar-me dins el periòdic on he treballat quotidiana i intensament per vuit anys, dins l'agrupament a què ha donat ma joventut, amics lleals, ni que fos companys correctes.

L'instintiva amor que porto a la claretat, ma científica aversió a les «causes ocultes», a les «hipòtesis no indispensables», me fan triar, avui per avui, la segona explicació... No importa. Sempre en surt la necessitat de posar terme a un estat de coses que en endavant ja no es podria mantenir sense violència.

Sincerament, li haig de confessar que he resistit molt temps, molt temps, a aquestes evidències. Més encara, he resistit a l'inevitable traducció d'aquestes evidencies a la conducta. Dins una consciència un poc delicada, moments com el que ara visc no són possibles sense un profond esquinçament... Però ja, benvolgut Director, som vinguts a punt en què el persistir fóra difícil, sense una manera de farsa, indigna de cadascú de nosaltres dos.

Com que, per res del món, voldria donar arma, per petita que fos, a altres lluites que les pures lluites d'esperit, l'autoriso de tot cor a mantenir reservada la nova situació que aquesta carta crea, fins passades les imminents eleccions. Jo faré, per la meva part, el mateix, recatant-la, àdhuc dels meus amics més íntims.

No vull terminar sense renovellar-li el testimoni de ma alta estimació personal, de ma admiració política, i la seguretat que, ara i sempre, me trobi jo on me trobi, m'haig de posar respectuosament al seu costat, en tot esforç concret que s'intenti per Catalunya i dins l'empresa magna de l'instauració del seu viure científic.

L. B. L. M. EUGENI D'ORS.

(*Carta*, 8)

78

A ENRIC PRAT DE LA RIBA

Barcelona. Sin fecha (después 8 marzo 1914)

EUGENI D'ORS[92] b. l. m. al seu il·lustre amic don Enric Prat de la Riba, i, no havent tingut el gust de rebre resposta a la carta que, dies enrere, va adreçar-l[i], se creu autorisat a interpretar això com a conformitat amb lo que en la mateixa se pregava—i a considerar-se ja deslligat, per conseqüent, respecte a *La Veu de Catalunya*, de tot compromís professional [una raya de firma].

(*Tarjeta de visita*, 9)

92. Cabecera de la tarjeta de visita.

79

A ORTEGA Y GASSET

Barcelona. 11 marzo 1914

¡Para Soledad[93] los mejores augurios de un miembro lejano de la Compañía! Exasperado por lo de Onís.[94] ¿Cómo le vengaremos? ¿Cómo nos vengaremos? Esto no puede quedar así. El recuerdo vivísimo de un muy amigo y siempre escolar.

XENIUS

(*Carta postal*, 1)

80

A ORTEGA Y GASSET

Barcelona, Diagonal, 416, 28 marzo 1914

Ante todo, mi querido amigo, la más cordial de las felicitaciones por su conferencia del Teatro de la Comedia[95] y

93. Soledad Ortega Spottorno, nacida el 2 de marzo de 1914.
94. Se refiere al frustrado traslado de Federico de Onís, como catedrático, desde la Universidad de Oviedo a la Central.
95. *Vieja y nueva política*, conferencia pronunciada en el Teatro de la Comedia, Madrid, 23 marzo 1914.

por el éxito de la misma. ¡Cuánto siento no haberme encontrado presente! Me gustaría a lo menos poder conocer el texto. No me fío del todo de los extractos que ha dado la prensa. Un residente que se encuentra estos días en Barcelona (el Sr. Solalinde) me ha dado idea más clara del ambiente de solemnidad del momento y de la emoción del auditorio ganado por la palabra de usted.

¡Adelante, pues! Ya sabe usted con qué fervor le seguimos.

Otra cosa. He visto a los de «Estudio» muy bien dispuestos a todo lo que les digamos, y de antemano favorables a las formas de colaboración eficaz de que usted me hablaba cuando nos despedimos en Madrid. Lo de la biblioteca de carácter ideológico, en cuya dirección nos ocuparíamos usted y yo ha sido aceptado desde luego. Se trataría de volúmenes económicos (de 0,75 o una peseta o 1,25, ya se verá) y de publicación frecuente. Figúrese, para precisar la imagen (cosa muy útil en un mediterráneo como usted), los *Cahiers* de Péguy o («mala comparación», dicen los rústicos) la Biblioteca Sempere—una Biblioteca Sempere bien hecha—y en formato más reducido. La base del contenido de nuestra b.[iblioteca] serían monografías novísimas y aun a veces estudios publicados en el extranjero o en revistas y no en libro todavía. Le recordaré cuáles serían los 4 volúmenes primeros, que son los que yo tenía comprometidos ya: uno, la tesis de Vossler sobre el positivismo e idealismo en la ciencia del lenguaje, traducido por Montoliu; otro, uno de los ensayos de James menos conocidos, *El sentimiento de racionalidad*, que tradujo Díez-Canedo; otro, un *rapport* de Boutroux sobre *La filosofía francesa contemporánea;* y, por fin, unas conferencias de Brandès sobre «el gran hombre» (las dio en francés, en una Sociedad de estudiantes rusos en París): las ha traducido correctamente el Sr. Llaner, que no creo que usted conozca.

A éstos podrían seguir cosas muy interesantes. Nuestras relaciones con los autores, etc., nos proporcionarán fácilmente autorización de traducción, etc. Tendría que encontrarse un título, un buen título para la colección, y redactarse un prospecto. Condiciones económicas no hemos precisado aún con los de «Estudio». Le diré a usted cuáles eran las condiciones con que yo había contratado con los Ollendorf en París (contrato que luego quedó sin efecto por un cambio del director de la sección española). Yo recibía un tanto por volumen entregado y tenía que entregar uno por mes. Y corría de mi cuenta traducir yo mismo o buscar traductor, procurarme la autorización, pagarle cuando era necesario, etc. Creo que con los de «Estudio» podrían pactarse condiciones análogas y, a menos que usted me sugiera otra solución, propondré que el tipo sea de 250 pesetas por volumen. Y uno de nosotros dos se encargaría de presentar los vols. de turno par, y el otro, los de turno impar.

Escríbame usted una palabra sobre el proyecto, así que pueda.

Supongo que Soledad se ha aferrado bravamente a la vida y que ella y su madre siguen bien.

Siempre devoto escolar y muy amigo.

EUG. D'ORS

(*Carta*, 2)

81

A ENRIC PRAT DE LA RIBA

Institut d'Estudis Catalans, Secció de Ciències,
Palau de la Diputació, Barcelona. Sin fecha (mayo 1914)

Estimat President:

Crec que el detall referent a l'intervenció del Col·legi d'Advocats se podria publicar en el cartell especial que s'ha de fer del premi, on altres detalls encara hauran de fixar-se (p. ex., quin temps màxim han de portar de publicades les obres no inèdites que es presentin al concurs; i potser també el nom d'altres entitats jurídiques que hagin d'intervenir en l'adjudicació del premi Duran i Bas).

Altres detalls manquen també en l'anunci del premi Vives (el mateix referent a la data de les obres no inèdites) i en d'altres. De manera que de cada un serà bo fer un cartell especial, en forma d'*affiche*—com altrament ja pensàvem, el text del qual podrem preparar amb una reflexió que no ens consentiren les presses de la necessària publicació el dia de Sant Jordi.

Ja el veuré.

Mentrestant, permeti'm d'oferir-li l'adjunt exemplar de ma traducció castellana de la *Flos Sophorum* que ara acaba de sortir en una biblioteca pedagògica i que, com recordarà, vaig demanar-li llicència per dedicar-li.

Sempre seu.

EUG. D'ORS

(*Carta*, 10)

82

A ENRIC PRAT DE LA RIBA

Institut d'Estudis Catalans, Palau de la Diputació,
Barcelona. Sin fecha (1914?)

Estimat Director:

En vista de lo malament que venia la cosa, a gairebé tothom s'ha desistit de celebrar demà la sessió general d'Institut de què s'havia parlat. La convocaren per al dilluns, dia que sabem que a vostè li és bo, car, segons en Rubió ens ha dit que aquest mateix dia i a la mateixa hora (les 7), vostè havia promès assistir a la sessió de la S[ecció] històrica, que s'ha suspès per a donar lloc a la plenària.

Mani sempre a son aff.

E. D'ORS

(*Carta*, 11)

83

A ENRIC PRAT DE LA RIBA

Institut d'Estudis Catalans, Palau de la Diputació,
Barcelona. Sin fecha (1914?)

Dimarts, vespre.

Estimat President:

Demà a les deu del matí, li serà portat a casa el llibre del Banc[h: tachada] de Barcelona, per recollir la seva firma en lo de la concesió del premi Bonsoms, i per canviar el depòsit.

Avui li hauria portat això a la Diputació, però vostè no hi ha estat, i demà estem citats pel senyor Fargas per anar després al Banc.

Com que el llibre d'aquest surt difícilment de la casa i l'ésser portat a domicili és un favor, li agrairia que es serveixi donar atenció al moment que li portin.

Mani a seu sempre.

EUG. D'ORS

(*Carta*, 12)

84

A ENRIC PRAT DE LA RIBA

Institut d'Estudis Catalans. 17 agosto 1914

El Secretari General / de l'Institut d'Estudis Catalans / B. L. M. / a

l'Excm. Sr. D. Enric Prat de la Riba, President del Consell d'Investigació Pedagògica, i, com conseller tècnic interí, li agrairia que es serveixi concedir-li l'autorisació per passar fora de Barcelona quatre setmanes a finir el 15 de setembre; restant sempre, emperò, a disposició del Consell i de son President per a les sessions que es convoquin i demés assuntes de què es cregui urgent l'estudi o gestió.

Eugeni d'Ors / aprofita aquesta ocasió per a fer-li / present el testimoni de la seva con- / sideració més distingida. / Barcelona 17 d'agost de 1914.

(*Saluda del Secretari General, 13*)

85

A UNAMUNO

La Fosca (Sant Joan de Palamós), Girona. 3 septiembre 1914

Mon cher Maître:

¿Qué es esto? Hoy me llega a esta remota playa la absurda noticia.[96]

Ignoro de qué se trata, y los diarios no traen explicaciones, pero, desde luego, y sin necesidad de averiguar nada ¡protesto!

Cuénteme incondicionalmente a su lado. Así lo escribo también a mis amigos de Barcelona, por si se hace públicamente alguna manifestación colectiva.

Siempre el respeto, la admiración y la amistad de

XENIUS

(*Carta*, 21)

---

96. Unamuno había sido destituido del rectorado de la Universidad de Salamanca, por R.D., 20 agosto 1914 («Gaceta de Madrid», 30 agosto).

86

A UNAMUNO

Institut d'Estudis Catalans, Secció de Ciències,
Palau de la Diputació, Barcelona. 4-13 octubre 1914

Mon cher Maître:

Llego a Barcelona desde mi playa y procuro enterarme de los detalles de su caso. Es abominable. A la Fosca ya me escribieron Díez-Canedo y Morente, pero sin mucha explicación. Me pedían la firma para una protesta, y la di enseguida, es claro: que tratándose de usted, y de *ellos* y del Deber de por medio, no había que entrar en demasiadas averiguaciones para saber quien tenía razón. Aquí he buscado prensa de Barcelona y de Madrid. El silencio casi general no me sorprende demasiado. Hace tiempo que sé que la Inteligencia no vive aquí (y seguramente en otras partes) en un ambiente de indiferencia, como solemos decir y lamentar: sino, peor, en un ambiente de odio. Porque acaso es virtud de la Inteligencia no poder ser indiferente a nadie. El que no la ama, la odia, y en los atentados contra la Inteligencia se regocija.

¡Cuántas veces, en ocasiones como ésta (la verdad, sin embargo, es que no hay muchas ocasiones como ésta, de tal asco y enormidad) hemos oído decir: ¿Qué quiere usted? ¡La gente no siente estas cosas, no vibra!—Ca, respondo yo: ya lo creo que las siente esas cosas. ¡Ya lo creo que vibra! ¡Pero siente y vibra *en contra*!

Lo de Salamanca, de su gente y de su claustro y de sus estudiantes, me ha sorprendido un poco más, de verdad. Yo le he visto a usted allí (¿se acuerda usted de una glosa del «Glosari» en que lo contaba?)[97] y me había formado ilusiones. Lo del claustro sobre todo es una vergüenza. El ministro, saltando con su magnífica inconsciencia de advenedizo por encima de todo respeto a la tradición republicana y autónoma de la dignidad de Rector, lo ha declarado cargo de confianza ministerial. Creo que sin demasiado escrúpulo hubiera podido ir un poco más lejos y declarar cargo igualmente de confianza—¡de toda confianza!—el de catedrático español.

Dios mío, estas gentes de Salamanca le han debido ver a usted, no sólo despidiéndose de la función, sino (lo que me parece más desgarrador todavía) *saliendo de la casa*. ¡Saliendo de la casa! ¡Buscando un piso, llevando la familia y los muebles! ¡Levantando la librería—eso tan trágico para todo hombre de profesión de espíritu—, levantando la librería, amontonando y despertando de su sueño esos libros viejos—¡más queridos los semi-olvidados!—en cada uno de los cuales ha quedado un girón de alma! ¡Le han visto hacer eso, tal vez con lágrimas en los ojos, y no se han movido! ¡Le han visto y no se han sublevado! (¡Perdone usted, perdone usted, mon cher Maître, de entrar así tan cerca de *lo que no se puede tocar*! ¡Perdone su pudor sentimental de vasco, eso que tal vez le ha de parecer indiscreción o falta de respeto del *hombre europeo*!).

97. *Glosari. Xeni*, 1 julio 1913.

Dejemos esto. Vamos a los nuestros, a los buenos. He leído el artículo de Ortega.[98] Está muy bien. También el de Morente en el *Nuevo Mundo*;[99] pero me parece demasiado resignado a la enormidad ministerial del «cargo de confianza». Lo del Ateneo de Madrid, de nombrar una comisión inquisidora, está muy bien: es serio y toca el punto central, el que hay que tocar: no el del genio de usted o el de sus méritos, sino la cuestión moral y estricta: el deber, el deber, el deber. De la protesta no sé nada. Los amigos de Madrid no me han escrito más. Desde La Fosca encargué a alguien que reuniera firmas barcelonesas. Me han dicho que se habían recogido las mejores.

La Veu mediana, mediana, mediana. Esto me avergüenza porque es la gente que tengo cerca. ¡Pero qué quiere usted! ¡Estaban «estudiando»! ¡Estaban «reuniendo datos»! No se figura usted: hay más olvido, inhabilidad, que otra cosa. Cuando se trató de mí, ¡pasó lo mismo! También estaban entonces reuniendo datos, estudiando, y esto duró semanas, hasta que regresé yo y les rogué que ya no estudiasen más. La gente de valor del regionalismo de Barcelona está metida en una política febril: el diario queda abandonado temporadas enteras en manos lamentables: ya lo habrá advertido usted, si lo hojea con alguna frecuencia.

Me siento fuertemente adversario de lo que decía en

---

98. Ortega y Gasset, *La destitución de Unamuno,* «El País», 17 septiembre 1914. En: *O.C.*, Revista de Occidente en Alianza Editorial, 1983, tom. 10, págs. 258-261.

99. Manuel García Morente, *La destitución de Unamuno. España oficial y España vital*, «Nuevo Mundo», 26 septiembre 1914.

su artículo Carner.[100] Esa teoría de que el espíritu ha de desarmar, ha de quedar indefenso, la rehuso con toda energía. No es justo, *y no me conviene*. Sería demasiado cómodo para los odiadores de la Inteligencia, ¿verdad? Y luego sería demasiado cómoda también para los otros, para los bohemios, para los que en gracia a hacer sonetos o madrigales, se creen con derecho a faltar a su oficina o a no pagar las deudas. No, no. Lo que decía antes: la cuestión moral, de deber, es aquí central. Usted podía ser la encarnación del espíritu hispano y el lucero de nuestra filosofía y, sin embargo, levantarse a la una y abandonar las obligaciones de su cargo. Y en este caso yo no protestaría de que le sacasen de Rector. Estaría bien sacado, más, estaría mal puesto, porque su lugar no se encontraría ahí. Pero nosotros sabemos todos el valor de usted, la pureza de usted en estos capítulos. Y por eso podemos protestar, aun antes de saber de qué se trata.

Esta carta del 4 la continúo hoy, 13. Estoy algo agobiado de quehaceres estos días. En mi situación profesional actual, un mes de vacaciones—y digo de vacaciones, a pesar del artículo diario—es expiado por un trimestre de sobrecarga.

Entre dejar y recoger ésta me ha llegado la buena carta de usted; y la injusticia me ha dolido de nuevo. Empiezo a ver claro en lo de la sustitución... Repito lo del odio, odio, odio. «Ya ve usted —me escribía uno de estos días Antonio Machado—, nos están barriendo a todos.»

---

100. Josep Carner, *La qüestió Unamuno. Al marge d'una lletra*. «La Veu de Catalunya», 15 septiembre 1914.

Estoy esperando la conferencia del Ateneo de Madrid, que usted me anuncia.[101] Tengo ganas de ir a oirlo.

Y a Salamanca, mi proyecto era de ir por ese tiempo. ¿Pero a qué, ya? El Ateneo seguramente desaparecerá a pesar de lo que usted me dice. He leído en un telegrama que estaba ya disuelto. Y a fe que me sabe mal renunciar al proyecto. Tenía pensado hablar allí del «amor al oficio».

La Guerra grande me ha preocupado y conmovido mucho también. He pasado semanas de verdadera agitación. Ahora estoy más sereno. Empiezo a ver algo claro. Mi posición es bastante distinta a la de usted, a pesar del grito de mi carne por nuestro Joffre.[102] Creo que usted está hoy en contra de lo alemán, precisamente porque usted es por definición antifrancés. En cambio yo, que soy casi un francés—y un francés que por milagro ha podido escapar al imperativo de la Anécdota del día—, veo estos pedantes sin demasiada aversión. Usted se queja y se burla de la razón—de la Razón—de los alemanes, ¿verdad? Sin embargo, nosotros llamábamos a los franceses el pueblo de la Razón.

Para usted tal vez en este momento el centro de gravedad sentimental está en Inglaterra. Acaso esto es un acto de fidelidad a su raza. No creo que leyese usted en los fragmentos de la *Conversación de Octavio de Romeu* que publicara en el *Día Gráfico* una distribución que el gran

101. Unamuno, *Lo que ha de ser un Rector en la Universidad española*, conferencia en el Ateneo de Madrid, 25 noviembre 1914.

102. El mariscal Joffre, general en jefe del Ejército francés, había nacido, el año 1852, en Ribesaltes (Pyrénées-Orientales), en la Cataluña transpirenaica.

Octavio hace de los pueblos de Europa;[103] pero acaso hemos hablado de ello alguna vez. Aquella distribución: Pueblos de la Representación: el Mediterráneo y sus colonias, Francia, Alemania; Pueblos de la Voluntad: Rusia, Inglaterra, España.

¿Qué hace hoy Francia? Tal vez una traición—y una traición *por regionalismo.*

¡Cuánto siento que de las *Cartas a Tina* haya visto únicamente las últimas! Tengo recogida la serie; y el día que en sus proyectos de lecturas encuentre usted un claro, y tenga la bondad de decírmelo, le mandaré esto, como se manda un libro.

Con algunos salmantinos que me han mandado libros, seguramente con inspiración de usted, estoy yo en deuda. He podido leer pocos de estos libros y me parecen lo bastante interesantes para no agradecerlos con un simple acuse de recibo. El de versos del Sr. Pinilla, sí, lo leí. Y estoy sufriendo desde hace semanas, porque la verdad es que no sé qué decir al autor. Y siento que a un ciego no hay derecho a engañarle, a decirle palabras engañosas, puesto que la palabra es para él la única información del mundo.

El segundo tomo del Pagès[104] le será a usted enviado, tal vez hoy mismo. No deje usted de decirme si algo más le interesa tener de lo nuestro o de lo que se publique en Barcelona... Yo me atrevería a pedirle, a cambio, una cosa. Una cosa de que ahora, en ocasión de la anécdota

103. D'Ors, *Conversaciones con Octavio de Romeu. I,* «El Día Gráfico», 10 octubre 1913.

104. *Les obres d'Auzias March,* edición crítica de Amadeu Pagès, Institut d'Estudis Catalans, Barcelona, 1914, tomo 2.

reciente, he sentido un vivo deseo: quisiera poseer, dado por su mano, un buen retrato de usted.

Adiós. Le siente a usted muy cerca.

Le abraza de todo corazón.

XENIUS

¿Recibió mi folleto *De la amistad y el diálogo*?

(*Carta*, 22)

87

A UNAMUNO

Barcelona. 10 noviembre 1914

Mon cher Maître:

Como veo que es usted aficionado a coleccionar estas perlas, con la áspera codicia y la enorme *libido* de un Flaubert, he pescado para usted una, que se acompaña.[105]

Otro recorte va incluido. Es el de una glosa mía[106] y que va a cuento de su artículo en *El Día Gráfico* sobre los nom-

---

105. Se trata de un recorte de «Los Miserables», n° 47, 30 octubre 1914.

106. D'Ors, *Lletres a Tina. LV*, «La Veu de Catalunya», 4 noviembre 1914. D'Ors hace referencia a la capilla francesa en Barcelona, situada en el carrer del Bruc.

bres de las calles.[107] (La calle a que yo me refiero está en uno de los barrios altos.) Le agradeceré que me devuelva el recorte, para mi colección del «Glosari», pues no tengo otro. Pero conste que no tiene usted compromiso de acompañar la devolución con carta escrita. Yo no me perdonaría el haberle molestado y esto me cohibiría otra vez y me quitaría el placer de ese linaje de libre comunicación que tanto acerca.

Recojo la alusión de otro artículo del *Gráfico*.[108] Sí, exacto: la estética es libertad, la lógica esclavitud. Pero yo escribí un día, recogiendo el adagio catalán: *Valen més cançons que raons*,[109] que el ideal estaba en llegar a tal estado de espíritu y de cultura que todas las canciones fuesen razonables (*enraonades*, que es mucho mejor) y todas las razones, cancioneras (*cançoneres*, que a la vez lleva la idea de *no demasiado* apresuradas).

De esta cuestión, y de la otra sobre el juego, que quedó pendiente en el tiempo de mis oposiciones, habrá que hablar largamente en el «Glosari», así que con las Navidades, y por las Navidades, se cierren las *Cartas a Tina*.

Adiós, cher Maître, y Rector mío. ¿Quién me podrá privar de llamarle Rector?

Ya sabe cuánto le quiere y admira.

XENIUS

(*Carta*, 23)

107. Unamuno, *La calle de don Juan López Rodríguez*, «El día Grafico», 17 octubre 1914. En: *O.C.*, 1968, tom 4, págs. 417-419.

108. Id., *Uebermensch*, «El Día Gráfico», 30 octubre 1914. En: *O.C.*, tom. 4, págs. 1367-1369.

109. Xènius, *Reportatge de Xènius. Valen més cançons que raons*, «El Poble Català», 11 noviembre 1905.

88

A UNAMUNO

Barcelona. 16 diciembre 1914

Cher Maître:

Mis amigos de Madrid no han tenido a bien avisarme a tiempo para que yo mandase mi adhesión a ninguno de los actos en pro de la causa de usted, que tan es la nuestra. Pero usted bien me sabía presente en espíritu y en deseo, ¿verdad?

He pasado casi toda la semana dialogando con usted. Un artículo para Madrid, dos glosas en *La Veu*,[110] sobre nuestra Franco-Germania, una carta al *Dia Gráfico* sobre nuestra cuestión del célebre Benítez—a la luz de la *lógica biológica*.[111]

Ahora le mando otro documento humano. Éste tendría también perdón, según lógica biológica, si hubiera sido un francés quien lo escribió... No sé si el perdón puede alcanzar a un suizo.

Cher Maître, ¡querido interlocutor! Un interlocutor es una cosa de tanto precio, como dijo Octavio de Romeu en aquella conferencia de Madrid[112] (que creo que ya le he mandado a usted editada, ¿no es cierto?). Esos

---

110. D'Ors, *Lletres a Tina. LXXX, y LXXXI*, «La Veu de Catalunya», 10 y 11 diciembre 1914.

111. Xenius, *Carta abierta a Unamuno sobre el célebre Benítez*, «El Día Gráfico», 17 diciembre 1914. En: *O.C.*, tom. 7, págs. 580-582.

112. D'Ors, *De la amistad y el diálogo*, lectura en la Residencia de Estudiantes, Madrid, 16 febrero 1914.

diálogos con usted han entrado ya a formar parte de mi manera de pensar. ¿No nos encontraremos algún día para continuarlos, físicamente juntos, y ni por un día ni por dos, sino con tiempo y vecindad? Tal vez sí, y acaso en Madrid. Duras son las piedras de Salamanca, color de oro, duras son las piedras de Barcelona, color de miel. Dejando el amor, a cambio de un acrecentamiento de serenidad, ¿no las cambiaríamos un día por Madrid, la-de-las-tapias-color-de-chorizo? Las tapias son tan sordas como las piedras. Pero tienen la ventaja de que abruman menos y uno puede más fácilmente despreciarlas.

Suyo de corazón.

EUG. D'ORS

Acabo de leer en *El País* el artículo por mí enviado.[113] Han salido algunas cosas muy graciosas. Aparte de las consabidas erratas (*irreductible hipoteca*, por *irredimible*; *pedir—carnavaladas claustrales*, por *presidir*), algún erudito regente ha suprimido una serie de mayúsculas carlylianas que yo había puesto, para Espíritu, para Anécdota, y para cosas así, y las ha puesto—oh *documento humano* también, en *Gobierno*, en *Magisterio* (Magisterio (Clamor del))—y en «entrambas *R*epúblicas» ...—¡Gobierno, República, Magisterio! ¡Documento, documento![114]

(*Carta*, 24)

113. D'Ors, *El rectorado de mármol*, «El País», 14 noviembre 1914.
114. Conforme a estas rectificaciones, el texto quedaría así:
«Para el idealista, lo más interesante de la Gran Guerra no está en su planteamiento como conflicto entre dos culturas. No está tampoco en la

perspectiva que ella ha abierto a nuestra especulación, sobre el valor y futura suerte de la libertad y de la autoridad, los dos eminentes principios en pugna. Ni el drama de aquella hora decisiva, en que fidelidad y necesidad lucharon en la conciencia de un pueblo. Ni en el auto sacramental de las catedrales mártires. Ni en el misterio de la pasión y muerte de las ciudades heroicas. Para el idealista, lo más interesante de la Gran Guerra se halla en ese paso sublime, cuando, caída Bélgica del todo, sale de ella su gobierno, se reconstituye en el Havre y empieza a sostener desde allí la imperturbable ficción de un Estado, con todos sus órganos, con todos sus derechos, con todos sus deberes, con la plenitud teórica de la soberanía, pero que ya no tiene en el mundo de las cosas que se tocan y cuentan ni una miserable almena que llamar suya.

He aquí, pues, la nación sin tierra, la nación sin cuerpo, la franca, limpia voluntad de nación. Apriétanse para perpetuarla las almas de sus hijos, y la mística plaza fuerte que así foman, ya ninguna mundana artillería la sabrá tomar. Acudid, hombres de la tierra, acudid a contemplar este milagro del puro albedrío: Bélgica que, como mujer y como madre, vimos sucumbir, se levanta hoy a nuestros ojos con figuración de ángel. Es un ángel, impávido, a la puerta del paraíso en que se guarda la primavera de unas tradiciones patrias que no se quieren agostar. Tiene la libertad en los ojos, y, en la mano, una grande espada de fuego.

El día mismo en que llegó a mi ciudad noticia de la reconstrucción del gobierno belga en el Havre, yo me apercibía a escribir a Miguel de Unamuno mi primera carta desde su destitución de rector. Suelen llevar las misivas que enderezo a tan alto amigo, dedicatoria uniforme. Dentro, un encabezamiento en francés, eco de una broma antigua y cordial, y en que se expresan conjuntamente, como en cifra, el acatamiento al magisterio y la divergencia ideológica. Fuera, en el sobreescrito, siempre—¡de estatista a estatista!—indicación completa de la jerarquía oficial: "Sr. D. Miguel de Unamuno.—Rector de la Universidad de Salamanca".

¿Iba ya aquel día a prescindir, por primera vez, del título, en razón a que un acto de tiranía ministerial lo hubiese arrebatado? Y, por de pronto, aquella jerarquía oficial, ¿era únicamente una jerarquía oficial?... Se me acordó entonces la fuerte persona de mi amigo tal como un año atrás le había encontrado en su medio y casa. Vile nuevamente, hombre de su ciudad, y muy de las piedras y de las mentes de su ciudad, soberamente, adentrado en la intimidad de ella, nutriéndose, ávido, cada día, de las substancias de la Universidad y de la plaza, dictando cada día su lección a entrambas repúblicas. Vile nuevamente, hombre derecho en derecho lugar, aplicado con toda el alma a la función, infatigable en enseñanza y en regimiento, administrador, regularizador, despachador del negocio, aplicador de la orden, solucionador del conflicto, promotor de la mejora. Vile nuevamente, recio pisador del piso recio de las venerandas calles, conocedor de la leyenda de cada esquina y del pleito de cada casa, abridor de todas las puertas, no detenido en su paso por reja de clausura ni por torniquete de estación; ahora interpelado por un personaje local, ahora consultado por un fraile, ahora alcanzado por una buena señora que corre a noticiarle el premio de violín del chiquillo, ahora saludado respetuosamente por un jinete charro que levanta el ancho sombrero ante Don Miguel, mientras la pica larga gobierna un rebaño, camino del matadero... Y le vi también en aquella su celda de estudio, hasta donde corriendo por una metropolitana correspondencia, llegó el fluir de la sangre espiritual de cuatro Españas para juntarse en un corazón y cambiarse en un solo aliento.

Junto a estas imágenes velaba la del ángel impávido de la Bélgica resucitada, de la Bélgica invencible... Sin un punto de duda, sin un alto de vacilación, mi pluma cubrió la plica con la usada endereza: "Sr. D. Miguel de Unamuno.—Rector de la Universidad de Salamanca".

Ahora esta cosa diría yo a mis amigos: los señores diputados, en una sesión lamentable, vergüenza del Parlamento español, testimonio de provincialismo y de su grosería sin cura, han querido enterrar el incidente Unamuno. Han querido, han creído enterrarlo. Nosotros debemos disponernos a que no sea así. A nosotros, los vejados en la cabeza del hermano mayor, los con él escarnecidos, los indefensos como él, nadie podrá arrebatarnos el derecho a pronunciar la última palabra en el negocio. Y nuestra última palabra en el negocio ha de significar una perpetración agresiva del incidente y una restauración para la dignidad pública del despojado.

En la inexactitud de la endereza de mi carta, había un profundo homenaje a la verdad. Diga la Gaceta lo que quiera, termínese como se termine una página del *Diario de Sesiones*, nuestro valiente amigo no ha dejado de ser "el rector de la Universidad de Salamanca". No puede dejar de serlo mientras viva, ni aun más lejos de su terreno vivir. En almas así, una investidura es definitiva como un sacramento. Otro hombre, allá en las soledades del muerto edificio, firmará expedientes o recibirá señoritas maestras. Otro presidirá las carnavaladas claustrales y habrá tal vez cubierto con retratos de ministros y de caciques las paredes de aquella celda que recogió el fluir de la sangre espiritual de las cuatro Españas. No importa. Hay en la ciudad una Universidad sin muros, un rector sin mando. Lo demás, ni existe. Nosotros, pues, nos apretaremos y conjuraremos para multiplicar, para eternizar aquel homenaje a la ideal verdad. No escribiremos ya a este hombre sino subrayando el término místico de su función pública. No citaremos su nombre, sino con expresa designación de su dignidad. No le aludiremos, sino con enunciación de su jerarquía. Bajo nuestras plumas será siempre Miguel de Unamuno el rector de la Universidad de Salamanca. Y, editores de libros, directores de periódicos, tendremos buen cuidado de añadir a su firma el honor del título que él no quiso inscribir jamás.

Esto diría yo a mis amigos, con la vista fija en el ángel de la nación sin tierra. Esto—si yo tuviera la voz bastante alta, o no fuese hombre para quien es siempre un sacrificio levantar la voz— propondría a los escritores de España y América y aun a los extranjeros que a ese gran español quisieran admirar y nombrar.

¡Ah, si nos sintiéramos con coraje y energía bastantes para sostener una empresa así, por años y años, a prueba de fatiga, a prueba de escarmiento y lección de cosas! ¡Ah, si el empuje de nuestro idealismo—"¡idealismo militante", como ahora decían en Italia—no se contentara con eso y emprendiera revisión más ancha aún, movido de una pura voluntad de justicia! ¡Si nuestra palabra sin mancha quisiera reconquistar, una a una, todas las fortalezas que para el espíritu se perdieron, en combates recientes, y a espejo del pueblo noble, supiésemos reconstituir también, en nuestro Havre de refugio, nuestra república de nombres, devolviendo a cada cual el que le otorgó el inerme Espíritu y que la Anécdota le arrebatara—a nuestro Azorín el de aquel puesto para el cual no le conocimos digno rival, a nuestro Federico de Onís, el de aquella cátedra que sé bien ganó. Lejos, en los oscuros rincones, quedarían unos cuerpos oscuros, beatos poseyentes, que jamás alcanzarían a sentir íntegra fruición de propietarios. Una irredimible hipoteca de la gloria gravaría todo impuro derecho, como rememoración constante de entuerto original; y las nupcias del villano con la merced serían acibaradas cada noche con el ejercicio de un fuero de pernada a favor del señorío de la inteligencia. Al cabo de un tiempo de este heroico ejercicio de la arbitrariedad; tras la paciencia larga de repetir las palabras de la justicia como un conjuro; cuando aún más luz se hubiese echado sobre lo luminoso y más tinieblas hubiesen venido a acrecer el olvido de lo oscuro, entonces—¡ah, entonces!—¡veríamos quién era el fantasma!

Junto al nombre del Digno, siempre el título de su jerarquía. Junto al nombre del Indigno, jamás la mal ganada distinción. Éste sería nuestro programa. Ésta sería nuestra venganza. Éste sería también nuestro vínculo y nos conoceríamos por esta señal.

89

A UNAMUNO

Barcelona. 31 enero 1915

Querido Rector:

¿Qué es de usted? No he llegado a leer el art. de que me hablaba en su carta última, en continuación del negocio Benítez.[115] Tampoco sé si ha pasado los ojos por mi art. de *El País*, una proclama gongorina en que proponía para usted un Rectorado de mármol. Creo, en cambio, que ya le he dicho a usted, de mi excursión a su Bilbao.[116]

Dijo el Buonarroti, en referencia a los materiales de escultura, y alusión a su utilidad y sucedimiento, para ejecución de la estatua: "El barro es vida. El yeso es muerte. El mármol es resurrección."

Así es el idealista, así como el escultor en mármol. Resucita para la eternidad las cosas que toca.

Nuestros contemporáneos han visto una Bélgica viva, en la Bruselas de la paz; una Bélgica muerta, en los Amberes de la caída; una Bélgica resucitada, en el Havre de la sublime ficción.

Quieran ver también los españoles en tres fases, el rectorado del maestro de Salamanca: en vida, en muerte, en resurrección.

Amigos míos, compañeros, a eso a que yo os invito, invitad vosotros a nuestros hermanos, los escritores de todas las Españas: Para Miguel de Unamuno, y por instrumento de nuestra fidelidad a un título, un Rectorado incorruptible, "Un Rectorado de mármol".

Eugenio d'Ors.»

115. Unamuno, *Más sobre el célebre Benítez. Al amigo Xenius*, «El Día Gráfico», 10 marzo 1915. En: *O.C.*, 1968, tom. 7 , págs. 583-585. El artículo apareció, por tanto, con posteridad a la carta de d'Ors.

116. D'Ors, *Defensa del Mediterráneo en la Gran Guerra*, conferencia en la Sociedad «El Sitio», Bilbao, 16 enero 1915.

Hasta el último momento tuve esperanza de encontrarle allí. Me faltó usted, pero vi sus «Cuatro Calles» y la
casa de su nacimiento. ¿Me querrán ustedes para la primavera en Salamanca? Si me quieren llevaré allí a Napoleón, mi Napoleón. Y usted estará allí, usted estará
allí siempre. Y yo, aquí. Bien pensado, mejor son piedras que tapias ¿verdad? Conocí a su hijo en Madrid.
¡Qué gentil mozo!

Estrechamente suyo.

ORS

(*Carta postal*, 25)

90

A ORTEGA Y GASSET

Barcelona. 2 febrero 1915

Mi capitán, hoy no puedo entender la orden del día. Recibo hoy, martes, el papel cuya devolución se me pide
para el lunes. Tal vez se demoró algo en Madrid la salida
de la carta, que viene con sobre que no es de usted. Tal
vez la ha retrasado el error de la dirección, que viene con
el n° 4, en vez de 416.[117]

---

117. Casa de les Punxes, edificio modernista del arquitecto Josep
Puig i Cadafalch, en la Avenida Diagonal, 416, donde d'Ors vivía desde 1910.

Así las cosas, creo que ya se habrá dado solución a la dificultad y que esta solución habrá probablemente consistido en dar el capítulo *Abderhalden*, seguido del *Platero*, pasando por el inconveniente de la analogía de versículos con el papel de Baroja, que a mi, después de todo, no me inquieta demasiado, y supongo que a Baroja, menos.

Otra solución, si la llegada de esta carta mía diese tiempo para tanto sería poner lo del *Preocupado*, y, a continuación, en vez del *Platero*, uno de los dos capítulos que le mando y que destinaba a la semana que viene; de preferencia el de *Celso Lagar*, que tiene actualidad perentoria antes de que la exposición de este artista cierre.[118]

En este caso quedarían, para la semana que viene, *Platero*, las *Noticias de la R[epública] de las L[etras]* y *Abderhalden* que, con un nuevo capítulo breve que añadiría, darían un papel completo.

Si la impuesta o la preferida ha sido la otra solución, lo que podría darse en el nº 3 sería lo del *Preocupado*, seguido de los 2 artículos nuevos de hoy. Tanto en uno como en el otro caso, creo que podemos excusarnos de quitar nada del capítulo del *Preocupado*. Lo he vuelto a leer y la operación se me haría difícil; y de todos modos la cuestión del espacio quedaría salvada así. Y en último caso siempre cabría dar el icono en un grabado más pequeño o ponerlo en otra página, la anterior, por ejemplo. De todas maneras, la referencia ha de resultar clara, pues

---

118. La carta llegó a tiempo, y en el nº 2 de «España», 5 febrero 1915, en la sección de d'Ors, «Las obras y los días», apareció el capítulo sobre *Celso Lagar*, tras los de *Abderhalden*, «*Platero y yo*».

el cartel se ha popularizado mucho. En Barcelona, por lo menos, se le ve por todas partes.[119]

Le agradecería que me mandase una palabra enseguida sobre la solución adoptada, para yo mandar o no el viernes el nuevo capítulo breve que antes dije.

En las semanas siguientes, ya no habrá problemas así, pues yo le iré mandando siempre capítulos, cuya distribución podrá ser elástica. ¡Y confesemos que esta forma epigramática ha sido providencial, pues si llego a enredarme con artículos monográficos no sé como hubiera arreglado semejantes conflictos!

Inclusa, una inscripción.

Siempre a la orden,

ORS.

(*Carta*, 3)

91

A ORTEGA Y GASSET

Barcelona. 27 febrero 1915

Querido Ortega:

Temo que no va a ser posible la nueva combinación de que me habla usted. Si yo fuese rico, rico en pecunia o en horas, no vería inconveniente en aceptar ni en aceptar

119. Se refiere al cartel de anuncio de la revista «España», obra de Rafael de Penagos.

cualquiera de las que mañana me fuesen propuestas. Pero, dadas mis condiciones, tengo el deber y aun la necesidad de vigilar estrechamente la organización de mi trabajo profesional.

Los límites en que me muevo me imponen que cualquiera de las empresas a que hoy doy mi actividad, sea, al cesar, sustituida inmediatamente por otra. Esto es ya fácil, como usted sabe perfectamente, en nuestro mercado intelectual, dado cierto crédito y circunstancias. Pero lo difícil es adecuar, por ejemplo, un encargo editorial a una *fracción* de encargo, proporcionada a la *fracción* de tiempo de que se dispone. Una traducción, v. g., se ha de prometer para dentro de dos o tres meses; y no se le aceptaría una promesa para un año más tarde.

Yo puedo pues, sin quebranto de mi organización profesional, dejar mi colaboracion en *España*; pero me sería sumamente difícil reducirla a la mitad y darme un sustitutivo de medida justa a la entidad de lo abandonado.

Hábleme usted pues sin ambages, como yo le hablo, y en la seguridad de que nada de lo que pueda decirme me ha de molestar en lo más mínimo. ¿Por qué, si se tratase de una cuestión de caja, no me lo había de decir usted, facilitando la solución, con colocarnos en un plano de abierta franqueza? ¿Cree usted que yo voy a juzgar de usted o de su diario, por el n° de *manos* que coloque el administrador? Yo soy un creyente en el éxito final de *España*, y de él estoy segurísimo si se tiene cierta paciencia; pero de Madrid me han llegado voces—y no precisamente voces de *chers collègues*, que podrían ser sospechosas— que me hablan de cierta frialdad, de cierta resistencia en el público. Veo que lo de los anuncios marcha despacio. Pero todo esto, tratándose de una empresa de cierta *tenue* espiritual, ¿no es más bien un elogio? Aparte de que todos los periódicos han empezado así.

Dígame usted, pues, de qué se trata. Y si lo de la caja no interviene, mándeme también dos palabras sobre la cuestión aún pendiente, de si le parece que se podría organizar una colaboración aquí, y en qué condiciones. Con eso le mandaría algunos nombres de colaboradores literarios, menos desinteresados, es claro, que los pedagogos, juristas, etc.

El último nº me gustó. El homenaje a D. Francisco,[120] excelente.

Siempre suyo.

ORS

Le agradeceré que, sea cual fuere la resolución que para lo sucesivo adoptemos, mande insertar en el nº del viernes próximo «Obras y días», para dar salida a algunos de los papelitos mandados y que estaban demasiado ligados a la actualidad (especialmente 2, relativos a Don Francisco y a Barrès).

Ah, y mi dirección: Diagonal 416—y no «Escorial».

(*Carta*, 4)

120. Don Francisco Giner de los Ríos, muerto en Madrid, en la sede de la Institución Libre de Enseñanza, en la madrugada del 18 de febrero de 1915.

92

A ORTEGA Y GASSET

Barcelona. 6 marzo 1915

Querido Ortega:

En su carta de usted, recibida hoy, debe de faltar la primera página, o tal vez más de una página. Empieza diciendo: «y ahora, con alguna calma...» ¿Se hablaba antes de la cuestión relativa a nuestro convenio de colaboración? Ya sabe usted cuánto me interesa la solución estable de este asunto, por lo que está ligado a la organización de mi trabajo.

Que el chiste tuviera paternidad tan ilustre,[121] no me impresiona. Ya dije que cada cual tenía su Gedeón familiar. Lo tienen sin duda Azorín y Baroja, lo tiene usted, lo tengo yo. Pero nuestro deber está en no hacerle caso, y, así que sea posible, aprovechando su primera distracción, caer sobre él y estrangularle.

Lo económico no es de mi incumbencia; pero sé que de una parte había una fuerza real (porque lo dice, por ejemplo, Unamuno); y, de otra parte, una ficción (porque lo dice, por ejemplo, usted, en la nota del último n° de *España* sobre el banquete a Alba). Y tal vez no había que colocar las dos cosas en el mismo plano, sobre todo cuando se abría una sección que se llamaba «La vida real de España».

---

121. El objeto del litigio era un chiste de Bagaría, publicado en el n° 1 de «España» (29 enero 1915), al que d'Ors había aludido desfavorablemente en *Avisos al Preocupado*, «España», n° 5 (26 febrero 1915), 5.

La actuación de esta fuerza real que ha nacido aquí, en Cataluña, no me parece bien siempre. Le reprocho las cosas que usted, y muchas más: día por otro, este reproche o la protesta están expresados en mi «Glosari», contenidos nada más que por el límite indispensable para no darlo todo al traste. Pero a cambio de todo esto tiene aquella fuerza una ventaja importante, y es la de existir.

¡Sí, cuánto convendría hablar de estas cosas, directamente! Pero muchas veces hemos hablado y largamente, y me parece que no llegaríamos a conclusión jamás. Pero, después de todo, la ganancia espiritual—y aun material—en esto no han de estar en la conclusión, mas en el hecho mismo del diálogo. *La amistad y el diálogo*, ya sabe usted que ése es mi programa. A mí la amistad de usted me importa definitivamente más que las zonas neutrales.

Las zonas neutrales serán una conquista humana, muy humana, y, en cambio, nuestra amistad me parece un hecho divino. Eso aparte de que aun humana y racionalmente sería difícil predecir las ricas consecuencias que han de salir del hecho de nuestra amistad. Pero el convencimiento de la divinidad del hecho sale de considerar que todo lo que entre nosotros eran fatalidades físicas y sociales parecen haber trabajado a hacernos enemigos: el origen, el ambiente, la profesión, la situación, todo. Sin embargo, somos amigos. Eso es una superación maravillosa; y, en cuanto a mí, uno de los acontecimientos más importantes de mi vida.

Poco a poco la amistad traerá la mutua comprensión de muchas cosas. Ya ¡en cuántas nos entendemos a media palabra! Por ejemplo: el día en que salieron las declaraciones de Cajal[122] sobre el mañana de la guerra, ¡qué guiño se han hecho ¿no es verdad? nuestros ojos, a catorce horas de tren, de distancia!

Sentí no tener a mano los datos sobre la Diputación que usted me pedía. Ya debió usted recibir la carta de mi dactylo y discípula. De todas maneras, tengo solicitado un ejemplar que mandaré a usted, por si aún le pudiesen ser útiles. Una palabra sobre lo de la colaboración, así que usted decide. Esta semana no mando artículo. También puedo tomar mis medidas.

Siempre suyo,

ORS

(*Carta*, 5)

93

A ORTEGA Y GASSET

Institut d'Estudis Catalans, Palau de la Diputació,
Barcelona. 15 marzo 1915

Qdo. Ortega: No han llegado los datos «menos íntimos» de que me hablaba la carta de usted; y por ésto no he sabido entender bien, en todos sus extremos, el nuevo es-

---

122. Santiago Ramón y Cajal, *Después de la paz*, «España», n° 3 (12 febrero 1915), 5.

tatuto que me propone usted. Me parece que queda en el aire, por ejemplo, la cuestión de la periodicidad.

Para ver si definitivamente nos entendemos, voy a ser yo ahora quien proponga un nuevo plan, de acuerdo con las indicaciones nuevas que tuve de usted, y en que me parece que pueden quedar compaginadas las necesidades de mi organización profesional con las de rebaja que la caja de *España* experimenta circunstancialmente.

Las bases del nuevo acuerdo podrían ser las siguientes. Yo mandaré a *España* mensualmente un puñado de estas cortas glosas que componen «Las obras y los días». *España* insertará semanalmente de ellas las que convenga a las necesidades de su compaginación, desde una glosa hasta agotar, si es necesario, el repuesto que se tenga, empezando la sección siempre en un sitio fijo del periódico, pero terminándola donde convenga. Si hay caso de urgencia, por cualquier razón, en algo de lo que envíe, lo señalaré; fuera de ese caso el orden de publicación será indiferente, y aun podrá suprimirse la sección alguna vez, no menos que alcanzar, las semanas que convenga, doble extensión que la usada.—A cambio de esta colaboración, la administración de *España* me daría, mensualmente, ciento setenta y cinco pesetas.

Como ve usted, la tasa es la misma que usted me propone en su última carta, y la única diferencia está en la fijeza del estipendio periódico, salvado ya de contingencias de publicación, que mi organización profesional no me consiente, ya sabe usted por qué razones.

Mandé ya mi *papel* el sábado, para que no faltase original para el viernes próximo. Le agradeceré que antes de este día me mande usted su conformidad al nuevo estatuto, para que no falte original a la siguiente semana.

De otros puntos de vista muy interesantes que me sugiere la carta de usted hablaremos otro día. Creo que, sea la que fuere la suerte de estos primeros pasos de *España,* no hay que desmayar. El éxito ha de coronar los sacrificios colectivos y personales de que usted me habla. También yo le podría decir algo en este capítulo. No sea hoy. Ésta es una carta de *affaires*, aunque no lo sea de negocios—en la *música* española de la palabra... No promiscuemos.

Siempre su amigo y escolar.

XENIUS

(Carta, 6)

94

A UNAMUNO

Institut d'Estudis Catalans, Secció de Ciències, Palau de la Diputació, Barcelona. 7 mayo 1915

Venga de nuevo la *nivola*,[123] querido Rector, certificada o sin certificar y dirigida a casa; que no es de presumir que los enredos postales vayan a repetirse. Yo hubiera leído el libro, de todas suertes y acaso ya vió usted que en *Es-*

123. Unamuno, *Niebla. Nivola*, Renacimiento, Madrid, 1914.

paña se anunciaba la aparición y se reservaba para el comentario.[124] Pero mi reconocimiento es muy grande al verme metido por la bondad de usted en su reducido y selecto «*Gabinete*» de amistad literaria.

También yo andaba extrañado, no precisamente de no recibir el libro, sino de no ver letra suya. ¿Y quiere usted que le diga a corazón abierto—es mucho mejor—de dónde arrancaba mi extrañeza? Pues de la publicación de un desdichado artículo mío, en *El País*, un artículo gongorino y muy malo, pero donde, en ocasión todavía de la cuestión de su Rectorado, mi veneración y mi amistad por usted reventaban de un modo violento. Ese artículo lo pasó usted por alto en tiempos de su publicación y nadie se lo señaló, lo cual no deja de extrañarme. Pero, en fin, yo luego, con libertad que creí que me daba nuestra amistad, se lo señalé por dos veces. Sin embargo, hoy mismo no parece que haya leído usted esa página sin fortuna.—Y aquí ha entrado mi preocupación ¿Porqué? ¿Había acaso en aquel escrito vehemente algo de que yo no me diese cuenta, que pudiera parecer menos amigo? ¿O bien—me decía yo—se habrá entre nosotros *ficat la bruixa*, como me ha ocurrido alguna vez en esa España en que la amistad es envidiada como cualquier otro bien, con algunas amistades mías—y como me está ocurriendo sobre todo ahora, en que se añade a las causas hispanas y castizas de efectos así, otras causas internacionales—incluso con figura de «chargés de mission» o de «camelots» emboscados,

---

124. D'Ors. *Las obras y los días. Memento*, «España», n° 13 (23 abril 1915), 8.

destacados expresamente, parece, para ponerme mal con mis amigos?

De esas cosas a que aludo, imagino que ya debe usted saber algo, y tal vez habrá leído por ahí algún artículo desvergonzado de algún ex-adulador mío—¡como nuestro pobre Robin, que parecía tan inteligente! ¡Qué cosas! ¡Ya ve usted, aquí me tiene más unamuniano que Unamuno, adelantándose hasta negar lo de la Archi-Francia, sobre la cual usted mismo me escribió asintiendo!... A bien que usted es zorro vasco y a esa pobre gente los tiene engañados. Y es culpa de ellos que lo que quieren es engañarse.

A mí ahora todo ese mundo de los *camelots*, de Maurras abajo, me ha tomado por cabeza de turco y me dicen mil perrerías, con motivo de lo de la «Unidad moral de Europa», y sólo del otro lado *Humanité* o *Bataille Syndicaliste* o *nacionalistes* (*Annals de*) o filantrópicos, soy defendido tímidamente. No me extraña demasiado pero me duele el contraste con los Alemanes, de donde me vienen incluso proposiciones editoriales, incluso importantes financieramente para que exponga con entera libertad mis ideas. Crea usted que si no fuese por el Mediterráneo, uno estaría a punto de echar el *bonnet* por encima de los molinos de la germanofilia.

Nuestra psicología sobre Francia se confirma una vez más. En Francia, la Nación es inteligente, la más inteligente de todas, y los individuos suelen ser tontos. En tiempo normal, la Nación (genio de la lengua, tradición literaria y artística, etc.) habla en los individuos, y todo va bien. Pero ahora la Nación es *bête* y los franceses hablan por sí solos, con su boca individual. Y sale lo que sale.

¡Cuánto me gustaría tener una sentada con usted sobre esas cosas! Lo del célebre Benítez lo dejaremos ahí, a lo menos en *El Día Gráfico* donde aún no he cobrado el importe del otro artículo. Tal vez si a usted le parece podríamos trasladar el diálogo a *España*, porque el tema de lo cómico es muy interesante y sobre eso y sobre Meredith en particular yo querría decirle a usted muchas, muchas cosas.

Siempre suyo

EL ANTI-UNAMUNO

(*Carta*, 26)

95

A UNAMUNO

Institut d'Estudis Catalans, Palau de la Diputació,
Barcelona. 17 mayo 1915

No me expliqué bien, querido Rector. Lo de mis aprensiones era un capítulo. Lo de las opiniones *magno praetio*, otro. Yo no temía, yo no podía temer, es claro, alejamiento cordial por cuestión de opiniones. ¡Ni cómo, si ya sabe usted que parto del principio de que en nada hemos de estar de acuerdo sino en las tres o cuatro cosas que pierden o salvan! Lo que yo temía era algo aparte, alguna anecdotilla, no europea, sino madrileña. Nada hay de eso, usted lo dice, yo lo creo. Pero como es el caso que aún no me reza usted palabra del artículo sin fortuna, voy a hacer una cosa, con mi indiscreción de provinciano catalán. Voy a recortar el art., a incluirlo ahí dentro y a ver por dónde sale usted. Y hago esto, tanto por anhelo de amistad como por exigencia de claridad y para no vivir en ambiente de fantasmagoría, o de *nivola*, si usted quiere.

Conste que lo de la superioridad en Francia del espíritu colectivo sobre sus manifestaciones individuales no es opinión de ahora, ni hija de resquemor legítimo ni ilegítimo, que además no puedo tener porque si algún francés me ha tratado mal (y otros, bien) peor me han tratado algunos conciudadanos míos (o mejor, convecinos). Más de una vez, creo, ha salido ya en el «Glosari» eso de que los franceses hablan una lengua que no se merecen, y que es mucho más inteligente que los que se la pasan por la boca.

Y conste también que cuando decía esto era francófilo, como soy francófilo y pienso continuar siéndolo, mientras no me caiga del caballo, camino de Perpiñán. Usted me habla un poco como a un germanófilo, y me parece que no se acuerda (o tal vez no ha visto) mi lectura de Bilbao, o bien es que a fuerza de ver repetida una especie ha acabado por creerla usted. Pero haga memoria y piense siempre en mis trece. Mis trece son: Pueblos de la Voluntad, Pueblos de la Representación: Inglaterra, Rusia, España—Francia, Alemania, Italia y todo mi Mediterráneo—... Lo demás es Guerra Civil; y Lovaina, un Castelldefels; y von Goltz, Sabell, mejor pertrechado.

Llegó la viajera *nivola*. Voy a leerla con mi pasión de siempre por todo lo de usted. He husmeado ya tal y tal página: además, de ella sabía ya algo, de labios de usted mismo. Desde luego no me parece idealista, sino tal vez subjetivista, para hablar en «boche». Idealista, idealista objetivo, que es la buena manera de ser idealista, me parece el que no sólo cree en sí mismo, y en su bastón, sino en que es verdad—cierta manera de verdad, por el análisis, pero ya verdad, desde luego—, el que mi bastón, al ser metido en el bache, se tuerce.

El idealista de buena cepa, por ejemplo, el genuino mediterráneo, no sólo no duda de existir, sino que ni siquiera llega a afirmarlo. Nada de «Pienso; luego…». Sino: «Pienso: ¿le parece a usted poco?»

Si usted hubiera escrito un libro idealista, se contradiría usted, contradiría usted por ejemplo aquel estudio sobre mi *Bien Plantada*, que bien hace entre nosotros, la Constitución, el pacto, «*la Carta*». Pero *Niebla* no es de seguro, no puede ser idealista. Tampoco lo era, es claro, Calderón.

«Tinc una oda començada / que no puc acabar mai.»

Y tampoco puedo acabar nunca esas cartas que le escribo. Continuaremos.

Sabe cuán imagina y le siente

XENIUS

(*Carta*, 27)

96

A MANUEL B. COSSÍO

Institut d'Estudis Catalans, Secció de Ciències,
Palau de la Diputació, Barcelona. 23 mayo 1915

Mi distinguido amigo:

Pongo enteramente mi firma a disposición de ustedes para el asunto de la «Fundación Giner de los Ríos», de que me ha hablado Tenreiro en su carta.

¡De muchas cosas le querría hablar! Pero acaso pueda ir a verle personalmente uno de estos días.

Mientras tanto, con respetos para su señora y para Natalia, le estrecha fuertemente la mano,

EUG. D'ORS

(*Carta*, 1)

97

A ENRIC PRAT DE LA RIBA

Institut d'Estudis Catalans, Secció de Ciències,
Palau de la Diputació, Barcelona. 14 diciembre 1915

Molt estimat President i amic:

He arribat massa tard a la Bonanova per poder assistir a l'enterrament. M'ha dolgut moltíssim.

No ignoro lo que la difunta[125] representava per vostè. Ni tampoc la manera que tenen en el sentiment temperaments púdics i concentrats com el seu... En aquesta dolor d'avui, com en tota altra que vingués sobre vostè— Déu vulgui estalviar-se-les—, vull que em sàpiga molt a la vora.

Pregarem a casa per la morta i per la salut i coratge de vostè i els seus.

Sempre cordial i respectuós amic seu.

EUG. D'ORS

(*Carta*, 14)

125. Se trataba de la esposa de Josep Carner i Cassart, con quienes vivió sus primeros años escolares.

98

A UNAMUNO

Institut d'Estudis Catalans, Secció de Ciències,
Palau de la Diputació, Barcelona. 31 enero 1916

Querido Rector:

¿Qué es de usted? No hablo de su producción literaria, ni de su vida de acción política, que todos seguimos
con el apasionado interés de siempre, sino del «usted» (o
tal vez diríamos del «tú») que está por detrás de todo
eso. Desde que publiqué un infortunado artículo en que
proponía que a usted se le llamase perdurablemente
Rector, parece, no sé porqué rareza del destino, que
ande usted enojado conmigo. Sus cartas de intimidad me
faltan. En las últimas me parecía usted, una vez trans-
puesta y superada una crisis moral, y tal vez más cardía-
ca que cordial del paso de la cincuentena, entrar en caminos de mejor ánimo y más fuerte y luminosa alegría.
¿Ha seguido la buena racha? Lo del Rectorado parecía
haberle estado a usted, en suma, más favorable que adverso. Sin duda tiene usted más tiempo y mayor libertad
de mente.

Ahora es usted concejal.[126] Muy bien. Me place verle
adentrado en los asuntos de su ciudad, más unido, pues, a
ella. Todo lo que me inquietaban los vientos de un traslado suyo a Madrid, que tal vez hubiera desdibujado un

126. Desde las elecciones municipales, 14 noviembre 1915.

poco la figura, ya *campée* para la inmortalidad, que todos los hombres de mi generación nos hemos avezado a respetar y a querer—lo otro, el ceñimiento mayor a los límites de un vigoroso localismo estricto, la subraya, la enérgica figura, la dobla de un grueso contorno obscuro, a lo Cimabue. Concejal, ¡muy bien! Mi suegro, comerciante en Salamanca, anda ya quejoso de usted, porque dice que usted le solivianta los dependientes.[127] Aún espero más fuertes cosas de su regidoría de usted. Y que la historia hable de ellas y usted, más impaciente y amplio que la historia.

Algunas gacetillas que circularon por Barcelona nos dejaron esperar que vendría usted a vernos por Navidades.

A mí veo que en Salamanca ya no me quieren. ¿O será que el Ateneo de que me habló usted haya muerto? Por otra parte, este invierno mil trabajos me atan aquí. Estoy dando, una vez por semana, una lección de filosofía, en orden sistemático. Muchas empresas nuevas (el Instituto ya marcha solo) me solicitan aún. Una curiosa Escuela de Bibliotecarias. Una revistilla, *Quaderns d'Estudi*, que dirijo subterráneamente, también me da grandes quehaceres. ¿Le hablé de una obrilla escrita el verano pasado y publicada en el «Glosari»?[128] Sí, creo que algo le dije de esa *Gualba, la de mil veus*, triste y, mal que me pese, romántica, con un tormento dentro que tal vez se parece

---

127. El padre de María Pérez-Peix era copropietario de la razón social Pérez, Pardiñas y Tresgallos, que tenía una cadena de tiendas de ropa en todo el país (Josep Pla, *Vida i miracles de Josep Pijoan*; en *Obra completa*, Destino, Barcelona, 1968, tom. 10, pág. 258).

128. *Glosari. Gualba, la de mil veus*, «La Veu de Catalunya», 16 agosto-17 octubre 1915.

un poco a los de usted, al de usted que es el de la limitación por la muerte, la limitación en el tiempo. En *Gualba, la de mil veus* la angustia viene de la imposibilidad de compañía, de la soledad fatal, de la imposibilidad de ser infinito en espacio y número...

De otras, mil cosas he de hablarle. Pero que yo lo sienta vivo, en Salamanca. ¡V. sabe cuánto le admira y quiere!

EUG. D'ORS

(*Carta*, 28)

99

A UNAMUNO

Institut d'Estudis Catalans, Secció de Ciències,
Palau de la Diputació, Barcelona. 11 abril 1916

Querido Rector:

Vería usted seguramente en *La Veu* la rectificación, como vió el error, por el cual me excuso. Por si aquella no hubiese llegado a usted, diré mañana que le manden el recorte.[129]

---

129. *Glosari. No oblidar*, «La Veu de Catalunya», 29 marzo 1916. D'Ors rectificaba su afirmación anterior (*Glosari. González-Hontoria, noucentista*, 23 marzo 1916) de haber sido Romanones quien nombró a Unamuno rector de Salamanca, cuando el Ministro de Instrucción Pública era, en octubre de 1900, García Alix. En: *Glosari 1916*, 1992, págs. 89-91 y 99-100.

Aproveché la ocasión, como habrá visto o verá usted, para alabarle el gusto en lo de mantener abierta la propia herida por el desafuero del Rectorado. Así me placen los hombres, que no olviden. Y uno de los peores síntomas de la debilidad en que va cayendo mucha de la gente que nos rodea es que ya empieza a ser incapaz hasta de guardar rencor.

También me place que se encuentre usted con lo que en su carta anterior llamaba fatiga y que a mí se me antoja que ha de ser, en suma, mayor alma y perfección—y fuerza—de espíritu. Habla usted de vejez y no ve que a usted lo que ahora le pasa es que—en el mejor sentido de la palabra—está saliendo de la adolescencia. En el fondo del fondo, usted ha sido siempre adolescente (como lo son los alemanes). Y el título solo del trabajo que me anunció: *Política*, abstracto por primera vez en su producción—los otros títulos abstractos lo son por humorismo—suena a virilidad.

Creo inútil repetirle que en manera alguna me pueden alejar de usted sus opiniones de usted sobre la guerra. Es más, creo que no podían ser otras. Fuerte acierto es de usted centrar tercamente la cuestión en el juego de ideas *cristianismo—paganismo*. ¿Recuerda usted las cartas de Juliano el Apóstata? Yo las frecuenté algún tiempo, estas cartas, en una versión—¡ya!—alemana, que leí en Suiza. Y había proyectado un trabajo sobre la enorme invención juliana: «Las naciones son dioses», invención de raigambre platónica, claro está, pero que no *se descara* sino bajo la pluma del Emperador Sofista. Y eso es lo que vuelve hoy y Káiser Wilhelm viene a continuar—lo he escrito alguna vez—la historia de Káiser Julianus... Y por otro lado, muy por otro lado, en 1911 un amigo nuestro, el semi-español Lutoslawski, el marido de Sofia Casanova, llegóse a Italia, para proclamarnos, en un convivio de filósofos: «las Naciones son Categorías».

¿Quiere usted que le diga, a corazón abierto, la parte que me parece menos bien en su posición ante la guerra? Es el callarse *la mitad de su verdad*, como creo que ya le he escrito alguna vez, y aceptar los agradecidos halagos franceses, cuando *la que le queda a usted dentro es otra*, es la condenación de Francia y de Alemania a la vez, como es de razón, en nombre de África—o de Iberia—o, si usted quiere, viendo las cosas más anchamente, en nombre de Atlántida (con sus dos *cabos sueltos*: España e Inglaterra) contra Europa. Porque hay mucho de eso también en la guerra de hoy, a más de lo del Emperador contra Galileo: hay lo de Atlántida contra Europa.

Pero, ¿qué no hay en la guerra de hoy?

Bonjour, Monsieur d'Unamuno.

EUG. D'ORS

(*Carta*, 29)

100

A ENRIC PRAT DE LA RIBA

Institut d'Estudis Catalans, Secció de Ciències,
Palau de la Diputació, Barcelona. Sin fecha (18 junio 1916?)

Sr. Prat: He parlat de fer dissabte la Junta de Bibliotecaris, però m'han fet recordar que el dissabte era la festa de St. Joan; divendres, en Massó ha d'ésser fora, i nosaltres tenim Junta de Ciències. Per això he pensat que tal vegada a V. li vindria bé que la Junta per a la Biblioteca fos el dijous a una altra hora que no fos de les 6 de la tarda endavant. ¿Li vindria bé a V. per exemple que fos al dematí o a la tarda, a les 4 o a les 5? Si té la bondat de posarme un mot, faré les convocatòries.

Sempre a les seves ordres.

XÈNIUS

(*Carta*, 15)

101

A UNAMUNO

Club Marítimo del Abra, Las Arenas (Guecho). 30 agosto 1918

Querido Rector:

Es imposible pasar por aquí sin pensar continuamente en usted. Esto he hecho yo; los amigos me han ayudado. Siento necesidad de escribirle, aunque decididamente parece que entre nosotros *s'hi ha posat la bruixa*.

Con una gran intervención de la casualidad, mi primer veraneo cántabro me ha traído al Abra de Bilbao: creo que éste es uno de los más bellos lugares de veraneo del mundo; no hay Trouville que alcance, como óptica, a una mañana fresca, de sol en el muelle de Portugalete. Desde aquí, algunas excursiones me han permitido conocer un poco el país vasco, que un viaje anterior, precipitado en exceso, en 1915, me había dejado *hojear* apenas. Como me decía un payés de Las Garrigas de Lérida y hablando de ellas, «aquest país és un llibre de moltes fulles, i cal seguir-les una a una».

Precisamente el día de mi instalación, o mejor nuestra instalación (porque estoy con mi familia) en Las Arenas, cayó en mis manos *Hermes* con una alusión a la estancia aquí de Maragall, de la cual no sabía nada.[130] Muchas noches, me ha aparecido entre rocas o muelles de por

130. Joan Maragall estuvo en Las Arenas en agosto de 1891, visitando a su prometida Clara Noble, que veraneaba con sus padres en el «Hotel de los Baños de Mar Bilbaínos».

aquí la sombra querida... Y déjeme, sobre este artículo[131] y sobre la alusión al poeta, decirle mi sorpresa y desacuerdo ante una frase de elogio de él. ¿Cómo dice usted que Maragall es «tal vez el hombre más completo que he conocido»? Cualquier palabra exaltadora puede aplicarse, creo, a Maragall, menos éste «completo», como hombre.

Para mí—y me parece cosa evidente—la plena definición moral de un hombre la dan siempre dos noticias: cómo ha resuelto en su vida propia el problema sexual—y cómo ha resuelto el problema profesional. En rigor, no hay más que estos dos problemas morales:—y aun a veces sospecho que la cuestión sexual es sólo un aspecto de la cuestión profesional. Pero, de estos dos problemas, *no puede*, en plena moralidad, *esquivarse ninguno*. Existen dos clases de hombres a los que jamás se podrá llamar completos:

los eunucos, que no tienen cuestión sexual, y *los rentistas*, que no tienen cuestión profesional. Podrá cualquiera de ellos ser un santo, un ángel: un *hombre completo*, no. Porque precisamente la complejidad y plenitud de ser hombre está en no ser santo ni ángel.[132]

Maragall no tuvo cuestión profesional: estamos ante

131. Unamuno, *Secretos encantos de Bilbao*, «Hermes. Revista del País Vasco», n° 21 (15 agosto 1918), 45-47.

132. D'Ors parece haber reafirmado su idea, reiterada en el *Glosari* por estos años (*Obra catalana*, VIII, I [1915], pág. 261; y VIII, II [1917], pág. 282) de la centralidad del *sex & money*, en una obra clásica, *The Lives of the Most Eminent English Poets*, 1777-1781, del Dr. Johnson, al que se refería elogiosamente en *Grandeza y servidumbre de la inteligencia*, conferencia leída en la Residencia de Estudiantes de Estudiantes, 2 junio 1919 (págs. 44-45).

una mitad de hombre. Mitad de naturaleza exquisita...
No importa: mitad.

Parto mañana para Castilla; pasaré por Santander y
Valladolid; hacia el 10 de septiembre cuento encontrarme de nuevo en Barcelona.

Siempre muy su amigo.

EUG. D'ORS

(*Carta*, 30)

102

A MANUEL B. COSSÍO

Barcelona. 24 octubre 1918

Sea la primera palabra que vuelve a escribir mi mano,
aún sin fuerza,[133] para saludar a Usted, querido y respetado Cossío.

Le felicito por primera vez por ser abuelo.[134]

ORS

(*Carta*, 2)

133. En unas líneas previas, María Pérez-Peix había informado a Cossío de la mejoría de su esposo.

134. Se alude al nacimiento de Manuel Jiménez Cossío, hijo de Alberto Jiménez Fraud—presidente de la residencia de Estudiantes—y Natalia Cossío.

103

A MANUEL B. COSSÍO

Mancomunitat de Catalunya, Barcelona. 2 noviembre 1918

Querido amigo:

Tengo el gusto de presentarle a la Sra. Bonnemaison Vda. de Verdaguer, distinguida dama de Barcelona, y excelente amiga mía, que desea visitar los principales centros culturales de Madrid.

Dicha Señora realiza en nuestra ciudad una labor meritísima. El Institut de Cultura i Biblioteca Popular per la Dona, que Usted conoce, por ella fundado y dirigido, es la mejor institución con que contamos para educación de la mujer.

No he de decirle cuánto le agradeceré todo lo que Usted haga para ponerla en relación con los principales centros que puedan interesarle.

Siempre muy suyo afectísimo amigo,

EUG. D'ORS

(Carta particular del Director d'Instrucció Pública, 3)

104

A ORTEGA Y GASSET

Hermosilla, 17, Madrid. 9 mayo? 1924

Mi querido amigo:

Vivamente le agradezco su carta de ayer. Confieso que, aun después de ella, me cuesta poner de acuerdo su cordialidad, que estimo en lo mucho que vale, con el tono—no digo, es claro, con la doctrina, ni siquiera con el sentido—, del que vacilo en llamar, con usted, un arrebato.—Pero acaso unos momentos de conversación con usted me procurarían, con la manera de hacerlo, la alegría de lograrlo; aparte de permitirme esclarecer algunas referencias al pasado que hay en su carta, y me conturban, y de beneficiarme seguramente con algún consejo sobre mi labor que, por venir de quien vendría, iba a serme muy útil.—¿Quiere usted que para ello agenciemos una ocasión? ¿Quiere usted que—mañana por ejemplo, después de la conferencia de Cossío—,[135] en lugar de lle-

135. D'Ors parece aludir a las tres conferencias de Don Manuel Bartolomé Cossío en la Residencia de Estudiantes de Pinar, dentro del primera matrícula de la Sociedad de Cursos y Concerencias, sobre *Afrodita y Dionisos en el Museo del Prado*, que tuvieron lugar los días 6, 10 y 14 de

garnos a estos Henares,[136] bebamos a solas, en esta su casa, el viejo Oporto de la vieja amistad?

Quede persuadido, desde luego, de que soy radicalmente incapaz de una deliberada dosimetría en los saludos; que si algo así pudo parecer en la coyuntura a que se refiere, debe ponerse en la cuenta de una confusión, revelada a zurdas y traicionada en aspectos, por los cuales muy sinceramente se excusa su amigo.

EUG. D'ORS

(*Carta*, 7)

105

A ORTEGA Y GASSET

Hermosilla, 17, Madrid. 26 diciembre 1925

Mi querido amigo:

¿Quiere usted encargar a los amigos de la *Revista de Occidente* el servicio de mandarme el original de aquel relato: *Ramón o prevision y novedad*, allí guardado desde hace tiempo, y que voy a necesitar probablemente, uno de estos días? Se lo agradeceré muy vivamente.

---

mayo de 1924. De ser así, la carta sería del mes de mayo, y no de «abril», como figura en el original manuscrito.

136. La Granja El Henar, en la calle Alcalá, lugar de tertulia habitual de Ortega.

Le debo visita, desde Dios sabe cuando. Pero, más que cualquier canon retributivo, ha de llevarme, tan pronto como pueda, a procurar verle, el deseo de lograr el placer de su conversación y el de ponerme al corriente acerca de los nuevos caminos y hallazgos de su meditación sobre ciertos temas mayores, agitados alguna vez en nuestras entrevistas.

Lléguele mientras tanto, con votos cordiales para el año que va a empezar, el mejor recuerdo de su admirador y amigo.

EUGENIO D'ORS

(*Carta*, 8)

106

A ORTEGA Y GASSET

Jorge Juan, 37, Madrid. 17 marzo 1927

Mi querido y claro amigo:

Su noble carta viene con un membrete de la Facultad de Filosofía y Letras. En un tris estuvo—que me dolió—, y luego, en otro tris—el de septiembre 1923—, y éste, en conciencia, ya no pudo dolerme lo mismo, que hoy no venga con el membrete del Senado...[137] Pues bien, que

137. Se refiere a la presentación de Ortega, por parte de un nutrido grupo de catedráticos y profesores, como candidato al asiento de senador

los dos membretes, el real y el posible, le den explicación de porqué me he acercado a la Academia.[138] Ponga usted que lo he hecho para poder usar un papel de cartas, que no sea el de un círculo o un café.

La razón no es digna de verse contada en hexámetros numerosos; pero tampoco me parece que pueda llamarse fea. Tal vez sabe usted que, como Henri de Montherlant le preguntase un día a Barrès porqué estaba tan contento de haber entrado en la Academia Francesa, «*vous savez*—le contestó el palúdico anarquista—, *on est tout de même heureux de n'avoir plus à démontrer son talent tous les jours*»... Pero, si en las sociedades de seguro no entrasen más que los valetudinarios, no habría negocio.

Déjeme decirle, pasando a lo otro, que jamás, ni aun en sus momentos de intervención mas asidua en aquella casa, se me hubiera ocurrido atribuirle, no ya la participación más exigua, pero ni siquiera el menor contacto, en las rufianerias con que me ha obsequiado *El Sol*. Que, hasta en las ocasiones y temas de disensión ideológica, mi estima, con mi admiración, han apreciado siempre en usted, al lado del potente vigor del ingenio, las gracias infalibles de la *bonne compagnie*.

Gracias, de todos modos, por la espontánea declaración que tanto me honra. En mi corazón, la gratitud; en

---

correspondiente a la Universidad Central, publicada en «El Sol», 10 abril 1923; y a la disolución de la parte electiva del Senado, recién constituido el Directorio militar, presidido por Primo de Rivera.

138. D'Ors había sido elegido, el 10 de marzo de 1927, miembro regional de la Real Academia de la Lengua, en la nueva categoría de académicos creada por R.D., 26 noviembre 1926 (Jardí, 1990, pág. 235).

mi saludo, la reverencia; en mis dos manos, la amistad
Eugenio d'Ors.

(*Carta*, 9)

107

A RAMÓN PÉREZ DE AYALA

Madrid. Sin fecha [septiembre 1928?]

Mi querido y admirado amigo: ¡Cuánto siento que obligaciones inexcusables me aparten hoy de la fiesta que el
P.E.N. ofrece a Gabriela Mistral,[139] nuestra ilustre com-
pañera honoraria; ¡por la maestra y poetisa, doblemente
poética y doblemente magistral!

En las civilizaciones primitivas, el tipo gnómico reu-
nía en persona singular las funciones de poeta, de maestro y de legislador. Ignoro si el cíclico recomenzar de las
cosas llegará a restaurar un día instituciones semejantes... Por de pronto, si yo, este mediodía, hubiese tenido
la fortuna de encontrarme entre ustedes, no dejara de
brindar por futura función legislativa —o, más ampliamente, legisladora—, con que un día los benditos e inevitables avances del feminismo completarán, para su pa-

139. Gabriela Mistral se hallaba en Madrid asistiendo al Congreso de
la Federación Internacional de Mujeres Universitarias, como representante de su país y de Ecuador.

tria, y tal vez para todo el mundo hispano, el perfil histórico de Gabriela Mistral.

Siempre devotamente suyo

EUGENIO D'ORS

(*Carta*)

108

A ADELIA MOREA DE ACEVEDO

Madrid. 29 mayo 1930

Te escribo con un poco de jaqueca, Amiga querida, porque esta mañana hemos enterrado a Gabriel Miró. Siempre retorcido, en una afectación de simplicidad, parece que el infeliz había dejado dicho que quería que el entierro se hiciese a las cinco de la mañana. No siendo esto posible burocráticamente, la familia ha optado por convocarnos a las ocho. Así, si ha asistido poca gente al acto, cabe el consuelo de decir que se pretendía que no asistiera nadie.

Llovía, además, de una manera lamentable. No habiendo echado ninguna ojeada a la calle, por la mucha prisa, antes de salir, me he encontrado a faltar el gabán, pues hacía casi frío. Suerte de que Álvarez del Vayo, a quien, con Jarnés, he tomado en el coche para ir al cementerio, oyéndome lamentar mi descuido me ha bajado un gabán de su casa, que se encontraba al paso. En el ce-

357

menterio, el mal tiempo nos ha procurado apuros parecidos a aquellos del tercer día de Delfos y aproximadamente el mismo barro.

Miró tenía solamente tres años más que yo y es uno de los primeros de mi promoción que nos deja. ¿Sabes que es éste seguramente el último escritor, cronológicamente, a quien, por camaradería profesional juvenil, he tuteado? Antes, es claro, hubo el de los condiscípulos y el de los amigachos de recién salido de la Universidad. Después ha venido, con la costumbre mundana española y con las especiales tendencias de los últimos años, otro grupo. Pero lo de Miró era el clásico tuteo, que llamaríamos gremial y que procedía del momento en que yo le descubrí, en un pequeño libro provinciano (*Del vivir, apuntes de parajes leprosos*) y hablé de él antes que nadie, en Madrid y en Barcelona, en una hora en que no había salido aún de Alicante, dos años antes de que le fuese concedido un premio literario por un cuento traído a un concurso de un periódico de Madrid. Hoy, las biografías que en los diarios salen, hacen empezar su carrera en este concurso; pero él sabía y recordaba bien cual había sido el primer paso y cual la primera mano que se le tendió. De la correspondencia, inmediata a este momento, venía el tuteo.

Le había quedado, por efecto de este recuerdo, que [le] forzaba, así lo sentía obscuramente él, a sentirse obligado, una actitud emotiva extraña, algo de aquellos «complejos de transferencia» de que habla Freud (he recibido estos días el último tomo de la versión castellana de sus obras: tú sabes que yo tengo a Freud, después de todo y deducido lo que hay que deducir, por la más genial figura científica contemporánea). Cuando, más tarde, cuatro o cinco años más tarde, Miró dejó Alicante por Barcelona (después de haber probado Madrid) en busca de soluciones editoriales, escribió en mi elogio un artículo en el *Diario de Barcelona*[140] que entonces a mí, inocentemente, me pareció lleno de generosidad, pero en el cual, al releerlo justamente hace pocas semanas, en que vino a mis manos por casualidad en un arreglo, se puede ya descubrir cierto atravesamiento taimado, muy de acuerdo con su actitud de después. Por ese tiempo pretendía una colocación en nuestra actitud, ayudado por alguno de los miembros de la casa, que le apoyaban por intereses de pequeña masonería o de no sé qué. Yo, aunque por otro lado, apoyaba a Miró cuanto podía, no creía por espíritu de fidelidad al ideal de competencia y por austeridad de reformismo (andábamos en la empresa de empezar nuevas costumbres en la vida intelectual catalana) que allí donde sólo había lugar para matemáticos, historiadores, hombres de ciencia o de técnica en general, etc., hubiese posibilidad de encajar a un escritor de pura imaginación. Debió de ocurrir que los demás, en vista de la dificultad de la cosa, para excusarse a sí mismos, diesen la culpa de no hacerla a mi oposición. El caso es que, desde entonces, su «complejo» tuvo ya un tema de animadversión. Miró se echó entonces en brazos de los frailes capuchinos de Barcelona, cuyo papel en los subterráneos de la historia local te he explicado tantas

140. Gabriel Miró, *Xenius*, «Diario de Barcelona», 30 julio 1912. En: *Glosas de Sigüenza*, Espasa-Calpe, Buenos Aires, 1952, 2ª edición, págs. 129-134 (cortesía de Vicente Ramos).

veces, y en especial de aquel barbudo dulzón que vimos, un momento, en el Museo de Atenas.[141] Los frailes, por intermedio de Maura, le procuraron en Madrid un empleíto *de tout repos* en el Ministerio de Instrucción Pública, agarrado al cual pasó el hombre, incólume, el temporal de la Dictadura. Al llegar aquí traía contra mí su misioncilla, es claro. Él era (según por aquellos días me contaba María Baeza), quien esparció aquí algunas de las patrañas más pintorescas, relativas a mi periodo de dirección de I[nstrucción] P[ública] en Barcelona, como aquélla de una especie de *Panathénées*, en que las Bibliotecarias de Barcelona pasaban ante mí, sentado en el trono de un jardín, dejándome cada una un beso en la frente.

A pesar de esas majaderías, el esfuerzo de Miró me interesaba siempre. Hace cinco o seis años, yo era en *A.B.C.* juez del llamado «Premio Mariano de Cavía» y se lo hice atribuir a Miró, apoyado por el hijo de Maura, el Conde de la Mortera, y a pesar de la oposición terrible de Muñoz Seca (tú sabes como hacen los jurados en *A.B.C.)* y algún otro, empeñados en darle aquellas pesetas a no sé qué trabajillo andaluz. Oponían que el art[ículo] de Miró no era periodístico (se trataba de la descripción de un cementerio) y el caso es que en eso llevaban razón, dado que aquella calidad era exigida por las bases del concurso: yo entonces, en honor de la calidad literaria,

141. Parece referirse, irónicamente, a Fr. Ruperto de Manresa, con el que pudieron coincidir en 1927, cuando el primer viaje a Delfos: el franciscano formó parte como capellán de algunos cruceros de la buena sociedad barcelonesa (Josep M. Gasol, *Rupert M. de Manresa, pensador en temps de crisi (1869-1939)*), Estudios Franciscanos, Barcelona, 1989, pág. 130).

inventé el sofisma de que *en España era de periodismo tra-*
dicional dar un artículo fúnebre, el día de todos los Santos.
Me dió entonces las gracias por carta. Luego me feli-
citó cuando lo de la Academia: esto no se lo conté yo en
amistad, porque el caso es que entonces él también empezaba a ser candidato. Últimamente, un día en que un
interviewer le hizo decir no se qué barbaridad contra los
académicos, me escribió desmintiendo y excusándose,
como supongo que haría con [Pérez de] Ayala. Hace pocas semanas, le había recomendado a los de la C.I.A.P.[142]
Éstos vacilaban, porque los libros de Miró no han tenido
nunca ningún éxito de venta. Los primeros, los escritos
en Alicante, tenían el más grande interés. Su lenguaje era
obseso y brusco, con hallazgos estilísticos casi deslum-
brantes. Creo haberte señalado alguna vez a tí alguna página bien lograda. Cuando se puso al servicio de los capuchinos quiso forzar el éxito con un libro, *Figuras de la*
Pasión del Señor, que obtuviese un efecto del género Papini converso. Los devotos de aquí no se dejaron agarrar
y le tuvieron desde entonces entre ceja y ceja como modernista y esteta. El estetismo sensual impregnó desde
entonces una manera de escribir que, a nuestros ojos parece ya anacrónico, pero que en España todavía se les figuraba a muchos la última palabra de la modernidad: la
écriture artiste, típica de la prosa en el periodo compren-
dido entre los Goncourt y D'Annunzio. Yo también em-
pecé por ahí: aquel libro precoz, *La muerte de Isidro No-*
nell, todavía está escrito en *écriture artiste*. Pronto, sin

142. Compañía Iberoamericana de Publicaciones. La edición completa de sus obras la hizo, póstumamente, Espasa-Calpe.

embargo, quise limpiarme de tales caligrafías, y nadie sabe mejor que tú con qué presión he llegado a buscar el sabor ácido de un estilo estricto y desnudo.

Ortega, que, también lo sabes, es hombre que ve la paja en el ojo ajeno y no la viga en el suyo, escribió no hace mucho tiempo unas objeciones acertadas del estilo de Miró. A pesar de todo, hoy, el pequeño Baeza cita algunas, bien truncadas, entre estas líneas en un artículo, hoy aparecido, sobre el difunto. De mis notas en elogio de Miró, ninguna, es claro. Ni de aquel antiguo descubrimiento, que le consta a Baeza bien, habiendo él conocido a Miró por mí. Los diarios, naturalmente, han proliferado, en ocasión de esta muerte, en tonterías. *El Debate*, que regateé, dice que Miró hacía «como los antiguos miniaturistas, que llenaban, pincelada a pincelada, el lienzo»... Este «lienzo» de los miniaturistas, Amiga, te hará sonreír a ti, sabía ya en historia de arte.—También ha salido hoy mi art[ículo] sobre el *memorandum* de Briand. Anunciaban igualmente los diarios, para hoy, una conf[erencia] mía en el Ateneo, ¡«sobre Delfos»! Es la que me pidieron los de la sección de Bellas Artes y, hace días, dije que no daría. Esto me fastidia pues me ha valido muchos telefonazos, preguntando, pidiendo invitaciones, etc. Hoy, aquí, es día de fiesta, la Ascensión. La comida de los seis mexicanos, la he suspendido, tanto por mi jaqueca como porque aquel democrático *grill* estará hoy lleno de gente. Será mañana, con Rovinsky por añadidura, para que un ruso se añada a los mexicanos y la Policía se pregunte si se trata de comunismo.

Adiós, querida Priora. Tengo muchas cosas que decirte acerca del cenobio. Pero hay algo en tu última carta que me hace temer retardo de vocación. Ya te explicaré qué. Quisiera siempre verte con la misma tensión, impaciente por el nacimiento del Ángel, tu amigo.

[ilegible]

He empezado unos exámenes fatigosísimos.[143]

(*Carta*, 1)

109

A ADELIA MOREA DE ACEVEDO

Madrid. 27 octubre 1930

Tengo cierta inquietud, grande y querida amiga mía, por el paquete remitido ayer, que contenía, entre otras cosas, la tercera parte de mi traducción del *Cortège*, para que tú la revises y Mlle. Gutman la pase a máquina y esté así a punto el día de mi llegada a París. El sobre era de un papel un poco grueso y tal vez no se cerraba muy bien. Te agradeceré que me digas, apenas aquél recibido, si todo estaba en regla. No olvides tampoco de indicarme dónde quedó la traducción de la segunda parte, pues no recuerdo si hay una laguna.

143. En la Escuela Social, de la que era profesor de Ciencia de la Cultura, desde 1925.

Vino ayer Chacón, a renovar la invitación de la Cultural de Cuba. Pero, una vez más, caen en procedimientos equivocados. Como sabes, cuando, el pasado febrero, les manifesté que [no: sobra] me era imposible entonces ir, les rogué a la vez que me dijeran si veían inconveniente en que tomase fecha para este año. Desde aquel momento, sin noticias, comunicación interrumpida. Y ahora, a última hora, cuando sólo faltan dos o tres meses para la época designada, salen con una nueva invitación. He tenido que contestar—¡una vez más!—lo mismo que tantas otras: que, para el presente curso, ya era tarde; que me ponía a su disposición para el curso que viene, el de 1931-1932; pero que esto último, caso de convenirles, hicieran el favor de decírmelo en seguida, sin dejarlo nuevamente para las improvisaciones de última hora, que, otra vez, fatalmente, tendrían que salir mal. Chacón me pidió que esto se lo dijera por carta y que en ella, para no dejarle al descubierto, pues, de buena parte del retardo, él con su negligencia tiene la culpa, atribuyera mi imposibilidad de ahora a quehaceres graves en el Instituto de Cooperación Intelectual.

Ando estos días muy afanoso, además de estarlo por la revisión de mis *Reyes Católicos* por el trabajo que me da la *reprise* de una empresa antigua, ahora puesta de nuevo en pie por el encargo de colaboración de *Formes*, con cuyo director Waldemar George convinimos que, en lo sucesivo, alternaría la continuación de mi *Dictionnaire portatif*, con esta nueva serie, que debería publicarse un mes sí y otro, no, bajo el título común de *Conversations avec Octave de Romeu*, que, por otra parte, es el mismo que ha llevado siempre esta obra mía, cuyas primeras páginas publicadas se remontan a mi época de estudiante, pero que tuvo su manifestación más larga hacia los años 14 o 15, en que en el *Día Gráfico* de Barcelona, entonces recientemente fundado, aparecieron en folletín una serie de estas *Conversaciones*, con un hilo de argumento, más o menos novelesco. El modelo formal que me hizo un día pensar en escribirlas, fue, naturalmente, la colección de Eckermann. Sólo que aquí—y en ello está toda la gracia de la invención—, Goethe y Eckermann van a ser la misma persona y soy yo quien pone mis opiniones en boca del personaje imaginario, de ese Octavio de Romeu que tú sabes que, como *alter ego*, no me ha dejado nunca de acompañar y cuyo nombre se encuentra a cada paso en mi obra entera. El procedimiento de estas fingidas conversaciones me ha parecido siempre maravilloso, para tratar rápidamente de muchos temas, sobre los cuales no se quiere emplear el tiempo que necesita un tratado, ni siquiera el de un ensayo; y, a la vez, para organizar y sistematizar en conjuntos, los juegos de ideas que andan dispersos en las *Glosas*: así el posible comentarista futuro deberá buscar en las *Conversaciones*—dando por supuesto que, esta vez, salgan bien— una especie de intermediario entre las *Glosas*, demasiado contingentes y dispersas, y el Sistema de Filosofía, demasiado estrictamente trabado. Mi propósito actual—falible, como tantos otros—sería plantear ahora esta serie—que está situada en los días actuales, como argumento—, rehacer y completar la anterior—traduciendo los capítulos publicados—, que están en catalán [están en castellano], y añadir, más tarde, una tercera parte, con cuyo cuerpo formarán las otras dos un conjunto trinitario. Esta situación de cada una de las partes en el tiempo, resulta indispensable, por el hecho de que, en estas *Conversaciones*, a los elementos ideológicos se mezcla, como he dicho, un cierto argumento, en que intervienen personajes, ya imaginarios, ya reales, y se alude a acontecimientos, ya fingidos, ya auténticos también, lo cual, por otra parte, resulta muy divertido. Ya verás el género por la primera entrega, que he mandado a *Formes* el sábado y que, según convenio, tiene que salir en el nº del 1º de diciembre. Añadiré que, como a esta revista, sólo se darán aquellas de las *Conversaciones* en que los temas sobre arte y estética dominen, procuraré situar las otras en alguna de mis demás colaboraciones, que ofrezca garantía de libertad para mí y de continuidad para la serie.

Te adivino, querida mía, curiosa por conocer este «argumento novelesco» de las *Conversaciones* cuyas partes publicadas lo han sido, en la época de mi «Antiguo Testamento», es decir, antes de tu milagrosa aparición en Buenos Aires. Por otro lado, cuando aquellas publicaciones, yo no tenía aún plan alguno de conjunto y cada día improvisaba por ejemplo, la intriga del folletín que tenía que salir en el *Día Gráfico* (y que *soi-disant* traducía al castellano—aunque, en realidad, como en tantas otras ocasiones parecidas, el verdadero traductor era yo mismo) un tal Montaner, que luego ha sido Secretario general de la Exposición de Barcelona. La idea general de lo que pudiéramos llamar *el destino* de Octavio de Romeu se ha formado en mí más tarde, y sólo ahora, en este momento, creo tenerla clara, como el argumento de un gran poema, y la puedo precisar en su ritmo sucesivo y en sus grandes líneas, aunque luego la ejecución signifiquen variaciones de detalle. Todo gira, como se deja

adivinar, en torno de la figura del héroe, de este Octavio
de Romeu, especie de Goethe, elevado un poco a valor
representativo de super-hombre y, desde luego, de Maestro, de Prior y hasta de ordenador (en una de las series
publicadas se le llama «el Pantarca», de *pan* y *arjé*, es decir, «el que lo manda ú ordena todo»), a quien empeza-
mos a encontrar ya en la edad madura, retornando de
una larga serie de experiencias y viajes (de donde *Romeu*: en catalán, *romero*, *peregrino*) y confinado en una
especie de altivo retiro, en que le acompaña un grupo de
personas, amigos o discípulos, entre los cuales me colo-
co yo, su fingido exégeta. A partir de este punto, las tres
series de la obra—que son discontinuas, es decir, que suponen entre la primera y la segunda y ésta y la tercera in-
tervalos de tiempo no referidos—le acompañan hasta la
vejez y muerte. La primera serie se sitúa cronológicamente antes de la Guerra europea, y a la misma vigilia de ésta;
acaba precisamente con la guerra europea, con su estallido en agosto de 1914. Geográficamente, el lugar es inde-
terminado, aunque se le adivina cercano a Barcelona, en
la costa catalana, junto al mar. La segunda serie, como te
he dicho, es la actual: pienso desarrollarla, si se cumplen
mis ilusiones de hoy, entre los años 30 y 31. La tercera serie, en años futuros. El lugar para la segunda es indeter-
minado también, aunque igualmente meridional y marítimo: un lugar como los pensados para nuestro Cenobio,
cuyos temas estructurales, por otra parte, se sitúan, como
escenario, en el fondo de esta segunda parte. Del lugar de
la tercera parte, nada sé aún. Como vas enseguida a comprender, este último escenario es indiferente: todo pasa,
casi, entre las cuatro paredes de una celda.

El Octavio de Romeu *d'avant-guerre* vive y dogmatiza en una atmósfera de superioridad personal, un poco lujosa y diletantesca todavía. El primer valor de su vida es una curiosidad múltiple e insaciable. Se interesa por todo, todo lo sabe, todo lo ordena (*Pan-arca*). Su residencia es templo, gimnasio, biblioteca, teatro, escuela, museo, granja, laboratorio, academia, centro de gestiones y de intrigas políticas inclusive. Multitud de personajes y personajillos rodean al héroe. Al lado de los discípulos, de los amigos, hay los aduladores, los servidores, sin faltar tampoco las amantes. La enseña de esta vida intensísima y soberana es la Sirena Diversidad. Un poco de altivez estetizante dannunziana, rastros de demonismo a lo *Des Esseintes*,[144] no están ausentes del cuadro general. También, entre las ideas agitadas, abundan las *noticias*, las *curiosidades*, la parte documental y empírica, sin haberse roto todavía con la erudición (ni siquiera con el coleccionismo). Hay también unos pocos elementos de extravagancia, de paradoja, de sensualidad viciosa, de *paganismo*, en esta vida y estas opiniones. Una mezcla de elementos puros e impuros lleva, hacia el final de la serie, a Octavio de Romeu y a sus amigos a tentar la experiencia de la vida primitiva y de la desnudez en común. En uno de los campos de nudismos [tas?] que existían en Alemania, ya antes de la guerra, van por una temporada a vivir todos. Allí, juntamente, les sorprende la catástrofe de la declaración de la guerra, que los dispersa a todos y corta todas sus experiencias de sobre-humanidad.

144. El caballero Des Esseintes, protagonista de *À rebours*, 1884, de Huysmans.

Un paréntesis, un intervalo de tiempo. Quince años, los años actuales. Ahora volvemos a encontrar a Octavio de Romeu en un Cenobio fundado por él, siempre como centro de un pequeño mundo, pero ahora ya está más realmente *aislado*, con menos comunicación con el mundo exterior y con los acontecimientos políticos, etc. El sueño magnífico y grandioso prosigue; pero sus elementos, a la vez que sublimados, son simplificados. El Pantarca nada tiene ya de diletante: es filósofo y sabio, dibujante y escultor. Grandes bloques de vida espiritual e intelectual—por ejemplo, la Música, la Política, la Erudición—, aparecen ya como definitivamente sacrificados, eliminados. También se ha eliminado el estetismo y el lujo. En cambio, en la escala del poder y del comprender—y también en la del olímpico orgullo—, se presenta el Maestro crecido, sin tomarse la pena de observar el mundo familiar y social, que le rodea—y en el cual, inútilmente, el desarrollo de las *Conversaciones* muestra la existencia y avance de ciertas *grietas* y peligros.—Nunca ha sido, sin embargo, más fuerte; nunca ha estado más sereno. Lee mucho menos, tienta menos experiencias, pero opera, en una fecundidad de producción milagrosa. Ha eliminado el tiempo, ha asumido la historia… También este segundo periodo se termina con una catástrofe: ésta, no pública, sino íntima y familiar. Sin que el Prior lo advirtiese, su fortuna ha ido agotándose, el afecto de sus familiares perdiéndose y su misma salud quebrantándose. En un mismo día, al final de la serie, Octavio de Romeu queda arruinado, pierde la vista, cegado completamente, y sabe que su mujer ha huido con el ayudante que empleaba en «sacar los puntos» [a] sus estatuas, joven artista envidioso. Poco después, sobreviene la muerte de su hijo, víctima de una catástrofe de aviación. El Cenobio tiene que ser abandonado, muchos de sus amigos y discípulos desaparecen. Un corto número, los más humildes y sinceros, siguen acompañándole, aunque ya sin poder, por la fuerza de las circunstancias, hacer vida común con él.

Tercera parte. Habiendo precipitado de la altura, convertido en un viejo pingajo humano y casi en un pordiosero, ¿la fatalidad había vencido a Octavio de Romeu, a su vocación de perfección y excelencia? No. Siempre, reduciendo su vida a ascéticos límites, viviendo en una choza completamente solo, todavía por el puro tacto, sin vista, logra labrar estatuas más bellas que nunca, y sin libros ni escritos comprender las cosas más elevadas, introducir claridad suprema a todas sus concepciones. El grupito de fieles le va a ver y le oye disertar, en medio de una desnudez de palabra absoluta *in torno alle cose supremme*. Sus opiniones, ya rigurosamente ordena[da]s según simplicidad superior, llenan el libro. Pero observan sus discípulos que, cada vez más, el Maestro se encierra para trabajar. Un día, y sin que él, absorto en pensamientos y tareas, advierta nada, ha estallado la revolución en la ciudad y se ha librado un combate en torno de la choza del solitario. Una bala perdida ha abierto en la puerta un boquete. Aun sin querer, los amigos que llegan a visitarle ven a través de éste el interior en que Octavio de Romeu está encerrado. Descubren entonces que no trabaja solo. Guía su mano y con él departe muy dulcemente una figura de Ángel viril, como el que acompañó a Tobías en su viaje… Clavados junto a la rendija, los visitantes siguen ahora el resto de la escena.

Otra puerta insospechada se abre en el fondo; en una segunda sala, no sospechada jamás, ahora es sólo el Ángel quien modela, el viejo sirve de modelo. Luego, el primero desaparece y el aposento se queda en una absoluta obscuridad. Los visitantes se retiran. Cuando, algo inquietos, vuelven al día siguiente y violentan la puerta, el Maestro yace en tierra, muerto, al pie de la propia estatua. Nada, excepto la presencia de ésta—que podría, por otra parte, explicarse naturalmente—revela que la visión del día anterior no haya sido un delirio.

Aquí tienes, pues, mal explicado (pero tú perdonarás esto, y la extensión del resumen en que, es claro, yo, como todo buen pedagogo, me aprovecho hipócritamente de tu interés, para fijar muchas cosas en mí mismo), toda la armadura de la gran obra. ¿Lograré realizarla? Haría bien ésto, ¿no?, puesto en francés y dado en tres tomos en una edición como la del Goethe—Eckermann, de Jonquières. Contentémonos, mientras tanto, con su publicación suelta en periódicos. Este sistema de *irla haciendo «sans en avoir l'air»*, me anima; así como la comodidad que—a la altura a que he llegado en la vida y la produción—presenta la cosa, la cual, inclusive, si las circunstancias me diesen cierta esterilidad, podría realizar, con sólo zurcir pedazos de glosas y otros trabajos y hasta reproducir conversaciones reales. Me excita mucho, además, el hecho de que, con el método empleado, puedo yo animar y dar perpetuidad, como su historiador y biógrafo, a un cierto número de seres reales, dando alto testimonio de mi devoción y querer por amigos que me han acompañado, como tu misma, Chère; y hasta inflingiendo, a la manera dantesca, algún castigo vengador—¿ por qué no decirlo?—a tal cual malvado, farsante o grotesco impune.

¡Qué cartita! ¡qué billetito el que te mando, eh! Pero me alegra la idea de que con él te haré soñar un poco. Y preocupar un poco, que también eso es recompensa para mí. Y, por otro lado, algo habrá en ello de legítima venganza. Porque tú, por tu parte, también me has preocupado con tu última carta, que te adjunto, para que me aclares el porqué del enigma de las dos hojitas con una misma versión, apenas ligeramente alterada hacia el final. ¿Qué pasó?

También M. Felix me ha escrito. Pero no me deja contento, pues, de una parte, la gestión que le había encomendado para antes del martes pasado resulta que no la ha hecho todavía el viernes, día en que me escribe; de otro lado, porque me escribe sólo del asunto Chabrier,[145] sin decirme nada de lo que le preguntaba y encargaba del asunto Carrière. Le escribo; y lo que me tranquiliza es que pronto estaré ahí. Todos mis deseos son de arreglármelo de modo de que, en esta ocasión, aproveche intensamente el tiempo.

Te dejo. Los *Reyes Católicos* me reclaman furiosos. Les he robado un par de horas. Parece imposible lo que lleva el trabajo material de escribir. ¡Un espanto! ¡Una angustia! Adiós,

X.

(*Carta*, 2)

145. La residencia de d'Ors en París era: 4, Square Emmanuel-Chabrier, entrando por Square C. Debussy, desde la rue Legendre (París, XVII).

ÍNDICE DE NOMBRES PROPIOS

Los nombres en cursiva corresponden a las fuentes secundarias. Los números precedidos de una «&» se refieren a los apartados del texto; los restantes remiten al orden cronológico del epistolario.

Abel, Niels (1802-1829): **62**.
Agustín de Hipona, san (354-430): **27**.
Alba, Santiago (1872-1949): **92**.
Alberdi, Ramón: **&32**.
Alfonso XIII, rey (1886-1941): **2**.
Alomar, Gabriel (1873-1941): **&29**; **72**.
Alós, Ramon d' (1885-1939): **48**.
Alvarez del Vayo, Julio (1891-1975): **108**.
Aranguren, José Luis L.: **&1**, **&19**, **&32**, **&35**, **&49**.
Arnaiz, Marcelino (1867-1930): **68**, **72-73**.
Asheri, Maia: **&8**.
Aulet, Jaume: **&6**, **&36**.
Azaña, Manuel (1880-1940): **&8**, **&47**.
Azcárate, Gumersindo de (1840-1917): **&12**.
Baeza, Ricardo (1890-1956) y María Martos de Baeza: **108**.
Bagaría, Luis (1882-1940): **92**.
Balaguer, Víctor (1824-1901): **19**.
Balmes, Jaime (1810-1848): **19**.
Baroja, Pío (1872-1956): **90**, **92**.
Barone, Charles A.: **&15**.
Barrès, Maurice (1862-1923): **&25**; **91**, **106**.
Basterra, Ramón de (1888-1928): **&48**.
Bayle, Pierre (1647-1706): **62**.

Benda, Julien: &18.

Benedicto XIV, papa (1675-1758): 41.

Bergson, Henri (1859-1941): &10; 20, 22-23, 25, 27.

Bilbeny, Norbert: &1, &35-36.

Blasco i Bardas, Anna Maria: &9.

Blondel, Maurice (1861-1949): 27.

Bœhme, Jacobus (1575-1624): 28.

Bofill i Matas, Jaume (1878-1933): &18, &32, &36, &38.

Bonilla y San Martín, Adolfo (1875-1926): &35; 72-73.

Bonnemaison, Francesca (1872-1949): 103.

Bonsoms, Isidre (1849-1922): 83.

Bordàs, Joan (1888-1961): 48.

Borgese, Giuseppe Antonio (1882-1952): 37, 48.

Borrás, Enric (1863-1957): 3.

Boutroux, Émile (1845-1921): 22, 25-27, 37, 47, 80.

Bradley, Francis Herbert (1846-1924): 27.

Brandès, Georg (1842-1927): 20, 22, 80.

Briand, Aristide (1862-1932): &24; 108.

Byron, lord (1788-1824): &34.

Cacho Viu, Vicente: &9, &15, &30, &32, &39.

Calderón de la Barca, Pedro (1600-1681): 95.

Calvet, Agustí, *Gaziel* (1887-1964): 10-11.

Cambó, Francesc (1876-1947): &29, &32, &50.

Campomar, Marta: &7.

Canalejas, José (1854-1912): &32.

Capdevila, Josep Maria: &1.

Capmany, Antonio de (1742-1813): 19.

Carlomagno, emperador (474-814): 33.

Carlyle, Thomas (1795-1881): &22, &28.

Carner, Josep (1884-1970): &35-36, &38-39; 61, 86.

Carner i Cassart, Josep: 98.

Casanova, Sofía (1862-1958): 99.

Casellas, Raimon (1855-1910): &6, &13, &30.

Cassirer, Ernst (1874-1945): 55.

Castellanos, Jordi: &6, &30, &36.

Cavia, Mariano de (1855-1920): 108.

Cerezo Galán, Pedro: &1, &22.

Chacón y Calvo, José María (1893-1969): 108.

Cimabue, Giovanni (1240-1301): &9; 98.

Claparède Spir, Hélène: 25.

Clarà, Josep (1878-1958): &39; 54.

Cohen, Hermann (1842-1918): 55.

Corneille, Pierre (1606-1684): 27.

Corominas, Pere (1870-1939): 33.

Cossío, Manuel B. (1857-1935): 96, 102-104.

Cossío López-Cortón, Natalia (1894-1979): 96.

Costa, Joaquín (1846-1911): &12, &43.

Costa Pinto, Antonio: &8, &14.

Cowling, Elisabeth / Mundy, Jennifer: &39.

Creso, rey (561-546 A.C.): 51.

Croce, Benedetto (1840-1952): 22, 25, 37, 53.

Dalí, Salvador (1901-1889): &39.

D'Annunzio, Gabriele (1863-1938): &16; 108.

Daudet, Alphonse (1840-1897): 26.

Daurella, José (1864-1927): 73.

Descartes, René (1596-1650): 17.

Díaz-Plaja, Guillermo: &1.

Díez-Canedo, Enrique (1879-1944): &43; 31, 80, 86.

Doña Marina, conde de (1854-1907): 1.

Dreyfus, capitán Alfred (1859-1935): &10, &14.

Droz, Jacques: &25.

Duncan, Isadora (1877-1927): &3.

Duran i Bas, Manuel (1823-1907): 81.

Duran i Ventosa, Lluís (1870-1954): &29.

Eckermann, Johannes (1792-1854): 68, 109.

Elea, Zenón de (c. 490-430 A. C.): 62.

Emmerich, Ana Catalina (1774-1824): 11.

Enríquez, Federigo (1871-1946): 22.

Estades, Pere: &35.

Estivill i Rius, Assumpció: &33.

Eucken, Rudolf (1846-1926): 20.

Euclides (IV-III A. C.): 62.

Fabra, Pompeu (1868-1948): 61.

Fargas i Roca, Miquel A. (1858-1916): 83.

Farinelli, Arturo (1867-1948): 35-37, 56.

Farran i Mayoral, Josep (1883-1955): &35.

Fernández Villaverde, Raimundo (1848-1905): &12.

Flaubert, Gustave (1821-1880): 87.

Flórez, Rafael: &1, &7.

Folch i Torras, Joaquim (1886-1963): 64.

Fontbona, Francesc: &39.

France, Anatole (1844-1924): &12.

Fuster, Joan: &39.

Gabriel y Galán, José María (1870-1905): 65.

Galí, Alexandre: &11, & 32-33.

Galilei, Galileo (1564-1642): 62, 99.

Garagorri, Paulino: &49.

Garavaglia, Ferruccio (1870-1912): 51.

García Alix, Antonio (1852-1911): 99.

García Morente, Manuel (1888-1942): 72-73, 86.

García-Navarro, Alicia: &2.

Garriga, Carles: &1.

Gasol, Josep M.: 108.

Gaudí, Antoni (1852-1926): 33.

Gener, Pompeu (1848-1920): &11.

Gibert, Rafael: &35.

Gili, Gustau (1868-1945): 11.

Giner Pantoja, José (1889-1979): &45.

Giner de los Ríos, Francisco (1839-1915): &6, &12, &13, &45, &47, &49; 21, 91, 96.

Goethe, Johann Wolfgang von (1749-1832): &25, &34; 7, 33, 36, 68, 109.

Goltz, Colmar von der (1843-1916): 95.

Goncourt, Edmond (1822-1896) y Jules (1830-1870): 108.

Goriely, Georges: &51.

Gregor, A. James: &37.

Guillermo II, emperador de Alemania (1859-1941): 3.

Guimerà, Angel (1845-1924): 3.

Hegel, Friedrich (1770-1831): 73.

Höffding, Harald (1843-1931): 25, 27.

Humboldt, Wilhelm von (1767-1835): 73.

Hurtado, Amadeu (1875-1950): 19.

Huygens, Christian (1629-1695): 62.

Huysmans, Joris-Karl (1848-1907): 109.

James, William (1842-1910): 20-22, 25, 27, 80.

Jardí i Casany, Enric: &1, &13, &35, &52; 56.

Jardí i Miquel, Enric (1882-1941): &35.

Jarnés, Benjamín (1888-1949): 108.

Jaurès, Jean (1859-1914): &14, &24.

Jerónimo, san (347-420): 58.

Jiménez, Juan Ramón (1881-1958): &45-46; 90.

Jiménez Cossío, Manuel (1918-1978): 102.

Jiménez Fraud, Alberto (1883-1964): 102.

Joffre, Joseph (1852-1931): 86.

Johnson, Samuel (1709-1784): 101.

Jouhaux, Léon (1879-1954): &14.

Juliano, emperador (331-363): 99.

Kant, Immanuel (1724-1804): &18; 73.

Kierkegaard, Sœren (1813-1855): 27, 29.

Kolakowski, Leszek: &51.

Laberthonnière, Lucien (1860-1932): 27.

Lagar, Celso (1891-1966): 90.

Lagrange, Louis de (1736-1813): 62.

La Rochefoucauld, François de (1747-1827): 26.

Lenin, Vladimir (1870-1924): &51.

Léon, Xavier (?-1935): 37.

Le Roy, Édouard (1870-1954): 27.

Lévy-Bruhl, Lucien (1857-1939): 22.

Lichteim, George: &15.

Llorens i Vila, Jordi: &6.

Lomba y Pedraja, José Ramón (1868): 1.

López Peláez, Antolín (1866-1918): &35; 69, 70.

Lorenzo, Félix (1879): &51.

Lutero, Martín (1483-1546): 33.

Lutoslawski, Wincenty (1863-1955): 99.

Machado, Antonio (1875-1939): &49; 68, 86.

Maeztu, Ramiro de (1874-1936): &20.

Mainer, José-Carlos: &39.

Manresa, Rupert de (1869-1939): 108.

Manrique de Lara, Manuel (1863-1929): 1.

Maragall, Joan (1860-1911): &6, &9, &13-14, &25-27, &29-30, &39, &44, &49; 2-4, 6-8, 10-20, 22-24, 26-28, 31-33, 42, 55, 58, 62, 65, 101.

Maragall i Noble, Ernest (1903-1991): 2.

Maragall i Noble, Gabriel (1909-1985): 18.

Maragall i Noble, Helena (1893-1988): 54.

March, Ausiàs (1397-1459): 66, 86.

Marfany, Joan-Lluís: &21.

Marquina, Eduardo (1879-1946): 3.

Marquina, Rafael (1887): &25, 58.

Martí i Julià, Domènec (1861-1917): &15.

Martínez Ruíz, José, *Azorín* (1873-1967): 92.

Martínez Sierra, Gregorio (1881-1947): 58.

Martorell, Francesc (1887-1935): 48.

Marx, Karl (1818-1883): &51.

Maseras, Alfonso (1884-1939): &7.

Masriera, Artur (1860-1929): 7.

Massis, Henri (1886-1970): &37.

Maura, Antonio (1853-1925): &12; 108.

Maura, Gabriel, conde de la Mortera (1879-1963): 108.

Maurras, Charles (1868-1952): &14, &16, &21, &24-25, &37, &46-47; 94.

Meifrèn, Eliseu (1857-1940): 3.

Meisel, James H.: &51.

Menéndez Pelayo, Marcelino (1856-1912): 1.

Menéndez Pidal, Ramón (1869-1968): 1.

Meredith, George (1828-1909): 94.

Meyerbeer, Giacomo (1791-1864): 26.

Miró, Gabriel (1879-1930): 58, 108.

Miró, Joan (1893-1983): &39.

Mistral, Frédéric (1830-1914): &25; 20.

Mistral, Gabriela (1889-1957): 107.

Mogrobejo, Nemesio (1875-1910): 62-65.

Montaner, Joaquín (1892-1957): &31, &50, &52; 65, 109.

Montherlant, Henri de (1895-1972): 106.

Montoliu, Manuel de (1877-1961): &28; 11, 80.

Morea de Acevedo, Adelia (1895-1983): &31, & 33, & 43; 108-109.

Moréas, Jean (1856-1910): &16.

Morera, Enric (1865-1942): 3.

Münchhausen, Karl von (1720-1797): &40.

Muñoz Rodríguez, Buenaventura (1853-?): 69.

Muñoz Seca, Pedro (1881-1936): 108.

Murgades, Josep: &2, &46.

Mussolini, Benito (1883-1945): &51.

Myers, Charles Samuel (1873-1946): 22.

Nadal, Lluís B. (1857-1913): 67.

Napoleón, emperador (1769-1821): &46.

Newton, Isaac (1642-1727): 62.

Nguyen, Victor: &16, &25.

Nietzsche, Friedrich (1844-1900): &16; 11, 26.

Novalis, Friedrich (1772-1801): 10.

Onís, Federico de (1885-1966): 79.

Ors, Álvaro d': &4.

Ors, Carlos d': &7.

Ors, Josep Enric (1883-1940): 57.

Ors, Juan Pablo d' (1909-1995): &53; 22, 34-35, 37, 39-41, 44-45, 51.

Ors, Víctor d' (1908-1994): 16, 34-35, 38, 40, 45, 51-53.

Ortega y Gasset, José (1883-1955): &3, &5-6, &9, &12, &21, &30, &35, &37, &39, &44-45, &47, &49, &51, &53; 2, 72-74, 79-80, 86, 90-93, 104-106, 108.

Ortega Spottorno, Soledad (1914): &53; 79.

Pagès, Amadeu (1865-1952): 66, 86.

Palladio, Andrea (1508-1580): 45.

Papini, Giovanni (1881-1956): &37; 108.

Parpal, Cosme (1878-1922): &35; 69, 72-73.

Pascal, Blaise (1623-1662): 17, 26-27.

Pauloff, Ivan Petrovich (1849-1936): 22.

Paxton, Robert O.: &8.

Pedro el Grande, zar (1672-1725): &51.

Pedroso, Manuel M.: &12.

Péguy, Charles (1873-1914): 80.

Peirce, Charles Sanders (1839-1914): 27.

Penagos, Rafael de (1889-1954): 90.

Peran, Martí / Suàrez, Alícia / Vidal, Mercè: &21, &39.

Pérez de Ayala, Ramón (1880-1962): 107-108.

Pérez-Peix, María: &13, &25; 8-10, 13-14, 16-20, 24, 28, 32-41, 43-53, 62, 98, 102.

Permanyer, Joan Josep (1848-1919): 10-12.

Picasso, Pablo (1881-1973): &39.

Pijoan, Josep (1879-1963): &9, &36, &39, &43; 10, 17, 19, 31-32, 48, 51.

Pla, Josep: 98.

Plana, Alexandre: 61.

Platón (428/7-348/7 A. C.): &18; 58.

Poincaré, Henri (1854-1912): 58.

Prat de la Riba, Enric (1870-1917): &6, &9, &13, &15, &17-18, &20, &22, &26, &29-30, &32-33, &35-36, &39, &44,

&46, &50, &53; 9, 60-61, 67, 69-70, 72, 76-78, 81-84, 97, 100.

Prezzolini, Giuseppe (1882-1982): &37.

Primo de Rivera, Miguel (1870-1930): &53; 106.

Proudhon, Pierre (1809-1865): &14, &24.

Puig i Cadafalch, Josep (1869-1957): &29, &32-33, &36, &50; 90.

Puvis de Chavannes, Pierre (1824-1898): 7.

Ramón y Cajal, Santiago (1852-1934): 92.

Renan, Ernest (1823-1892): &18.

Rius, Mercè: &1, &17.

Robin, Léon (1866-?): 55, 94.

Romanones, conde de (1863-1950): 68, 99.

Roth, Jack J.: &14.

Rousseau, Jean-Jacques (1712-1778): &22.

Royce, Josiah (1855-1916): 20, 22, 27, 58.

Rubió i Lluch, Antoni (1856-1937): &6, &12; 1.

Rubió i Balaguer, Jordi (1887-1982): 82.

Rucabado, Ramon (1886-1966): 56.

Ruiz, Diego (1881-1959): 19, 60.

Ruiz Manjón, Octavio: &6, &50-51.

Salvador y Barrera, José María (1851-1919): &35; 68, 72.

Sánchez Rojas, José (1885-1931): 62.

Sanz y Escartín, Eduardo (1855-1939): 69.

Sanzio, Rafael (1483-1520): 3, 7, 39.

Sánchez Mazas, Rafael (1894-1966): &48.

Schiller, Ferdinand Canning Scott (1864-1937): 27.

Schinz, Albert (1870-?): 21.

Segalà, Lluís (1873-1938): 61.

Semon, Richard (1859-1918): 31.

Séneca, Lucio Anneo (c. 5 A.C.-65): 27.

Sert, Josep Maria (1876-1945): 11.

Shakespeare, William (1564-1616): 51.

Simmel, Georg (1856-1918): 56.

Solé de Sojo, Vicente (1891-1963): &31.

Sorel, Georges (1847-1922): &14, &24, &50-52; 27, 30, 62.

Spottorno y Sandoval, Ricardo: 1.

Sternhell, Zeev: &8, &10, &14, &23, &47.

Sudermann, Hermann (1857-1928): 51.

Sue, Eugène (1804-1857): 17.

Sunyer, Joaquim (1875-1856): &39.

Sznajder, Mario: &8.

Taine, Hippolyte (1828-1893): &18, &30.

Tallaví, José (1878-1916): 62.

Tenreiro, Ramón María (1879-1938): &45; 55, 96.

Torras i Bages, Josep (1846-1916): &17, &20, &22.

Trias, Eugenio: &1.

Tusquets, Joan: &1, &26.

Unamuno, Miguel de (1864-1936): &6, &9, &17, &19, &25-
 26, &35, &39, &43, &45, &49, &53; 5, 20, 22, 25, 33, 55-
 59, 62-66, 68, 71, 73-75, 85-89, 94-95, 98-99, 101.

Vailati, Giovanni (1863-1909): 19, 22.

Valera, Juan (1824-1905): &12; 1.

Vallcorba, Jaume: &37.

Van der Goes, Hugo (c. 1440-1482): 64.

Vasconcelos, José (1882-1959): &32.

Vaz Ferreira, Carlos (1872-1958): 21.

Vico, Giambattista (1668-1744): 73.

Vinci, Leonardo de (1452-1519): 62.

Vives, Amadeu (1871-1932): &6, &11-12, &20, &22; 3.

Vives, Juan Luis (1492-1540): 81.

Vossler, Karl (1872-1949): 19, 20, 25, 37, 48, 80.

Wohl, Robert: &8, &23.

Yebes, condesa de: &53.

Zulueta, Luis de (1878-1964): 67.

ESTA EDICIÓN, PRIMERA,
DE «REVISIÓN DE EUGENIO D'ORS»,
DE VICENTE CACHO VIU,
SE HA TERMINADO DE IMPRIMIR,
EN CAPELLADES,
EN EL MES DE JUNIO
DE MIL NOVECIENTOS NOVENTA Y SIETE.